锦章文库·外国文学文化研究论丛

主　编　方小莉

副主编　汤　黎

国家社科基金青年项目
"卢卡奇海德堡手稿现象学美学研究"（23ZXC01053）阶段性成果

体裁的形而上学
——卢卡奇早期体裁论研究

秦佳阳

/

著

四川大学出版社
SICHUAN UNIVERSITY PRESS

图书在版编目（CIP）数据

体裁的形而上学：卢卡奇早期体裁论研究 / 秦佳阳
著. -- 成都：四川大学出版社，2025. 1. --（锦章文
库 / 王欣总主编）. -- ISBN 978-7-5690-7355-3

Ⅰ. B515

中国国家版本馆 CIP 数据核字第 20241BY457 号

书　　名：体裁的形而上学——卢卡奇早期体裁论研究
　　　　　Ticai de Xing'ershangxue——Lukaqi Zaoqi Ticailun Yanjiu
著　　者：秦佳阳
丛 书 名：锦章文库·外国文学文化研究论丛
总 主 编：王 欣

丛书策划：刘　畅　余　芳
选题策划：张　晶　于　俊
责任编辑：于　俊
责任校对：敬雁飞
装帧设计：墨创文化
责任印制：李金兰

出版发行：四川大学出版社有限责任公司
　　　　　地址：成都市一环路南一段 24 号（610065）
　　　　　电话：（028）85408311（发行部）、85400276（总编室）
　　　　　电子邮箱：scupress@vip.163.com
　　　　　网址：https://press.scu.edu.cn
印前制作：成都墨之创文化传播有限公司
印刷装订：成都金龙印务有限责任公司

成品尺寸：170 mm×240 mm
印　　张：19
插　　页：2
字　　数：244 千字

版　　次：2025 年 1 月 第 1 版
印　　次：2025 年 1 月 第 1 次印刷
定　　价：78.00 元

扫码获取数字资源

四川大学出版社
微信公众号

这种思念在自身中，经受着那个位置的遥远。

目录

体裁论：卢卡奇早年的艺术哲学发展史

体裁（Genre）也称文体，在文学领域，它是文学创作的类型；在哲学领域，它被卢卡奇视为主体自我表达的方式与主体间交流的形式。因而在卢卡奇早年的主体总体性建构理想中，体裁具有本体论意义，是人类社会不同阶段总体性世界的寄喻。

卢卡奇以文学批评开启了他的理论生涯，针对不同问题的作品创作或理论分析是他早年体裁研究的特征。有趣的是，不同体裁在他早年研究中具有十分明确的先后顺序。由戏剧开始，到小说结束，卢卡奇依次完成了他的体裁论书写。而在这一表象背后还暗藏了一条隐性叙事脉络，这条逻辑也许连他自己在当年写作的过程中，都尚未明确意识到，那便是诗。若说体裁是人类在发展过程中对总体性世界不同需求的体现，诗便是人类内在本质的永恒渴望，它亦是卢卡奇践行自身哲学思想的姿态。由此，卢卡奇体裁论的性质便呈现出来，即这一理论并非卢卡奇为体裁著书的产物，而是他借助体裁为自己立说的寄喻，即"体裁"为卢卡奇立说。不同体裁表达着他早年思想发展不同阶段的阶段性特征，体裁论作为一个总体则是他早年艺术哲学的发展史。

与宏大叙事语境之下整体的、连续的、单一主线的历史观相比，卢卡奇早年更倾向于从碎片的、断裂的、多向性的文学和艺术现象中发掘人类思想脉络中对给定个体对象进行综合的可能性，并从中找到能与主体总体性产生天然联系的自然因素，以此作用于其总体性理论体系的建构。因为仅仅将现实客体组合起来而不考虑内在本质的联系，如同以废墟为实验材料的巴洛克风格，所构成之物只是看起来能作为整体表达一些什么，但本质上它仍是破碎的个体，没有总体性。这一观点成为卢卡奇早年体裁论的总结，也是他开始实体－伦理美学思考的根源，即主体应当实现理性认知与非理性意识之间的一种联系，这种联系必须是先验的、自然的，否则主观世界与客观世界之间永远只能是泾渭分明地相互对立，而不会相互映照，甚至相互影响。

在黑格尔的主观唯心主义与艺术哲学中，卢卡奇发现了能支持他总体性理想的理论，艺术则是他建构具有认识论意义的本体论的媒介。胡塞尔的现象学则为他带来了扭转认知模式并改变二元关系的重要方法论，卢卡奇由此开始思考一种"审美的现象学"存在的可能性问题。他将艺术作品视作以艺术为本质的现象，而艺术存在于心灵当中，它甚至与宗教同源。它能使主体与超越现实客体的领域产生联系，以此面对外在世界。在这个意义上，作品便不仅是一种形式符号，由于从形式中能直观本质，它在主体的创作与接受行为中，成为一种形式本体。这也意味着卢卡奇早年对形式的关注是非理性的。在他的思想体系中，形式与心灵具有同一性，与二者相对的是内容。本质决定心灵与形式，心灵决定主体如何把握本质，形式则规定内容如何显现。与本质具有一致性的心灵便在主体的存在中形成了人的整体，形式便一方面成为不同内容之间的界限，另一方面归属于内容，以此形成了主体总体性的范式。

在《理性的毁灭：非理性主义的道路——从谢林到希特勒》中，他对德国非理性传统及其表现进行了体系性的批判，这实际上也是他对自己早年艺术哲学思想的深刻揭示，对他早年十分看重的生命哲学、生存哲学等非理性思想做出了系统分析。这位热衷于勇敢地自我批判的理论家，总是在"事后"的具体批判中暗藏对象本身的价值判断，客观上，这也显示出事物的价值往往要在其成熟之后才能得到揭示，早期理论的意义亦要等到理论发展的下一个阶段才能被全面认知，无论这一意义是需要被扬弃的，还是能够进一步发展的。仿佛是时间的玩笑，卢卡奇的艺术哲学与美学思想实际上是一个莫比乌斯环，是一个以首尾相接的逻辑构建的以形式为范式的整体。这一整体不是对一切碎片的收集与重铸，而是一个新的整体。欧洲资本主义的发展状况已经不可能产生任何

"好"的未来，对其全盘推翻既不符合现实，也违背了伦理追求，康德思想中形而上学中的先天综合知识此时便成了关键的理论基点："我们要扩展我们的先天知识，为此我们必须运用这样一些原理，它们在被给出的概念上增加了其中不曾包含的某种东西，并通过先天综合判断完全远远地超出了该概念，以至于我们的经验本身也不能追随这么远……所以形而上学至少就其目的而言是由纯粹先天综合命题所构成的。"[1] 而他亦悄悄修改了康德的本意，在综合判断中添加了历史辩证法的动态发展观。由此，一个外部整合而内在扭结的构成体便出现了，卢卡奇称其为有机总体，其运行机制在于，在承认一切现存个体元素的基础上，叠加新的、被承认的个体元素，总体为元素提供相互联系、交往的条件，允许矛盾的产生与元素的更迭，元素自身或不同元素之间出现的扬弃与进一步发展使总体实现有机性。

至于这样一种新的有机总体是否存在，其存在又何以成为可能，并非本书所要探讨的核心问题，却是本书所述一切问题的最终归宿。体裁见证了卢卡奇早年一切艺术创作与接受的实践，承载了他早年一切形而上学追索的结果，体裁本身便是他艺术哲学研究的历史，其中已体现出综合美学与社会学的文学史方法论。可见，体裁不仅是卢卡奇早年艺术哲学与美学研究中的一种分类方式，是他借以批判二元对立实现跳跃（Sprung）的跳板，也是他追求本真生活的形而上学基础，是他重构外在世界的渴望的对象化。他并未写出教科书般的体裁构造分析与作品创作指导，亦不着意揭示不同体裁之间的联系与区分。他为体裁赋予了主体性的生命，他使既存理论成为他自己理论体系建构的质料（Stoff）。

---

1 康德：《纯粹理性批判》，邓晓芒译，杨祖陶校，北京：人民出版社，2017年，第11页。

他仿佛一个炼金术士，不声不响却精力高度集中地注视着炉中正发生着作用的"炼金石"，他知道自己想要什么，却又带着好奇与期待，仿佛他并不知道最终会出现什么。

一、炼金术：体裁论的生成

对后世研究者而言，体裁论是卢卡奇早年艺术哲学思想的骨架，对体裁的提炼和分析不仅是梳理他早年思想的一条重要路径，也是对其早年重要研究方法的澄清，即一种基于文学史的非线性历史研究。但对卢卡奇而言，体裁论并不是他不遗余力所要呈现的最终成果，而只是他早年艺术哲学的质料。仿佛画家绘画时对颜料的考量，甚至并非画家有意选择了某种颜料，而是这种颜料以某种不可名状的内在特质首先吸引了画家，使之在受到触动之余，将作画之前已然凝结的情绪与情感倾注其上。由此，其实是颜料选择了画家，画家在其引导之下逐步以有意识或无意识的进程，在构建客体的同时，呈现画家精神的对象化。体裁之于卢卡奇的意义便是如此。体裁论在卢卡奇早年思想中既是质料所形成的物质载体，亦是承载他这一时期理论发展脉络的逻辑线索。

在1908—1918的十年间，卢卡奇主要论及戏剧、论说文、小说三种体裁，而在这笔耕不辍的十年间，他持续反思着欧洲现代社会问题，以及战争带来的虚伪的颠覆，在马克斯·韦伯的社会学圈子中吸收着资本、阶级、工人运动的知识与信息，同时关注着同样以思考欧洲科学危机为契机的现象学运动，思考着德国古典哲学仍能为现代思想奠基的可能性问题。以其发表于这一时期的三部代表性体裁论著《现代戏剧发展史》《心灵与形式》《小说理论》为标志，卢卡奇对这三种体裁的选择，以及他开展相应研究的先后顺序，并非偶然或任意为之。这三种体裁分别代表着他对现代社会的不同研究视角与认知，其先后顺序则揭示出他早年思想的发展历程及其思想核心的更迭。

卢卡奇的体裁论蕴含着一种思想，即变动与发展便是存在本身。这一思想在其《海德堡艺术哲学》手稿（1912—1914）中，以时代性与非时代性的辩证关系结合艺术作品的创作与接受呈现出来，在其晚年美学著作《审美特性》（1963）中，则以历史唯物主义美学观奠定了马克思主义美学体系。只不过此时，他仍徘徊于主体自身的二元悖论，在形而上学的主观精神范畴中尝试建构一个能改变现代社会中的人实际日常生活的范畴世界。胡塞尔的"生活世界"（Lebenswelt）并未带给卢卡奇足够的灵感，海德格尔的"此在"（Dasein）思想虽看似与他的生存论契合，但其实他想解决的是主体的生存问题，是主体形而上的心灵和以对象化客体的形态运行于日常生活中的形式之间的悖论。他对生存的关注还远未涉及存在主义，却以人道主义的观念直接与青年马克思不谋而合。

而若将视野置于卢卡奇整个早年研究，即从 1908 年一直到 1918 年他加入匈牙利共产党的这十年，同时将 1973 年才被发现于海德堡银行、随后整理出版的《海德堡艺术哲学》《陀思妥耶夫斯基研究：笔记与大纲》《海德堡美学》三部较为完整的早年手稿纳入其中，便能发现，卢卡奇这一时期的艺术哲学思想呈现出一个十分重要的观点，即二元论是还原性的。对立双方均具有完整的个体整体性，对立则恰好源于这一整体性。辩证统一的过程并非以对二者个体性的破坏实现融合，而是寻找一个新的总体作为整体，其中对立双方的价值并未被消解，反而得到进一步认可与发展。这便是卢卡奇早年一直追求的总体性（Totalität）。

在对总体性的构想和表述中，卢卡奇一方面从德国古典哲学中寻找坚实的理论基础，一方面在自身境遇中收集体验。在已有的卢卡奇体裁论研究中，Lee Condon 的 *The Young Lukács*（1983）创造性地呈现出卢卡奇早年基于体裁的文学批评理论与艺术哲学思想。他以卢卡奇早年的爱情经历为线索，串联起卢卡奇体裁论不同对象中共有的总体性与历史性追求，最终以其马克思主义转向为结论。这一著作的价值不仅限于对卢卡奇早年艺术哲学实践与思想发展的揭示。作者以卢卡奇的成长作为研究的根本立足点，以其不同阶段在纯粹理论吸收之外的人际交往与生活体验为语境，在理论分析的同时，体现出具体的时代与人物对理论家及其思考的具体影响。这是卢卡奇早年没有直接阐明的关注点，研究者则往往基于卢卡奇美学思想，将这一因素归于其伦理学体系。

Condon 著作中所叙述的早年经历带给卢卡奇的不仅是反思，亦有痛苦和折磨。体裁论中每一个思想的沟壑，都是卢卡奇自身理论与思想的颤抖。对体裁论的学理性研究也许能完整呈现卢卡奇早年理性的哲学思考，而对其体裁思想构建的体察、对其作品分析中情感倾向的共情、对其作品选择的理解，就仿佛颜料呈现于纸上的细微痕迹，能使观者随之回溯至画家笔端的踯躅，捕捉仅仅一瞬间的犹疑。这些颤抖出自画家的手，却源于画家的内心。而这些颤抖甚至画家本人亦不曾察觉。在此后数十年的文学、艺术哲学、美学思想中，体裁仍是卢卡奇理论表述的载体。《两百年德国文学》《历史小说》，包括《审美特性》中对绘画、电影等体裁的专题研究，都能在其早年体裁论中找到源头。也许卢卡奇自己都未曾意识到他从未曾放弃体裁的内在缘由，然而唯一可以证实的是，他经由体裁呈现出他一生都在致力解决的问题——生命的形而上学与主体的日常生活的悖论。

二、贤者之石：未出现的新总体性

总体性（Totalität）是卢卡奇理论生涯的终极理想，是他不同阶段理论实践的永恒目标。以总体性为语境的研究能在宏大叙事中还原他的思想全貌，揭示其中与历史发展密切相关的现实主义意义。而以具体理论命题和逻辑脉络作为微观视角对卢卡奇某一时期的研究和成果进行梳理，则能发现其中的细微转变，以及这诸多变化和演进之内的思想特性，也正是这些特性，使得他的思想获得了灵活性与生命力。由戏剧到论说文，再到小说，卢卡奇早年思想的发展大致可分为三个阶段：一是戏剧阶段，即从社会学视角审视艺术作品的效应机制，进而提出以形式整体作为效应整体的直观对象，以感性无意识作为实现审美共通感的媒介这一具有现象学色彩的观点；二是论说文阶段，即从美学维度反思日常生活对主体心灵境遇的影响，同时将论说文体裁对应于散文化时代中个体的碎片化生存特征，以对日常生活的纯粹理性分析为基础，以非理性的悲剧激情为媒介，在艺术作品中发展出对立于日常生活的形而上学；三是小说阶段，即一方面将小说体裁视作现代社会的史诗，将其视为一个虚构总体，在其中寄托他的乌托邦理想，另一方面在小说中揭示心灵与现实之间无法实现稳定的关系变化，提出必须打破主观世界与客观世界悖论性循环，直面人的恶魔一面并使其发展为神性的灵魂特征，进而以"新人"召唤新总体性作为唯一的解决办法。这三种体裁出现的先后顺序，以及体裁不同特征的递进式呈现，恰好对应了卢卡奇这一时期思想发展的进程。这是他由对客观现实的社会学分析到对主体心灵的美学反思，再到主观世界与客观世界之间综合历史与形而上学的艺术哲学阐述，最终还原至伦理主体之内在本质的整个逻辑的对象化。

塔利亚剧团（Thalia Gesellschaft）的创立是卢卡奇开启文学批评实践的标志性事件，《现代戏剧发展史》的完成不仅使卢卡奇被学界认知，也使他在总结其戏剧创作与剧评撰写经验的过程中意识到，艺术作品在现代社会中以与主体对立的客体形式存在，是受到主体审视与评判的对象。而作品审美价值的实现依赖于主体与作品之间的内在联系。若不能证实作品对接受者具有效应，艺术类型自身的存在便会成为问题。在戏剧理论研究中，卢卡奇一方面重视大众效应的发生，另一方面强调戏剧形式的完整性与装饰意义。完整性是戏剧效应整体性的基础，而装饰意义则为戏剧的象征性提供了前提。可艺术作品的现实主义反映特性与自然主义的形式技法对于作品塑造和效应机制均有重要价值，也因此，显而易见的是，卢卡奇尝试解决二元对立所选择的方法与途径，在本质上是一个悖论。

在 1903 年为屠格涅夫的戏剧《施舍》（Gnadenbrot）所撰写的剧评中，卢卡奇提出了一种基于文学史的戏剧研究方法。这一方法融合了历史哲学与艺术批评对艺术作品进行鉴赏的不同立场与价值评判标准，而能够被用于作品分析，揭示出其中形而上学与日常生活的形式悖论。在已有的卢卡奇研究成果中，这一方法往往被视为理论的内容而归入"卢卡奇早期伦理思想"。这一处理方式虽然澄清了卢卡奇理论生涯中的内在伦理一致性，但也容易使人忽视他实际贯彻的伦理学，即文学史研究方法。在理论体系建构中，卢卡奇一直遵循着历史的逻辑，例如他以"发展史"命名其现代戏剧理论研究成果，以"新"（neu）标示出其思想和理论价值的生成性。但实际上，这一时期，历史主要为卢卡奇提供了理论书写的语境，在意义维度，历史所代表的是不以具体时代和瞬间更迭为改变的永恒性。这也意味着卢卡奇早年的历史观是非线性的，主题或个体发挥着叙事主体的作用，瞬间性的经历与单个的事件是揭示时代问题并提出核心价值的主要载体。换言之，卢卡奇早年的理论本质上是一种时间理论，是对时代主体生存现状与内在本质处境的描绘。仿佛一件印象派的画作，画家捕捉到了瞬间光影之下的景物，诚挚地想将直接看到的景物表现出来，而非诉诸任何已有的记忆以某种风格将其再加工后呈现出来。卢卡奇便是这样真诚地描绘着他的体裁，但他却有着自己的意图，他想将他的对象风格化，从更深刻层面揭示一切本体论的问题，这是作为一个哲学家首先需要具备的敏感度与能力，但他实际上并未这样做，或者说并未做到这样，而最多只是在形而上学层面，针对美的理念与美的设定问题反复追究其之于本体论的条件性与动机性效应。在这个意义上，毋宁说卢卡奇自身如同哲学的莫奈，他做出的风格化也只是他自己用于观察外在世界的小透镜中所囊括的景象所显示的个体性特征而已。

《小说理论》作为卢卡奇海德堡时期研究陀思妥耶夫斯基的起点，其结尾处所提出的陀思妥耶夫斯基"属于新世界"这一观点，成为学者解读其小说体裁论的钥匙。从 1985 年 László Sziklai 编辑出版的《陀思妥耶夫斯基研究：笔记与大纲》（*Dostojewski. Notizen und Entwürfe*）这一手稿中可以看出卢卡奇对小说的研究态度："我对这一研究计划充满热情，因为我一直认为，陀思妥耶夫斯基的作品呈现出一种新的人类形态（Menschentypus），一定要熟知这一点……"[1] 他对人的关注先于对世界的关注，对主体的希望多于对世界自身持续存在和不断完善的期待。甚至可以说，在他的理论视野中，世界的本质就是人。无论是曾经具有总体性的完整的人，还是当下面对战争与现代性问题、以个体性、碎片化呈现的人，他们都是日常生活的核心，是世界的本质。新的世界需要依赖新的人，而新的人则需要以重新寻回总体性为基础。对此，卢卡奇的表述十分浪漫：

1　Georg Lukács. *Dostojewski Notizen und Entwürfe.* Hrsg. von László Sziklai. Budapest: Akadémiai Kiadó, 1985, S. 9. 本书所引外文文献，如无特殊说明，皆为笔者自译。

这是一个纯心灵现实的领域，其中，人作为人——而不是作为社会的存在物，然而，也不是作为孤立的和无与伦比的、纯粹的因而也是抽象的内心——存在着；在其中，如果这种内心有一天将作为被纯真体验到的不言而喻的事情，作为唯一真实的现实而出现在现场，那么就会从所有可能的实体和关系中形成一个新的和完善的总体。这一总体远远胜过我们已分裂了的现实，而且仅仅用作为背景，正像我们社会的——"内心的"二元世界胜过了自然世界一样。[1]

这一充满乌托邦色彩的理想贯穿卢卡奇理论生涯始终，它时而被视为弥赛亚救赎或黑格尔遗存而受到批判，时而被称为超越具体二元对立的、具有认识论意义的本体论重构，并与马克思辩证唯物主义思想紧密联系。这一理想也成为卢卡奇对他所接受的理论思想进行选择与摈弃的标准，如狄尔泰与西美尔因缺乏形而上学的信念在由论说文转向小说的时期，遭受了卢卡奇"理性批判"。

在 20 世纪初期反实证主义与现象学思潮中，卢卡奇想要凭借他早年的艺术哲学，建构一个他称为实体 - 伦理美学的美学体系，以此使主观性投射进现实客体，又使客观世界诞生于主体具有普遍性的先天内在本质。

创作者如何找到恰当的体裁，如何在创作中超越具体作品形态走向形而上学，并以此使自身得到表达，并使这一表达得到接受者的理解，在鉴赏中得到认可，进而实现具有主体性的客观世界建构等，成为他应

1　卢卡奇：《小说理论》，燕宏远、李怀涛译，北京：商务印书馆，2017 年，第 140 页。

当解决的实际问题。在《海德堡美学》手稿中，卢卡奇以心理学为对照，提出现象学在创作活动中的主动性，以及在审美活动中相比于心理分析的超越性："先验心理学必须与作品真正可能的行为方式联系起来（例如鉴赏家、批评家等，在接受类型学中），尽管它当然不受任何真实科学类型的约束，而现象学则以纯粹先验的方式进行：只有经验现实的整体的人的出发点和超越性作品的最终目标以某种方式被给予，否则每一次提到真正的实现其阶段的可能性都只能作为一个例子，一种虚构的材料。"[1] 在后果上的差异则是："对于先验心理学来说，客体总是仅仅是对已设定的、有效的作品本身的修正，而对于现象学来说，客体则是对作品设定可能性的一种提升的客观化，这一过程的某一层面所能设定的必要客体，在原则上永远不能与作品本身相同，因为它的对象性归功于作品尚未完成的意向。"[2] 但最终，卢卡奇也只是提出了，在现象学中，创作者扮演着更为重要的地位，至于审美中的风格化主体如何实现、作品与审美主体之间的间隔如何处理等问题，他并未给出明确的答案。也因此，主体总体性在体裁论中成了一朵如"贤者之石"般的彼岸花，但卢卡奇的一切挣扎、徘徊、渴望与等待，汇聚成了练就这一贤者之石所闪耀的全部火光，照亮了炼金术士专注的面庞。

1　Georg Lukács. *Heidelberger Ästhetik (1916-18). Frühe Schriften zur Ästhetik II.* Hrsg. von György Márkus u. Frank Benseler. Darmstadt-Neuwied: Hermann Luchterhand Verlag GmbH., 1975, S. 69.

2　Georg Lukács. *Heidelberger Ästhetik (1916-18). Frühe Schriften zur Ästhetik II.* Hrsg. von György Márkus u. Frank Benseler. Darmstadt-Neuwied: Hermann Luchterhand Verlag GmbH., 1975, S. 69.

三、诗：本真生活的超然力量

在体裁论中，还有一条隐藏线索——诗。诗这一体裁常以高度凝练的语言象征性地表达充沛的情感，以此反映生活，甚至表达批判意图，然而特征鲜明的诗却并未作为一个明确的类别出现在体裁论中。卢卡奇并非如柏拉图一般将诗驱逐，恰恰相反，卢卡奇太重视诗，以至于诗早已成为他的"姿态"，成为支撑他理想中主体本真生活的超然力量。诗贯穿了卢卡奇早年艺术哲学思想始终，出现在所有体裁论的具体表述之中。诗是卢卡奇这一时期理论构想中终极理想的象征，即新的感性同质化的理念总体。对他而言，诗早已超出了体裁范畴，诗就是他的本己生活，是他回到本真生活的唯一路径。

在以论说文为研究对象的《心灵与形式》中，每一篇文章都包含对诗、诗作、诗人的探讨，这些内容成为体裁论的理论视域和质料，诗亦在此与卢卡奇融为一体。在文章《柏拉图主义、诗艺和形式——鲁道夫·卡塞纳尔》（"Platonismus, Poesie und die Formen. Rudolf Kassner"）中，卢卡奇以诗作为论说文理论的对照组，用诗人和柏拉图主义者分别指代非理性主义者和理性主义者，这亦是他早年非理性思想的首次明确标记。他以理性主义标记论说文，诗歌顺理成章地在柏拉图主义的语境中成为被逐出理想国的非理性的、主观的、永恒价值的象征。然而在完成设定与对应之后，卢卡奇却话锋一转："诗人的世界（他自己永远不能企及生活的世界）是一个人们能生活于其间的绝对世界，柏拉图主义者的世界则没有任何的实体性。"[1]他质疑宣扬理性的柏拉图主义者所追求的理性，质疑它在本质上作为一种无主体的纯粹客

---

1 Georg Lukács. *Die Seele und die Formen/Essays*. Berlin: Egon Fleischel & Co., 1911, S. 34.

体性完善，是否真的有意义。因为"诗人总是谈论自己，他为哪一个对象吟咏无关紧要；柏拉图主义者则不敢明目张胆地思考自己，他们只能通过别人的作品体验自己的生命，通过别人的理解才能接近自己。"[1]对诗人而言，本己生活和主观精神就是他存在的真理，而对于柏拉图主义者而言，理念必须实现客体化才能获得认知的可能性，这意味着对象化客体才是它得以作为主体而存在的前提。在卢卡奇看来，柏拉图主义者对思维与存在的认知使主体在客观上遗失了主体性，由此产生的作品虽然以理性为目标，在本质上却并非理性的。相反，诗人虽象征着主体的感性，却是实际以主体对世界的感知为基础连接主观世界与客观世界的真实媒介，是主观精神的传达与对象化。这也进一步说明，在卢卡奇早年的理论体系中，诗已经超越了体裁这一范畴本身，成为本己生活的象征。

"越好，也就越糟。"（Je besser, umso schlechter.）卢卡奇曾如此反对战争。世界大战也许能颠覆积重难返的混乱局势，但即便真的能颠覆，又如何呢？问题的核心也许在国家政治体制之间，在阶级之间，但矛盾的根源却深藏于意识当中，只是战争的枪林弹雨又如何能落入意识范畴？回到德国古典哲学，以黑格尔唯心主义哲学为绳索寻求辩证法为解，不过是卢卡奇面对无法解决的现代性问题时为自己铺设的"逃遁"之路。不过，这并不意味着卢卡奇早年的一切理论行为都以逃避为目的，甚至他一直以来的动机与最终目标都是改变现实，而他的方式是形而上学。"他从未满足于探讨研究各种艺术形式和艺术特性问题，而更多是关注于生存的本质、生命的价值以及文化的总体性等形而上的终

---

1 Georg Lukács. *Die Seele und die Formen/Essays*. Berlin: Egon Fleischel & Co., 1911, S. 35

极问题。"[1] 这既是他乌托邦式的理想，却也同时暗示着这种理想破灭的结局。多年以后，当卢卡奇在 20 世纪下半叶以一个成熟且沉稳的马克思主义者的姿态站在东欧理论界时，他才终于能坦然面对早年纯粹辩证法的逃避性，而在《历史与阶级意识——关于马克思主义辨证法的研究》的新版序言中写下了透彻的自我批判。

克尔凯郭尔以退出生活的姿态表达对生活的爱，基督教成为他放弃世俗婚姻后的唯一心灵慰藉；谢林以否定生活为前提继续生活，神学成为支撑他描绘主体的画架；卢卡奇以浪漫的态度与感性的体验反抗充斥着理性的冷漠生活，艺术则既是他的锁链，也是他的稻草。卢卡奇并非在表达生活，他将生活作为主体，面对他在其中的一切现实的途径，因为唯有生活中的主体，才会对一切分离与对立进行体验，也唯有经验现实与现实客体之间的差异被主体意识到时，一切非理性之物的意义才能从理性背后显现。在这一过程中，艺术一方面成为主体联系世界的非理性纽带，即它具有主体得以依附的绝对、先验、本质内在有效性："尽管作品在本质上必然是被创作出来的存在，但它相对于创造者仍然保留了绝对优先权：是创作者附属于作品，而非作品附属于创作者。"[2] 另一方面，艺术也为主体提供了心灵安顿的庇护之所，即一个形式完善而具有象征意义的乌托邦。因为有艺术的存在，主体才获得了创作者与接受者的身份，并在与其身份相应的主体活动中，触及使自身产生唯一且稳定之经验现实的永恒对象。"创作者，特别是在元心理学的意义上，

1　曹学聪：《文化危机与艺术拯救——卢卡奇早期对"重建文化家园"的探寻》，载于《北京航空航天大学学报（社会科学版）》，2022 年第 2 期，第 91 页。

2　Georg Lukács. *Heidelberger Ästhetik (1916-18). Frühe Schriften zur Ästhetik II*. Hrsg. von György Márkus u. Frank Benseler. Darmstadt-Neuwied: Hermann Luchterhand Verlag GmbH., 1975, S. 62.

在他的意向上，他始终只是一部作品的创造者，一件作品之所以对他而言具有作品特性，是因为它在视像（Vision）中，将自身作为一个由经验充实所诗化的形式关系构成的独立世界呈现给创作者……即使是接受者，只有当他把对象作为唯一可能的——或者更确切地说——作为唯一被设定的、唯一现实的东西来面对时，他才能在经验中实现审美行为。"[1]

　　若说艺术是主体内在本质的对象化产物，是主体借以回归自身并完成自我认知的媒介，体裁则是卢卡奇对这一过程中一切行为与产物的风格化、对内在逻辑的理论化与体系化所必不可少的原始物质，是他理论体系的基石，也是他主体总体性的炼金石。艺术亦是他认知世界的棱镜，是他得以在创作行为中阐明自身、在审美活动中揭示经验之本质的唯一方式。体裁研究使这一切得以发生，体裁论则使他心里的火光照亮了主体的形而上学世界。在探索人类心灵广袤宇宙的岁月中，艺术成为星空中一颗忽明忽暗的启明星，时断时续地照耀、引诱着卢卡奇追寻他的总体性。然而他的研究所看到的星光来自数万光年前，他心里渴望的总体性也早在他产生这一渴望之时，就永远只能是一朵他无法抵达而只能在迫近中遥望的彼岸花。也许唯有诗的超然力量，能使他觉得这条道路并不是一个错误，但也正是本真生活中才能存在的诗，真实地划出了两个世界之间鲜明的界线。

1　Georg Lukács. *Heidelberger Ästhetik (1916-18). Frühe Schriften zur Ästhetik II*. Hrsg. von György Márkus u. Frank Benseler. Darmstadt-Neuwied: Hermann Luchterhand Verlag GmbH., 1975, S. 108.

起点：美学与社会学

的综合

　　美学与社会学在早年卢卡奇的理论视野中几乎对应于形而上学与日常生活，二者呈现对立趋势。主体基于感性所形成的社会认知（Erkenntnis）蕴含着主体心灵与客观现实的矛盾冲突，最终形成的认知则以知识的形式包含着形而上学的判断；而主体立足自身体验所获得的经验现实（Erlebniswirklichkeit），则是既存（gegeben）主观范畴在客观现实的塑形作用下重构的新领域，它与实际客观现实并不直接联系，是一种特殊的现象。可见美学与社会学虽相互对立，但在本质上二者密切相关。卢卡奇以"文学史"（Literaturgeschichte）为范畴使二者实现综合，由此，形而上学与日常生活之间的悖论便被置于历史范畴，并以文学及其体裁为媒介，获得了被研究与反思的可能性。

　　为了使美学与社会学实现综合，形式成为卢卡奇早年诸多尝试之后选定的途径。他将康德具有先天性的形式概念与西美尔具有生命意义的形式概念相结合，并将结合后的形式置于美学与社会学之间，使之一方面面向以感性为核心的美学的形而上学范畴，另一方面面向以历史为语境、以科学理性为主导的日常生活。这一结构使以形式为分界的美学和社会学在艺术及艺术作品中首先作为方法论得到论证。由此，形式不仅是美学与社会学在艺术中交汇的分界线，也是卢卡奇早年心灵与生活悖论的调停线。文学史作为方法论，则以具体学科和理论话语的形式成为卢卡奇早年形式悖论的记录，成为他体裁论的基石。

　　文学史方法论既包含文学的发展史，又包含某一具体时期文化心理的多样性在作品中的体现[1]。这一方法论在卢卡奇早年体裁论中具体以三个理论视角展开：作品、历史、世界。作品是体裁论的对象，历史是

---

[1]　参见 Georg Lukács. *Werke Band I (1902-1918)*. Herausgegeben von Zsuzsa Bognár, Werner Jung und Antonia Opitz, Bielefeld: Aisthesis Verlag, 2017, S. 136。

体裁论的效应范畴，世界是体裁论的目的。在体裁论中，卢卡奇一方面将其视作心灵的表达，以此对先验主体的生活世界进行揭示，另一方面则将其视作心灵栖居于其中的现实形态，以此为心灵与心灵之间的交流提供具有时间烙印的空间性存在。当心灵获得了具象化的客体性呈现，当现实客体包含着源自时间的生长特性，这种结合体就成了卢卡奇早年追求的主体总体性发生的场所。

第一节　作品中的人及其思想

没有无作品的体裁，也没有无体裁的作品，因而对艺术作品存在及其可能性的论证成为体裁论的前提。艺术作品作为区别于其他产品或自然物的客体，其存在既具有实体性的物质意义，亦包含观念性的精神内容，而后者是艺术作品区别于其他客观存在的主要特征。人作为精神主体，由此成为论证艺术作品存在的核心。

然而以人为首要步骤，在论述的展开中势必重新遭遇社会历史现实与先验主观精神的悖论，只不过由于主体存在的特殊性，这一悖论在表现形式上发生了一些变化。卢卡奇将主体视为作品存在的核心，这并非立场先于判断的表现，而是视点决定立场的选择。作品、体裁都是他揭示现代社会状况并表达其理论构想的质料和方式，卢卡奇早年关于体裁的著作实际呈现的也并非具有教科书性质的、传统甚至老套的一种"体裁学"，而是他与作品、体裁之间如炼金一般发生的化学反应，兼具过程与结果，包含既存及未知性的发展。卢卡奇借此规避了纯粹体裁论所无法逃脱的社会历史界限，将既存客观性元素与主体的对立转移至主体自身的主观范畴领域，经由主体性精神，尝试平衡、调和对立本身，以至实现交流。对立由此转化为主体的先验精神与历史文化之间的悖论，主体由此陷入了理性与非理性的矛盾。

由此，卢卡奇仍然回到作品本身，却策略性地暂时搁置其社会历史属性，转向作品得以对象化的"起跳之处"，即主观精神范畴，从形而上学维度论证这一"跳板"存在的可能性，进而反向论证作品的现实可能性。

人及其思想，便成为卢卡奇体裁论的第一个论题。

一、艺术作品存在的可能性问题

早在卢卡奇的戏剧时期，他就已经开始思考作品的存在及其可能性问题，《现代戏剧发展史》便以"现代戏剧是否存在，它又是否可能存在"[1]开篇。卢卡奇随后补充道："也就是说，精神生活中是否存在这样一种现象，即它产生于现代生活的效应，并且符合戏剧形式，或者可能正需要以戏剧形式作为其表达形式。"[2] 对卢卡奇而言，现代戏剧的存在本质上源于精神生活中表达的需要，而戏剧只不过恰好与这一精神一致，并恰好被需要，以此成为体裁并获得了存在的可能性。由此，卢卡奇所反思的可能性问题本质上是主体精神及其表达的问题。

此后，可能性问题依次出现在卢卡奇的论说文和小说理论中，甚至在他海德堡时期的三部重要手稿，即《海德堡艺术哲学》《海德堡美学》，以及写于上述两部之间的《陀思妥耶夫斯基研究：笔记与大纲》当中。其中，卢卡奇直接提出"艺术作品存在，它何以成为可能"[3]的问题，不同的是，在这一提法中，他已经默认"存在"为既存事实，他所追寻的是"存在"实现的条件。不过这并不意味着"存在"问题已经得到解决。卢卡奇在此采用了现象学中"悬置"这一方法，以可能性的

---

1 Georg Lukács. *Die Entwicklungsgeschichte des modernen Dramas*. Darmstadt und Neuwied: Hermann Luchterhand Verlag GmbH., 1981, S. 52.

2 Georg Lukács. *Die Entwicklungsgeschichte des modernen Dramas*. Darmstadt und Neuwied: Hermann Luchterhand Verlag GmbH., 1981, S. 52-53.

3 Georg Lukács. *Heidelberger Philosophie der Kunst*. Neuwied und Berlin: Hermann Luchterhand Verlag GmbH., 1974, S. 9.

论证为前提，反向证明"存在"的既存性。这一转变一方面可以被视为他在方法论上对体裁论研究中文学史方法论的超越，另一方面亦揭示出他早年理论的悖论使"存在"问题难以得到论证，因为以社会学与美学相结合而产生效用的文学史视角内含心灵与形式的悖论，这一悖论在作品中形成张力，这种张力则分裂了创作行为与接受行为，使作品成为横亘于主体和客体之间的实际间隔（Abstand）。

揭示对立是卢卡奇早年艺术与文学研究和实践的动机，但并非其全部目的。卢卡奇所致力实现的是总体性，因而对立甚至间隔本身在其早年艺术哲学思想中都是建构总体不可缺少的元素，是既与总体区分，又能被总体吸纳并发挥效应的原始物质。卢卡奇在《心灵与形式》（1910）中，借由心灵与形式的同一（gemeinsam）关系，对形式与内容、现象与本质这类二元关系做出解答，即对立是现象性的、对象性的，而同一是本质性的、本体性的。可见在早年，卢卡奇将作品与体裁视为主体精神对象化的传达媒介，作品则是主体与客体之间间隔的对象化，作品的存在则依赖于主体是否具有这样的精神，并不在于作品是否具备实现其具体形态的客观现实条件。而主体的精神与其精神生活密不可分，这种生活既是形而上的，也是日常现实的，既具有主体自身的先验性，也受其所处历史现实的具体限制。在这个意义上，卢卡奇早年生活与形式的悖论在本质上都是主体精神范畴的悖论，是人及其精神、思想的关系悖论。

卢卡奇的体裁论正是以人与其思想之于作品的效用分析为切入点。在他看来，任何艺术作品都首先是主体日常生活境况的一种表现，或者反映。艺术理论的发展和美学体系的建构也首先是主观世界的精神建构，具体的理论或思想体系是这种精神建构的对象化客体，它们作为一种现象呈现。卢卡奇早年十分强调质料对于艺术作品及其创作过程的基质作用，这一思想也以方法论的形式体现在他理论体系建构当中。早在《现代戏剧发展史》写作之前的剧评创作时期卢卡奇就提出："我们对现代戏剧有什么要求？主要是两件事：思想和人。"[1]对于人和思想的关系，他进一步明确指出："故事[2]很简单，而人物形象却日益形形色色且更加成功。"[3]只是思想并不是某种明确的、具体的客观存在或内容，它在卢卡奇早年的艺术哲学中更接近一种情绪基调（Stimmung），具有模糊性（Verschwommenheit），呈现无边界、无界限状态（Grenzenlosigkeit）。艺术作品的产生、主体对艺术作品的审美，乃至接受者与创作者之间的相互交流所凭借的，既不是艺术作品作为客体的存在本身，也不是某种创作者内含于艺术作品当中的明确思想和表述方式，而是这种具有模糊性的情绪基调。不同主体间实现相互交流的根本性桥梁正是这种模糊的思想介质，而交往得以实现所直接依赖的则是误解（Missverständnis）。

在确保了思想的重要地位之后，卢卡奇进一步对思想产生的基础——人——进行了明确定义。他在对屠格涅夫的《施舍》进行评论时写道："在看这部剧的时候，我一直觉得这个库佐夫金不是一个具体的人，这不是一个独特的、有趣的个例，而是到处都有库佐夫金，到处都是为丑闻做好准备的人，他们甚至可以嘲笑自己的父亲，压制他们，用

---

1 Georg Lukács. *Werke Band I (1902-1918)*. Herausgegeben von Zsuzsa Bognár, Werner Jung und Antonia Opitz, Bielefeld: Aisthesis Verlag, 2017, S. 11.

2 此处卢卡奇使用了 Geschichte 一词，这个单词在德语中既表示"故事"，也可翻译为"历史"。引文体现了卢卡奇的文学史观，即历史是简明扼要的，但人物却是独特的。

3 Georg Lukács. *Werke Band I (1902-1918)*. Herausgegeben von Zsuzsa Bognár, Werner Jung und Antonia Opitz, Bielefeld: Aisthesis Verlag, 2017, S. 12.

金钱让他们沉默。"[1] 这意味着戏剧中的人物形象在典型性要求的基础上具备一种普遍性和共同性。在文学史维度，这表明不存在某一个确定且固定的个体，一切个体性存在本质上都是群体性的体现，都具有明确的群体性指向。将某一个体从群体中抽象出来进行把握是不恰当的，同样，对个体身上普遍特征的忽视也是对个体特征的根本性损害。这些群体性特征一方面基于个体存在的日常生活，具有普遍的习得性，另一方面源于先验精神。康德的午餐邀请既向具有相似品味的人发出，也没有忽视具有天赋的客人。人及其思想的存在价值实际指向主体先验精神和经验现实的共同作用，这一结合在具体艺术现象中呈现为风格（Stil）。

哲学为人类带来基于理性的体系与对具体问题的思考，艺术则基于形式为主体提供了具有整体性的宽广场域。它不似哲学，由源头揭示问题的本质，而是以提供可能性的方式，使主体获得创作与表达、传达与理解、平衡个体特性与总体追求的发展范式。如谢林所言，哲学虽然能够达到至高点，但是它至此似乎只能揭示人类的一部分。艺术则为全人类呈现出他们所是的样子……以永恒的差异和艺术理想为基础。在这个意义上，哲学能呈现人类的特征，而艺术则排除一切，仅仅呈现人类的特征。也因此，艺术能传达出语言或其他媒介所无法表达的内容，而这些内容属于主体自身，属于人的本质。

自康德提出可能性问题以来，这一概念已经在德国古典哲学深厚的主观色彩中走向范畴领域。卢卡奇对可能性的反思与康德具有同构性，他同样思考着如何在主体自身中找到或重构一种可能性。也因此，艺术作品存在的可能性是人的思想的可能性，或者说人的可能性。也仅有作

1　Georg Lukács. *Werke Band I (1902-1918)*. Herausgegeben von Zsuzsa Bognár, Werner Jung und Antonia Opitz, Bielefeld: Aisthesis Verlag, 2017, S. 13.

为传达核心的人具有传达的可能性与内容的可传达性，艺术作品才会存在。卢卡奇预设了这一"存在"，之后从文学史的角度出发，以作品的典型、风格以及面向接受者的作品效应为具体立足点，以美学体系建构的理想，回到早年一切艺术哲学研究的源头，再次回答这一问题。

二、形式风格的双重性

形式是卢卡奇早期思想的核心。体裁论中的形式分析不仅是对以体裁为划分的作品类型特征的分析，更是对具体作品中抽象且具有先验性的形而上学内容的揭示，而其最终目的在于，从体裁划分中发现主体主观精神及其表达中的结构与规则，由此形成范式。当体裁具备了范式的意义，便能为主体表达与接受提供最有效的形式。因而"形式分析要分析的是'纯粹的''无具体对象的'形式（其实并不存在），分析的结果也是抽象的。只有在这种抽象概念中才能发现同类、理解同类，或阐明事物发展的过程"[1]。可见形式追求共通性，旨在揭示或呈现先验同一性（Einheit）。这意味着形式实际上"把从历史上获取的东西归置回正确的位置"[2]。约翰·拉斯金（John Ruskin）对此指出："形式在原本意义上应该被理解为生长力，或内在、外在作用力的一种函数或指数；赞赏或评判形式首要的一个步骤便是分析形式构造的规律，以及形成反对力量的规律。也就是说，一切形式都应该解读为能量、压力或者运动的线条，也正因如此，形式才会呈现出如此美妙的抽象和精确。"[3]

---

1 汉斯·贝尔廷等：《艺术史导论》，贺询译，北京：北京大学出版社，2021 年，第 138 页。

2 汉斯·贝尔廷等：《艺术史导论》，贺询译，北京：北京大学出版社，2021 年，第 138 页。

3 W. Kemp. *John Ruskin: 1819-1900. Leben und Werk*, München-Wien: Fischer, 1983, S. 161.

在他的表述中，形式不仅具有先验性，还包含生命能量，这恰好与卢卡奇早年形式观的内涵一致。

就形式与外部存在之间的关系而言，形式是针对有待发生的事物或环境所做出的行动或相应的反应，这些反应都是对自身或外界的发展、扬弃与升华，因而形式是一种表达。[1] 卢卡奇将这种表达（Ausdruck）表述为传达（Mitteilung），以此将主体、客体，以及表达本身都包含于形式当中。形式由此既面向形而上学，亦指向日常生活，一方面表现出历史事物或现实环境状况，及其实际影响艺术作品创作与塑型的细节要素，另一方面内含具有同一性的普遍抽象因素，呈现为风格。在形式的基础上，风格是抽象因素的构成体，记录着创作主体先验精神的发展轨迹并将其表现出来，这种不可具象化却不可忽视的主体性精神是形式的传达效应得以实现的基础。风格的作用不在于描写，而在于叙述；不在于呈现，而在于召唤，它产生于主体的生活世界（Lebenswelt），实际成为主体经过传达而联系世界的纽带和方式。"风格不是一个稳定的概念：它是一棵不断生长的树的横截面，它是一个不断运动的身体的轨迹，或者最多是这种运动在平面上的投影。"[2] 它所反映的是一个抽象的、截取的时刻，就仿佛拉奥孔的激情顶点之前的那一刻。这一刻的最终目的并不是这一刻呈现出来的客体本身，而是它能使人由此自行补足之前的起因及之后的发展脉络。

风格基于它对作品因素的总括与抽象的功能，相应产生了对艺术作品的划分与评判效用，以及服务于艺术创作的公式作用，呈现为对作

1　参见汉斯·贝尔廷等：《艺术史导论》，贺询译，北京：北京大学出版社，2021年，第138页。

2　Georg Lukács. *Werke Band I (1902-1918)*. Herausgegeben von Zsuzsa Bognár, Werner Jung und Antonia Opitz, Bielefeld: Aisthesis Verlag, 2017, S. 149.

品特征的聚合。识别一部作品的风格往往比确定其作者更加容易，这也许是由于目标范畴更大，又或许是因为风格所包含的特征元素更具普遍性，因而更容易把握。这种认知则是审美的必要前提。卢卡奇指出："感觉、知识、对事实的确定，都与价值评判密不可分。"[1] 他认为，风格便是文学史也有一个基础概念，这一概念也凸显了文学史对美学与社会学的综合效应："风格是一个社会学范畴，因为它产生于一个社会环境的某一具体时期与具体情况下，人与人不同处境之间的相互关系与作用。"[2] 不仅如此，"风格同时也是一个美学范畴，因为它是一个价值范畴，它使时间的延续与空间的延展都不再重要"[3]。风格甚至成为鉴赏艺术作品的直接价值尺度。当一种风格形成并得到普遍接受时，基于这一风格的作品便会由于风格的特征，在作品本身得到鉴赏之前，首先得到风格评判。而基于风格的审美价值评判常常能超越具体作品的价值，因为这样的作品不仅具有鲜明的形式特征，亦包含了历史性的行动或反应。这便体现出风格对美学与社会学价值的综合，卢卡奇因此称风格为"一种在一定时期内成功传播并具有普遍效应的形式"[4]。

自海因里希·沃尔夫林（Heinrich Wölfflin）以来，在德国艺术史研究中，形式被视为不同时代变迁中的一种内在发展，代表着比作品内容更为深邃、抽象、细微却具有决定性的质料。而早在 13 世纪的

1　Georg Lukács. *Werke Band I (1902-1908)*. Herausgegeben von Zsuzsa Bognár, Werner Jung und Antonia Opitz, Bielefeld: Aisthesis Verlag, 2017, S.138.

2　Georg Lukács. *Werke Band I (1902-1908)*. Herausgegeben von Zsuzsa Bognár, Werner Jung und Antonia Opitz, Bielefeld: Aisthesis Verlag, 2017, S.148 .

3　Georg Lukács. *Werke Band I (1902-1908)*. Herausgegeben von Zsuzsa Bognár, Werner Jung und Antonia Opitz, Bielefeld: Aisthesis Verlag, 2017, S.148 .

4　Georg Lukács. *Werke Band I (1902-1908)*. Herausgegeben von Zsuzsa Bognár, Werner Jung und Antonia Opitz, Bielefeld: Aisthesis Verlag, 2017, S.148 .

经院哲学中，便有"形式带来了素材的中介，赋予它存在的本质。形式先天存在于素材中，只需要从中化形而出"[1] 这样的观点。贡布里希（E. H. Gombrich）在对瓦尔堡（Aby Warburg）图像学的研究中指出，具有永恒效力的文字传统和构建其上的象征体系才意味着历史的可靠支点，而与之相对的，则是显现于历史中且永远在翻新变换的形式。[2] 这并非对形式、内容关系的颠覆，而是将形式的本质含义（intrinsic meaning）进一步深化为作品内含的永恒性（Ewigkeit）。阿洛伊斯·李格尔（Alois Riegl）则与康定斯基（Wassily Kandinsky）不谋而合，在现实与抽象的极端辩证法中，通过风格反思形式的变迁。他认为抽象在形式中是既存的，所以细微的、于主旨而言边缘化的甚至纯粹装饰性的要素，恰好是确定风格及其变迁的最适宜对象。形式越是纯粹地从对象当中剥离出来，就越适合成为内容本身，成为现实。[3] 这种抽象成为一种区别于作品本身的含义，或者可以说："形式是对讯息的塑造。……即艺术中形成的形式是一种讯息。"[4] 卢卡奇所用的"传达"则恰好与形式的这一含义相匹配，而特定信息与特性形式的对应关系则成为艺术风格产生的前提。

风格的出现不仅呈现出形式的稳定性与永恒性，也将形式纳入类型学范畴，使之承担起为精神与思想赋形的任务。而由于它形成的基础是

---

1 K. Bauch. „Kunst als Form", *Jahrbuch für Ästhetik und allgemeine Kunstwissenschaft* 7, 1962, S. 172.

2 参见 E. H. Gombrich. *Aby Warburg. An Intellectual Biography*, London: The Warburg Institute, 1970。

3 参见阿洛伊斯·李格尔：《风格问题：装饰历史的基础》，邵宏译，杭州：中国美术学院出版社，2016 年。

4 汉斯·贝尔廷等：《艺术史导论》，贺询译，北京：北京大学出版社，2021 年，第 139 页。

一类艺术作品当中具有典型性的特征，风格由此成为一个视点，艺术作品则相应成为一种媒介，是展现某一内容的方式和渠道。由于风格承载着抽象且具有普遍的性质，势必一方面代表个体的风格，即创作主体自身的人格、才华等，另一方面代表作品产生时代的历史风格，即创作思潮、国家意识等。在这个意义上，风格成为美学与社会学在形式中交汇的实际落脚点，成为形式变迁过程中得以反映艺术史、文学史的工具。

三、作为审美活动前提的误解

风格研究的目的在于揭示艺术作品的内涵。歌德在 1789 年发表于《德意志信使》杂志的《对自然的简单模仿、手法、风格》一文中提出，以风格所代表的艺术的最高层次在于，不仅艺术能够模仿自然，作为模仿的产物的作品亦能反映并揭示对象的特征与存在方式，甚至能形成范式，并成为新的艺术创作模仿的对象。[1]这意味着风格以事物的本质为基础，依托于认识的最深层基础，直接展现了主体对对象认识和理解的极限。此后，沃尔夫林在 1920 年的文章《对艺术作品的揭示》中，基于历史语境，批判以孤立的、单个的作品为对象的艺术鉴赏和风格分析，提倡以不同作品中普遍存在的质性内容为对象。[2]这再次佐证了风格在艺术史中的重要性："风格概念于是成了依照形式变迁来描写艺术史的工具，甚至进一步，风格成了言语可描摹的最终对象，一切都将归于风格上的结论。"[3]由此，风格使艺术研究与审美活动走向了艺

1　参见 J. W. von Gothe. „Einfache Nachahmung der Natur, Manier, Still", *Die Deutsche Kurier*, 1789。

2　参见 H. Wölfflin. „Das Erklären von Kunstwerken", *Kleine Schriften (1886-1933).* Hrsg. von J. Gantner, Basel: B. Schwabe & Co., 1946。

3　汉斯·贝尔廷等：《艺术史导论》，贺询译，北京：北京大学出版社，2021 年，第 147 页。

术史范畴，使向形式主义极端化发展、内容与形式两极对立的美学趋势初步获得了一个具有历史发展能量的社会学立场。

卢卡奇在沃尔夫林明确将风格纳入历史范畴之前，便已经意识到风格与历史的联系，以及风格在揭示对象内在固有质性内容方面的作用。但不同于沃尔夫林，卢卡奇并未直接以社会学与美学的综合尝试解答风格问题，而是从现象学中汲取方法，提出"误解"（Mißverständnis）这一概念，试图说明风格史研究对审美活动的有效性与必要性。他指出："所有艺术的本质都是一样的：一个心灵想要向其他心灵展示自己，希望它们体验到同样的感觉。"[1] 形式是心灵得以向其他心灵展现自己、寻求交流、实现相互理解的媒介，是思想内容向接受者敞开的窗口。不过在艺术鉴赏中，甚至在日常交流中，思想与信息的传达和接受乃至共通并不总是遵循形式与内容之间的逻辑关系，实际情况往往是："其他人不愿意这样做，他们不想或不能有同样的感觉。"[2] 在实际艺术创作以及基于艺术理论对艺术作品具体现象的研究中，为了将艺术理论置于直接的审美实践，体裁的形式、艺术作品的具体形象是主体在创作过程中需要反复思考的问题，也是接受者、艺术理论研究者需要学习的鉴赏基础。卢卡奇狡黠地说："你必须强迫他们违背他们的意志。"[3] 这样便能最大程度地在审美活动中贴近创作者的灵魂，也因而尽可能体验到与创作者进行艺术创作时的感受。"所谓艺术的享受，永远是对意

1　Georg Lukács. *Werke Band I (1902-1918)*. Herausgegeben von Zsuzsa Bognár, Werner Jung und Antonia Opitz, Bielefeld: Aisthesis Verlag, 2017, S. 64.

2　Georg Lukács. *Werke Band I (1902-1918)*. Herausgegeben von Zsuzsa Bognár, Werner Jung und Antonia Opitz, Bielefeld: Aisthesis Verlag, 2017, S. 64.

3　Georg Lukács. *Werke Band I (1902-1918)*. Herausgegeben von Zsuzsa Bognár, Werner Jung und Antonia Opitz, Bielefeld: Aisthesis Verlag, 2017, S. 64.

志的考验，而效果就是艺术家的意志战胜了我的意志。"[1] 卢卡奇所谓的战胜，并非一个主体对另一个主体的文化霸权问题，而是不同主体向误解的共同屈服。

基于形式风格的艺术史描写功能，误解成为主体讯息传达、交流、相互理解的关键，成为艺术作品创作与审美活动完成的前提。卢卡奇在提出"误解"概念时，正是他受到胡塞尔深入影响的时期。他同样以颜色（Farbe）为例，将各种颜色的具体名称视为交流中所用到的具体形式，提出真正进入主体眼睛的颜色在本质上必定存在差异："描述所使用的符号存在的差异就只与经验有关，比如作为单词的'颜色'与想象中的'颜色'：在逻辑范畴中表达的'颜色'不再与知觉的经历相关，更无法显示不同个体的质性差别。渴望达到真理的意愿以及主体在逻辑原则之下的统治产生了一个领域，其中'颜色'这一概念作为逻辑形式的材料失去了一切可感受的质性差异；这是一定会失去的，因为逻辑主体是以其逻辑意愿设定的，这与质性差异没有任何关系，它源于经验主体。"[2] 正是由于差异的存在，不同主体对同一颜色的认知才具有相通性。这些差异就是卢卡奇所说的"误解"。这也意味着实际有限的经验与对对象无限的阐释在误解中融合，作品由此发挥效用。不同主体进入了由误解建构的接受场域，由此实现交流与共通。

不仅如此，卢卡奇之所以重视误解对交流的决定性作用，还因为正是有了这种模糊性和无界限性，思想才得以最终被保存并传承下去。任何具有明确形态的思想一旦对象化，不是成为教科书式的、美学家的本

1　Georg Lukács. *Werke Band I (1902-1918). Herausgegeben von Zsuzsa Bognár, Werner Jung und Antonia Opitz, Bielefeld: Aisthesis Verlag, 2017, S. 64.

2　Georg Lukács. *Heidelberger Philosophie der Kunst.* Neuwied und Berlin: Hermann Luchterhand Verlag GmbH, 1974, S. 18.

质，就是在历史的时间性延续中成为最先被批判和扬弃的客体。"当思想一开始产生的时候，并没有语言对其进行表达，所以我们也不应该试图完全用语言来表达（思想）。"[1]这意味着思想本身并非符号化的存在，一切具体可见的形式都不过是思想对象化的一个表现，甚至真正的思想并不需要一个确切的对象化客体作为依托，其存在即其本质。思想本身的特性决定了主体对待思想的方式，以及通过思想获得审美活动的方式。甚至就艺术作品而言，思想不是直接由作品主体进行传递，而仍然需要接受者自行接受和理解："在表演结束时，主人公不应该为了激起观众雷鸣般的掌声而说出这个想法；相反，它应该在整个作品中轻微震动，下意识地跳动而不被言明。"[2]这是思想在作品中的存在方式，也是艺术作品的存在形式。无论是戏剧、小说这种包含具体故事情节和人物表现的艺术样式，还是诗歌，甚至音乐这类同时以感官和内容进行表达的艺术样式，最终具体呈现出来的客体性存在本质上都非艺术本身，也不是体裁本身，而只是艺术、体裁的一种体现，是用于认识和审美的艺术现象。由此，艺术既不会在人类历史发展过程中被形式化批判所扬弃、消除，也不会最终彻底呈现其本质。艺术的本质和特性使其在实现审美价值时与思想的表达具有一致的逻辑，也因此，在主体间展开交流的过程中，艺术同样发挥着思想所能发挥的作用，承担起保障误解的功能。

艺术作品的效应是另一个关键问题，这一问题直接源自艺术作为一种社会存在的本质。施耐德（Norbert Schneider）从社会学维度指出：

---

1 Georg Lukács. *Werke Band I (1902-1918)*. Herausgegeben von Zsuzsa Bognár, Werner Jung und Antonia Opitz, Bielefeld: Aisthesis Verlag, 2017, S. 13.

2 Georg Lukács. *Werke Band I (1902-1918)*. Herausgegeben von Zsuzsa Bognár, Werner Jung und Antonia Opitz, Bielefeld: Aisthesis Verlag, 2017, S. 13.

"与社会现实相同，艺术中也包含两种本质的并行：首先它是一种物质劳动的形式，在社会所能达到的生产标准的基础上发展出了各种技术和工艺，并且与劳动组织紧密相连（例如修道院中的抄经处、建筑工会、宫廷艺术部门、行会工坊等）；其次，艺术作为一种社会意识的图像形式的变体，复制并阐释了社会现实，也就是探讨了人与人、人与自然之间的关系。"[1] 作品不可避免地受体系、机构的影响，并以直观的方式将其呈现出来。由此，作品的效应首先应当是社会效应，也就是卢卡奇在戏剧理论中所强调的大众效应，具体表现为作品对接受者情感的召唤。这种召唤能力一方面依赖作品在接受者身上呈现的直观审美价值，另一方面取决于接受者自身的生活经历及相关审美经验。卢卡奇的意图在于建构一种综合主观精神与现实生活的总体性（Totalität）。他在区分唯心主义与唯物主义艺术哲学观的基础上，试图从社会历史维度，从主体生存的现实状况中发掘最终为总体性奠基的主观因素，即一种具有先验性的主观精神，后来被他发展为阶级意识。然而这一逻辑路径再次将总体性构想置入形而上学范畴，这便从根本上脱离了社会历史现实的实质。施耐德在进一步对艺术作品纯粹形式研究的批判中指出："在形式中只能看到一种对主观性的客体化展示；而将主体引入社会化进程、引入对继承了美学和象征传统的客体的要求，却被排除或忽略了。"[2] 因此，他批判卢卡奇的总体性在艺术哲学思想中缺乏全面的历史学和社会学理论支撑，最终只能流于形而上学，成为具有预言性的空洞套话。

这一评判未失偏颇，只不过忽视了卢卡奇早年艺术哲学的真正价

1　转引自汉斯·贝尔廷等：《艺术史导论》，贺询译，北京：北京大学出版社，2021年，第241页。

2　转引自汉斯·贝尔廷等：《艺术史导论》，贺询译，北京：北京大学出版社，2021年，第251页。

值。卢卡奇站在共时与历时的十字路口上，置身日常生活的同时，在主观精神范畴搜寻具有超越性的先验共通的质性内容。单独的美学和社会学并不能满足他这一宏大的构想，因为这种几乎不具有存在的可能性的总体性，需要凭借客观实在的艺术作品，在审美鉴赏中得到证实。此时由作品本身的形态及其审美效应与有效性出发，再次回到主体的主观态度，便能从中揭示卢卡奇对不同主观行为的评价，即形式描写与个体性讯息传达虽然具备艺术表现性，社会历史分析、主体研究和文化分析虽然能在唯物主义立场中实现跨文本的艺术阐释，但它们仍无法实现超越主体自身经验与作品客观实在的价值。思考作品与体裁如何能为内容的表达提供可能性，又如何能在对讯息的传达中使主体得以直观本质，才是卢卡奇早年体裁论为 20 世纪初期西方文学、艺术领域带来的真正刺激。

第二节　创作与接受行为中的典型

卢卡奇对主体生存境遇的揭示与对重构主体生存语境的反思构成了他早年思考生命哲学的动机与建构美学体系的立足点。在《海德堡艺术哲学》手稿中，卢卡奇以"艺术－历史哲学的形而上学"提出作品与历史的辩证关系，即只有具备非时代性永恒价值的艺术作品及其背后的主观态度，才能使作品具备审美前提。这样的艺术作品既有超出作品的先验共通性，亦包含超越主体经验现实的反映价值。当他尝试在戏剧中构建一种具有现实主义反映论色彩的社会学思想时，人是这一体系的核心；当他意识到这种社会学终将由于与主体精神范畴的对立而无法最终实现时，他重新回到人，反思主体心灵与形式的悖论对这一体系的分裂。最终他意识到，即便颠覆整个世界秩序，主体仍然无法摆脱生存困境，因为限制主体伦理自由与道德选择的枷锁不只是主体理性与非理性之间的冲突，而是源自人的阶级属性和阶级意识。唯有意识形态的转变，才会带来生存境遇的改善。

当时的匈牙利文学受限甚至受制于政治与社会。卢卡奇批判艺术创作无法脱离匈牙利当局意识形态，而艺术接受亦缺乏主体自行阐释的空间的状况。《布达佩斯评论》（Budapesti Szemle）十分具有影响力的主编 Gyulai Pál 便认为，使文学创作与批评服务于国家是实现卓越的准则，不仅如此，卢卡奇尊为师长的 Beöthy Zsolt 也将文学视为一种具有国家特色的表达，文学史因此被视为一种国家性纪录的纲要，它是科学与政治历史的辅助，是国家生活的感性反映。这一现象源于匈牙利当局保护国家传统与文化的诉求，但在艺术与美学中，这种做法却直接损害了作品与审美的自律，限制了主体的自由与作品的创作。屈从于匈牙利国家历史的文学与艺术无法具备真正的审美价值，而纯粹形式化的作品又在自然主义的描写中失去了反映现实的意义和效应。

在黑格尔和谢林所代表的"历史"美学中，卢卡奇看到了能够解决这一悖论的可能性：这种美学存在于一种在不同历史阶段以不同方式实现自身的形式概念之中。[1] 然而他并未完全依赖黑格尔和谢林。他提出："在一个新的有机同一（Einheit）中，文学史的综合是社会学与美学的结合（Vereinigung）。"[2] 这种结合并非辩证统一，而是以美学和社会学作为两种不同质料，在文学史理论的场域中，共同发挥其质料属性，最终形成得以改善文学、艺术的分裂状况的新物质。卢卡奇由此开始通过文学史建构解决文学异化与主体异化的新方法。同时，这一动机亦成为他体裁论的主题。历史的宏大叙事是卢卡奇的构想，但不再是他的研究方法，取而代之的是"主题、关注和态度的集合"[3]。个体性特征及其生活取代了以国家历史为主导的宏大叙事，具有发展价值的效应取代了作品作为对象化客体的纯粹符号属性。

一、文学史的形式效应

卢卡奇早年体裁论中所呈现的历史观已经初步带有非线性历史叙事

---

1 参见 Georg Lukács. *Werke Band I (1902-1908)*. Herausgegeben von Zsuzsa Bognár, Werner Jung und Antonia Opitz, Bielefeld: Aisthesis Verlag, 2017, S.136。

2 Georg Lukács. *Werke Band I (1902-1908)*. Herausgegeben von Zsuzsa Bognár, Werner Jung und Antonia Opitz, Bielefeld: Aisthesis Verlag, 2017, S.136.

3 参见 H. Aram Veeser. *The New Historicism*, New York: Routledge, 1989。

的倾向，内含由社会历史分析向文化分析发展、由将艺术作品视为历史实践的形式和反映向以形式风格表现事物内在本质以及世界观演变的趋势。这些思想并未被卢卡奇清晰地表述出来，而直至 20 世纪后半叶，才逐渐在德国、法国理论界，在不同理论语境和研究方法中呈现出来，如本雅明对"新天使"的回望、阿多诺的艺术－社会辩证法等，甚至以福柯为开端的后现代解构主义等。这些思想都能在卢卡奇早年体裁论中发现端倪，只不过他自己当时"并没有意识到这一点"[1]。

　　卢卡奇的研究以对文学史的阐释为起点，他将文学史视为调和美学与社会学的悖论关系并使双方得以连接的关键："它应当在变化中找到恒常（das Konstante），在恒常中发现变化。"[2]他首先便将形而上学与日常生活的悖论置于时间维度寻求获得解决的可能性，进而补充道："仅有当这种连接能产生新的角度和关联时，也就是说当文学史仅仅将社会学和美学作为元素，以二者的结合创造出一个能产生新元素的结合体时，这种结合才有意义和价值。"[3]换言之，连接和结合是一种路径，效应才是卢卡奇真正关心的问题。而要实现这种效应，必须首先论证文学史作为一种方法论的存在。由此，卢卡奇再次面临对可能性的论证，即他所说的："是否可能不仅建构一种文学的纯粹内源性发展史，而且在一个时期文化心理表征的多样性中融入文学的总和（Gesamtheit），并且这一过程中，文学史作为'文学'或文学价值不包含任何其他意义，只是表现为一种文化症候（Kultursymptom），或者其他能动摇

1　参见马克思《资本论》第一卷。

2　Georg Lukács. *Werke Band I (1902-1908)*. Herausgegeben von Zsuzsa Bognár, Werner Jung und Antonia Opitz, Bielefeld: Aisthesis Verlag, 2017, S.136.

3　Georg Lukács. *Werke Band I (1902-1908)*. Herausgegeben von Zsuzsa Bognár, Werner Jung und Antonia Opitz, Bielefeld: Aisthesis Verlag, 2017, S.136.

社会的力量？"[1] 卢卡奇十分清楚，动摇社会的力量对艺术作品的影响毋庸置疑也无可避免，心灵文化的历史（Geschichte der seelischen Kultur）尚未出现却令他无比向往："这种历史只是致力于表明实际情况（Tatsache），它不带任何来自人类群体或阶级的价值评判，它由此能在不同时期被接受（lesen），并在最大程度上获得青睐（gefallen）。"[2] 甚至这种心灵史本身，都应当是一种与旧历史主义思想相区别的非时代性产物，即便古希腊时期的艺术作品有其特殊心灵史的支撑，这种历史也无法成为当下认知中的历史。因为历史是时代史，是一个特定时期中心灵的历史。

在卢卡奇看来，这种心灵史的效应在于其既存性，即一种可能性和意识的在场（Vorhandensein）。当主体需要做出反应或与这一心灵史产生关联时，这种在场便能提供可行性。但他又十分谨慎地强调，这样的艺术观不应演变为不可控的主观主义，而应以美学的认识论为基础。为了避免文学史方法论在实践中再次走向极端，卢卡奇坦言："既然我早就在这一问题上踌躇不前，那么我就只给出一个也许能找到解决方案的前进方向。当我精准研究我自己的美学评价时，也就是说，在我不具有规范这一进程的任何确定范畴或客观标准的时候，我同样必须依赖经验进行理解，（对象的）这些显像（Erscheinung）可以产生某种关联（Relation），它能召唤出我们的感觉和价值评判。"[3] 这种关联，便是

1　Georg Lukács. *Werke Band I (1902-1908)*. Herausgegeben von Zsuzsa Bognár, Werner Jung und Antonia Opitz, Bielefeld: Aisthesis Verlag, 2017, S.136-137.

2　Georg Lukács. *Werke Band I (1902-1918)*. Herausgegeben von Zsuzsa Bognár, Werner Jung und Antonia Opitz, Bielefeld: Aisthesis Verlag, 2017, S. 137.

3　Georg Lukács. *Werke Band I (1902-1918)*. Herausgegeben von Zsuzsa Bognár, Werner Jung und Antonia Opitz, Bielefeld: Aisthesis Verlag, 2017, S. 137.

形式。至于这一形式的概念是通过美学的认识论呈现的先验有效范畴，还是通过实践得到证实的经验性真理，抑或只是一个方法论所要求的简单假设，这些问题便成为卢卡奇文学史思想的三个具体维度，贯穿其基于心灵发展的艺术哲学思想，为体裁论提供了具体的研究视点。

作为一切体裁产生的基础和最终效应展现的场域，形式是文学史的第一个维度。卢卡奇在文学批评中将文学视为主体经历的表达，在艺术哲学中将艺术视为经验现实的表达，在这一过程中，作为表达途径的则是形式。在文学史中，这种形式便被卢卡奇冠以"风格"之名，而在艺术哲学中这一形式则在现象学维度具备了"现象"的含义。在本质上，无论是具体的文学体裁、作品本身，还是艺术作品，其实际效应都是对某种未经言明的本质的表现，这在形式符号维度具有象征意义，在社会学维度则代表了发展历程的凝结。也正是在这一意义上，卢卡奇首先探讨了文学史中的生活。他认为："形式是文学中的真实社会；形式也是我们能从文学中找到的唯一概念，它能够帮助我们在生活的外部与内部之间穿梭。"[1] 换言之，"生活"是形式的依托，也是一切风格与典型的依托。

卢卡奇在《心灵与形式》中对"生活"做出了基于名词与动词性名词的区分，国内译者则将其分别翻译为"生活"（d-a-s Leben）与"活着"（das L-e-b-e-n）。卢卡奇的解释是："活着，即一切都能充分体验。生活，即没有什么能够完整地被体验到。"[2] 就是说，当我们为生活赋予一定的形式，那么这个形式虽然能够完整呈现内容本身，但这一

---

1 Georg Lukács. *Werke Band I (1902-1908).* Herausgegeben von Zsuzsa Bognár, Werner Jung und Antonia Opitz, Bielefeld: Aisthesis Verlag, 2017, S.142 .

2 Georg Lukács, *Die Seele und die Formen/Essays.* Berlin: Egon Fleischel & Co.,1911, S. 328-329.

形式的存在也意味着发展与变化的停滞，也因此，形式所代表的一切内容都已经完整地被主体体验到。相反，内容本身尚未获得明确且具体的形式呈现，这就意味着内容仍在持续发展变化，乃至生成新的内涵与意义。主体无法对仍在发展变化的对象进行全面而完整的把握，能留存于主体经验的则仅能是横截面一般的现实。因此，首先提出生活作为文学史的第一个维度，卢卡奇一方面为他的体裁论明确了立足点，即生活本身，另一方面，他也由此强调了在作者与作品、体裁与风格的关系当中，基于生活本身的发展与变化，才是文学史发挥效用的前提，也是体裁研究中形式论的基础。

第二个维度则是效应（Wirkung）。效应本来是一个社会学的概念，卢卡奇将其作为文学史的基本概念之一，不仅体现出社会学在他这一时期体裁研究与艺术哲学思想中的基础地位，更意味着卢卡奇最终的理论着眼点就是日常生活与大众。换言之，在卢卡奇看来，解决现代性问题的关键就在日常生活之中，就落在大众肩上。这一观点集中体现在他的论文《审美文化》中，这篇论文本身也以其明确的现实主义指向与阶级意识反思，区别于他这一时期其他基于德国古典哲学与德国浪漫派文学观及艺术哲学思想的美学体系建构活动，具体呈现出西美尔《货币哲学》与马克思《资本论》的社会学与政治经济学影响。同时，卢卡奇进一步提出相互作用（Wechselwirkung），以强调形式与生活之间辩证的相互关系，也间接阐释了社会学与美学之间的相互关系。简言之，效应会在风格和典型的角度对美学发展的趋势产生影响，这种影响可能是积极的推动作用，也可能是消极的阻碍作用。

但积极的并不必然意味着好的，消极的也并不完全是应当规避的，它们仅仅代表了两种不同的起效方式。卢卡奇在对效应进行分类时还借鉴列奥·波普尔的观点，以"适当的"（adäquat）与"不适当的"

（inadäquat）进行划分："适当的效应是指那些产生于某一文学作品形式的效应；不适当的效应则相反，它是由没有意识到的或者从对效应的错误理解，也就是从形式的某一视点（Gesichtspunkt）而偶然获得的理解。"[1]为了强调这种不适当效应的价值，卢卡奇将莎士比亚对狂飙突进的影响及易卜生对德国自然主义的影响都归于这种"不适当的效应"。其中，无论是莎士比亚还是易卜生，在创作中，发生作用的是某种自然生发的灵感，而非为了产生效应而进行的主观塑造。卢卡奇认为这样的创作方式虽然不具备充分的审美价值，却具有明确的伦理效应。很久以后，朗西埃在论述其政治美学思想时指出，在基于天赋的创作中，唯独失去了作者的作用与价值。借此反观卢卡奇对效应的阐释便能意识到，真正能实现效应普遍性与对大众的实际影响的，恰恰是艺术作品的不适当的效应，就像实际具备永恒意义的往往是内含于生活的质料形式。

第三个维度是发展。卢卡奇认为："发展的概念不再像是在浪漫主义美学中一样是形而上学的；那种认为发展的概念应当是整个文学的历史，或者也可以是一种理念在阶段性实现的一种形式这样的观点，已经失效。"[2]取而代之的应当是一种社会学观点，即一种时代决定论。卢卡奇在此提供了一种新的历史观，而这一极具辩证意味的思想一度对本雅明产生了鲜明的影响。卢卡奇认为："历史感觉（das historische Gefühl）是新的，它作为一种感觉形式并未出现在过去。"[3]而当下的

1　Georg Lukács. *Werke Band I (1902-1908)*. Herausgegeben von Zsuzsa Bognár, Werner Jung und Antonia Opitz, Bielefeld: Aisthesis Verlag, 2017, S.151.

2　Georg Lukács. *Werke Band I (1902-1908)*. Herausgegeben von Zsuzsa Bognár, Werner Jung und Antonia Opitz, Bielefeld: Aisthesis Verlag, 2017, S.152.

3　Georg Lukács. *Werke Band I (1902-1908)*. Herausgegeben von Zsuzsa Bognár, Werner Jung und Antonia Opitz, Bielefeld: Aisthesis Verlag, 2017, S.144.

人们对这种源自历史的感觉既在经验现实维度感到陌生，又在实际时空维度感到格格不入。而这种源自历史的感觉却要成为当下文学批评与艺术创作的社会历史源泉。基于文学史的思考，卢卡奇提出："甚至有可能，我们是将历史与当下文学作品中的英雄间隔开的；当我们日后再回顾历史，它可能就像我们眼中莎士比亚所描写的英国英雄与罗马英雄遥遥相隔（Abstand）。"[1] 时间据此成为一扇一体两面的大门，历史与当下再也不是一条时间轴上的两极这样的对立关系，而是由一扇大门隔开的两边。主体会在未来与历史相遇，而当下的瞬间只是为了成为历史存在的有效参照点。这一观点不仅奠定了文学史对于当代艺术的影响，更从历时发展维度使文学史的作用延伸至未来，成为"新"本身。此外，这一"间隔"不仅更新了线性发展的时间脉络，同时也从形式与质料维度在作品中实现社会学与美学的统筹：形式与质料以艺术作品为间隔成为两个对象，而在内在关联维度，形式内在于内含质料的生活当中，而具体则以速度、节奏、功能等实际内容为形式体现出来。换言之，卢卡奇在文学史中提出历史，既是为了在时间维度提供文学批评与艺术作品审美的新时间观，同时也在尝试扭转自笛卡尔以来对生活当中认识对象二分的逻辑传统，代之以鲜明的辩证思想，以实现和谐与统筹为目标。

二、艺术作品的典型及其效应

卢卡奇曾提出："形式是文学中真正具有社会性之物；形式是我们在文学中能获得的唯一概念，它能帮助我们洞察文学的外在和内在生

1　Georg Lukács. *Werke Band I (1902-1908)*. Herausgegeben von Zsuzsa Bognár, Werner Jung und Antonia Opitz, Bielefeld: Aisthesis Verlag, 2017, S.144.

命。"[1] 而他在同一时期亦一直坚持认为形式具有先天性与永恒性："形式是一种心灵活动（seelische Aktivität），它并非一种对立于既存经验的以表达为目标的存在（Zum-Ausdruck-Gebracht-Sein）；它在经验中有其自身独特的作用。"[2] 若基于社会性意义将形式视为艺术作品中得以产生现实、大众效应的部分，那么内容便成为艺术作品中实际消解形式的部分，作品的存在则由此成为一个悖论。为了解决这一问题，卢卡奇诉诸某种"新"的形式，以此在建构和发展维度解决形式与内容在先验性与经验性方面的悖论。基于其风格史的分析，卢卡奇将研究视野放在了典型性问题当中。在他早年的艺术哲学中，典型既是其现实主义戏剧理论中能集中反应社会问题并对大众产生戏剧效应的具体形象塑造，亦是其心灵哲学思想中能使主体基于本质直观而获得先验共通感的形式媒介。同时，典型还是风格史中时间空间化与空间时间化的对象化客体，是经验形式在社会现实与先验精神的辩证发展中最终凝练而成的主观世界与客观世界的关联。卢卡奇将典型视为渗入心灵与生活的新的形式构造，这种新的同一基于其体裁论的发展，呈现出范式化的倾向。

阿多诺（Theodor W. Adorno）基于艺术作品的生存语境，提出艺术面临着"确定性的丧失"的问题："艺术中的绝对自由——艺术的一大特点——与社会总体的持久不自由是相互矛盾的。这正是艺术在社会中的地位与功能变得不确定的原因。换言之，艺术将自身从早期祭仪功能及其派生功能中解脱出来后所获得的自律性，取决于富有人道的理念。由于社会变得人道日损，艺术也随之变得自律性日损。那些曾经充

---

1 Georg Lukács. *Werke Band I (1902-1908)*. Herausgegeben von Zsuzsa Bognár, Werner Jung und Antonia Opitz, Bielefeld: Aisthesis Verlag, 2017, S.142.

2 Georg Lukács. *Werke Band I (1902-1908)*. Herausgegeben von Zsuzsa Bognár, Werner Jung und Antonia Opitz, Bielefeld: Aisthesis Verlag, 2017, S.142.

满人道理想的艺术构成要素，也就随之失去了自身的力量。"[1]他将这一问题的根源归咎于美学的历史本性，而这也间接揭示出基于社会学的美学概念与形式问题的发展障碍。在社会学维度，艺术作品不可避免地受到历史的影响，而这种影响并不单纯地体现在作品的具体形态当中，作品中的世界观、作品得以塑造的质料、创作意图得以表达的媒介等，亦承载着鲜明的社会历史烙印。他由此将对艺术的界定转变为对艺术效应的界定："哲学家们惯于从概念上区分两种起源问题，一种属于形而上学，另一种属于原始历史。……对艺术的界定，虽然委实有赖于艺术曾是什么，但也务必考虑艺术现已成为什么，以及艺术在未来可能会变成什么。"[2]在这一问题的表述上，阿多诺与卢卡奇一脉相承。不过阿多诺更关注作品的质量及其面向社会的功能性，关注作为概念整体的复数的艺术，卢卡奇则重视作品存在的条件及其对主体自身的审美效应，关注单个艺术作品与个体；阿多诺倡导否定的辩证法，而卢卡奇此时追求立足于主观的同一。

卢卡奇认为："'形式'概念只能是一个美学概念，它所要研究的是对个体产生效应的每一件作品。"[3]形式概念源于历史生活和社会生活的交织，而与人相关的作品则既对立于这一交织，又打破了时间范畴的束缚。在这种超越与超验交织的语境中，典型既由风格史凝练而成，又内在引领着作品的塑形。由于形式风格是一种本质的存在，典型同样源于内在固有属性。也因此，典型一方面作为现象，能够反映一定时间与空间内具备普遍性的元素，并将其呈现出来；另一方面，典型又

---

1 阿多诺：《美学理论》，王柯平译，上海：上海人民出版社，2020 年，第 1 页。

2 阿多诺：《美学理论》，王柯平译，上海：上海人民出版社，2020 年，第 3 页。

3 Georg Lukács. *Werke Band I (1902-1908)*. Herausgegeben von Zsuzsa Bognár, Werner Jung und Antonia Opitz, Bielefeld: Aisthesis Verlag, 2017, S.139 .

内在于艺术作品当中，包含社会历史与审美价值的本质性内容。卢卡奇反复强调，风格应具备发展与价值生成的特质："风格不是一成不变的概念：它是持续生长中的树木的横截面，它是一个点，这个点能呈现一个持续自我生成的躯体，或者呈现平面上投影的最高点。"[1] 这也意味着艺术作品应当包含永恒效应与生命价值。阿多诺对此亦持相近观点："甚至最崇高的艺术品，当其在特定时刻无意识地、心照不宣地驳斥社会状况之时，也会偶然地、具体地而非总是抽象地超出现实的魔力，继而采取一种与现实相对立的明确立场。"[2] 这种超出现实的魔力与相对明确的立场，正是卢卡奇所谓的典型，它既包含空间意义上以定在（Dasein）存在的作品本身，亦指向时间维度超越某一特定时间的内在本质。

在戏剧与小说的体裁论研究中，卢卡奇不遗余力地强调典型作为具体形象在作品中的地位与效应。如同米开朗基罗的雕塑作品，在作品完成之前便已先验存在于大理石中，随着作品创作的完成而呈现出来。在这个意义上，典型并非被创造的，它同样是艺术作品创作的原始物质。并非在足够的风格中产生了典型，而是典型作为核心，汇聚了具有本质相似性的其他形式，这种汇聚产生了被称为风格的聚合。典型之所以能够恰当且集中地反映对象的问题并产生效应，其原因并不在于典型的深刻性，而在于典型本身就是问题的聚集的对象化。这种表现与其说是反映，不如说就是一种表达。典型无法直接自陈其身，它借助不同体裁或艺术作品的具体表现凝练成其自身的对象化客体。典型由此产生，或更准确地说，典型由此被认知。而它一旦被认知，便能产生榜样的力量，

1　Georg Lukács. *Werke Band I (1902-1908)*. Herausgegeben von Zsuzsa Bognár, Werner Jung und Antonia Opitz, Bielefeld: Aisthesis Verlag, 2017, S.149.

2　阿多诺：《美学理论》，王柯平译，上海：上海人民出版社，2020 年，第 7 页。

为大众带来教化性影响与范式性指引。

更重要的是，卢卡奇在形式中发现了不依赖于时间和空间而独立存在的内在性[1]，这种特性使形式风格具有超越和超验的流动性，典型则由此具备了永恒性。阿多诺在对艺术与社会的关系进行分析时直言："每件艺术作品都是一个瞬间；每件伟大的艺术品则是其中的一个暂停……"[2]这毫无疑问是对卢卡奇形式风格思想的进一步阐发，也从艺术哲学维度论证了典型的效应。作为一个时代的发展的横截面，典型是变化的概念。它自身以静止的状态呈现，但在这一表象之下，它是持续支配的不同力量之间的瞬间平衡（Gleichgewicht）。这种平衡是动态的、变化的，作为平衡的结果的和谐（Harmonie）亦同样处于运动当中。典型的效应则在于，它一方面呈现出内在固有本质，另一方面使主体在审美中意识到这一内在性的超越意义，而这一效应本身并不会因为社会变迁而消逝。借用阿多诺的诙谐："我们应当谨记：当今音乐艺术中的绝大部分，正是不屑一听的宴乐的咔嗒声的回响。"[3]由此可见一斑。

三、由同一到辩证统一

直至福柯思考权力与身体的关系时，卢卡奇对典型及其效应的观点仍具有理论价值。当 1972 年福柯开始撰写《规训与惩罚：监狱的诞生》（1975）时，卢卡奇已与世长辞。福柯在论述惩罚时指出："惩罚

1　参见 Georg Lukács. *Werke Band I (1902-1908).* Herausgegeben von Zsuzsa Bognár, Werner Jung und Antonia Opitz, Bielefeld: Aisthesis Verlag, 2017, S.149.

2　阿多诺：《美学理论》，王柯平译，上海：上海人民出版社，2020 年，第 9 页。

3　阿多诺：《美学理论》，王柯平译，上海：上海人民出版社，2020 年，第 4 页。

应该是一种制造效果的艺术。"[1] 进而补充道："人们不应用大量的刑法来对付大量的犯罪，而应该按照犯罪的效果和刑罚的效果来使这两个系列相互对应。"[2] 不仅如此，福柯还认为："犯人仅仅是惩罚的目标之一。因为惩罚首先是针对其他人的，针对潜在的罪犯。"[3] "因此，刑罚实践应该遵循共同的真理标准，或者说应遵循一种复杂的准则，在这种准则中，科学证明的多种因素，明确的感觉和常识被集中起来，形成法官的'根深蒂固的信念'。"[4] 福柯对惩罚的逻辑与卢卡奇对艺术作品中典型的看法不谋而合。惩罚不仅应当直捣罪恶的根源，它更应当使大众引以为戒。惩罚的效应并不在于使作恶者短暂或永久地从人类社会消失，而在于使社会在未来一定时期之内都笼罩在惩罚所带来的恐惧效应之下，由此杜绝同类事件的再次发生。卢卡奇虽并未在法律与社会制度方面为艺术做出如此具有规训意义的评判，但在其思想中，艺术作品中典型应当具备同样的效应，即典型不仅应当是社会发展状况的恰当反映，同时也应使主体对其先验精神有所意识，对其生存困境有所体察。

卢卡奇认为："每一种风格都以时代基调（Epochenstimmung）为基础，成为诗人与大众都在寻求新表达的世间经验（Welterlebnis）的

1　福柯：《规训与惩罚：监狱的诞生》，刘北成、杨远婴译，北京：读书·生活·新知三联书店，2019 年，第 98 页。

2　福柯：《规训与惩罚：监狱的诞生》，刘北成、杨远婴译，北京：读书·生活·新知三联书店，2019 年，98-99 页。

3　福柯：《规训与惩罚：监狱的诞生》，刘北成、杨远婴译，北京：读书·生活·新知三联书店，2019 年，第 116 页。

4　福柯：《规训与惩罚：监狱的诞生》，刘北成、杨远婴译，北京：读书·生活·新知三联书店，2019 年，第 103 页。

新形式。"[1] 不同的是："大众（Publikum）所创造的是未来风格的效应的可能性，而诗人则致力于其自身表达的实质性实现（tatsächliche Verwirklichung）。"[2] 二者看似分别呈现了风格的两个方面，但就风格的产生和艺术的发展而言，社会学因素，也就是卢卡奇所言的大众及其生活环境，是不可忽视的关键，是风格实质性实现的必要前提，是典型实现超越意义的基础。因为时代基调是作家、艺术家共同拥有的，这会引导艺术家实现其风格。然而也正是由于社会历史的决定性作用，当承载风格的艺术形态、体裁、媒介物质，以及接受并认同风格与典型效应的主体在历史发展过程中消亡时，风格也会随之消散。"过时（Veralten）是文学史中最有趣的现象，因为它包含了社会过程所带来的评判，同时掩盖了作品的美学过程。"[3] 卢卡奇仍意图寻求一种以共同体为目标的结合，使物质基础与个体精神的渴望实现同一。不过这一次，他在单纯的共时性结合中加入了以发展为途径的历时性考量，同一由此成为辩证统一。

彼时的卢卡奇在理论上仍依赖德国古典哲学中的心灵哲学，但他却已经意识到，作为"暂停"而呈现出来的作品与典型应当内含某种延续性（Fortsetzung）。"延续性并非模仿，而是表达的原因和方式中的共同之处。"[4] 这种延续性不仅能使"暂停"发挥出超越于历史发展阶

1　Georg Lukács. *Werke Band I (1902-1908)*. Herausgegeben von Zsuzsa Bognár, Werner Jung und Antonia Opitz, Bielefeld: Aisthesis Verlag, 2017, S.152.

2　Georg Lukács. *Werke Band I (1902-1908)*. Herausgegeben von Zsuzsa Bognár, Werner Jung und Antonia Opitz, Bielefeld: Aisthesis Verlag, 2017, S.152.

3　Georg Lukács. *Werke Band I (1902-1908)*. Herausgegeben von Zsuzsa Bognár, Werner Jung und Antonia Opitz, Bielefeld: Aisthesis Verlag, 2017, S.154.

4　Georg Lukács. *Werke Band I (1902-1908)*. Herausgegeben von Zsuzsa Bognár, Werner Jung und Antonia Opitz, Bielefeld: Aisthesis Verlag, 2017, S.153.

段特征的形而上学效应，更应能弥补历史进程某一阶段发展状况中所呈现的缺失。他解释道："若由于个人原因或时代心理学原因无法实现延续性，艺术家就只能从自身的能力与不足中创造出'自己的风格'。这样的风格与艺术家的心理特质紧密相连，便不再具有发展潜力。"[1] 弥补的机制在于主体对总体性的渴望（Sehnsucht），弥补的效应则依赖于主体的意识（Bewusstsein）。当卢卡奇凭借 1923 年出版的《历史与阶级意识——关于马克思主义辨证法的研究》一举奠定了西方马克思主义的理论基础，其阶级意识思想在与马克思主义的互鉴中，真正成为具有理论基础与群众基础的先锋力量。西美尔固然为卢卡奇的这一成就提供了有力的帮助，韦伯亦为卢卡奇的实践视野做出了重要辅助，但卢卡奇真正开始反思阶级与意识问题则实际更早。在 1910 年的文章《审美文化》中他便提出，在资产阶级统治之下的现代社会中，属于无产阶级的审美文化与艺术作品是不可能产生的，其原因就在于无产阶级的阶级意识尚未形成。卢卡奇集中反思了资产阶级文化中无产阶级的生存状况与文化缺失，并对无产阶级的阶级意识状况做出了现实主义批判。直至晚年完成《审美特性》（1963）之时，卢卡奇才在本质上推进了他早年立下的伦理学研究计划，而他给出的解决方案与他的审美文化批判一脉相承，只不过在早年这篇论文完成之后，他迫于教职压力开始了艺术哲学理论体系建构，却又在战争的困扰之下陷入了理性与非理性问题的折磨。

在卢卡奇看来，文化问题在本质上是主观范畴内的认识问题，同时在客观上联系着主体身处的日常生活与世界。文化甚至能决定客观对象

---

1 Georg Lukács. *Werke Band I (1902-1908)*. Herausgegeben von Zsuzsa Bognár, Werner Jung und Antonia Opitz, Bielefeld: Aisthesis Verlag, 2017, S.153.

之于主体的具体显现和价值。这一观点具有鲜明的现象学意义，显示出卢卡奇已然逐步超越了黑格尔精神现象学的理论机制。不仅如此，文化也能形成对象的具体形态，在艺术创作与接受中发挥规训作用。对主体而言，"这是一种深刻的征服，而不是一种表面的驯服；这是一种'道德'的转变，而不是态度的转变"[1]。文化由此对主体的意图发挥短暂的积极性，即它以主体克服压制性的外在限制，追求独立自足与对象性重构的媒介。然而仅凭借文化的作用，主体尚且不能实现主动选择而不受权力的干扰，尚且不能将我们从个体化类型中解放出来，以拒斥强加于我们的个体形式并直接促发主体性。[2] 当审美文化实际成为主体意识领域的一个环节，当主体开始以审美文化作为媒介进行艺术创作、审美实践甚至主观世界的重构时，这一积极性便被一种实质欺骗性所取代，审美文化的悖论与消极意义由此暴露无遗："审美文化为了艺术的目的想要占领生活，不着痕迹地抹去一切与艺术格格不入的、源于生活的价值。"[3] 这种加工和创造是主体有意识地对象进行风格化的尝试，这也促使意识从日常生活中脱离出来，走向纯粹形式。

卢卡奇直言："如果当下存在一种文化，那便只能是审美文化。"[4] 而卢卡奇在此提出"审美文化"这一悖论性概念恰好说明，在他看来20世纪初期的现代社会没有文化可言，或者说没有一种能对日常生

1　福柯：《规训与惩罚：监狱的诞生》，刘北成、杨远婴译，北京：读书·生活·新知三联书店，2019年，第257页。

2　参见 Hubert L. Dreyfus, Paul Rabinow (ed). *Michel Foucault: Beyond Structuralism and Hermeneutics*. Chicago: University of Chicago Press, 1983, P. 216。

3　Georg Lukács. *Werke Band I (1902-1908)*. Herausgegeben von Zsuzsa Bognár, Werner Jung und Antonia Opitz, Bielefeld: Aisthesis Verlag, 2017, S. 416.

4　Georg Lukács. *Werke Band I (1902-1908)*. Herausgegeben von Zsuzsa Bognár, Werner Jung und Antonia Opitz, Bielefeld: Aisthesis Verlag, 2017, S. 415.

活产生实质性影响的文化。"文化是生活的统一，而这种统一的效力（Kraft）能提升并充实生活。"[1]这种统一来源于生活，并作用于生活。而能实现这种统一的生活，需要可靠的社会物质形式为主体提供生活的条件和实现统一的动机，同时需要依赖产生于这一社会物质现实的意识形态，作为文化对生活进行统一的前提条件。历史为形式风格化和风格典型化提供了时间范畴，典型则以时间空间化的具体形态对时间本身发挥兼具反映与规训的效应。在真正走向辩证法并以唯物主义为理论基础之前，阶级意识对文化的建基，以及文化作为生活之统一体对艺术创作和接受的影响，是卢卡奇早年艺术哲学思想发展的顶峰，也是他在理论体系维度最接近马克思主义的时刻。不过历史虽然是其文学史方法论的立足点，但在历史维度卢卡奇实际所要实现的，是在仅仅依靠历史及其现实发展阶段的基础上，反抗其束缚而吸纳其物质现实性，以此通过艺术作品实现对历史的脱离，建构超越历史发展的线性叙事的永恒效应。

1　Georg Lukács. *Werke Band I (1902-1908)*. Herausgegeben von Zsuzsa Bognár, Werner Jung und Antonia Opitz, Bielefeld: Aisthesis Verlag, 2017, S. 415.

第三节　永恒置入瞬间的非线性历史观

　　阿多诺在《美学理论》中提出了艺术理论发展的趋势："艺术旨在凭借人的手段实现对非人之物的明确表达。"[1] 这也意味着艺术的意义在于表达，而艺术作为表达手段是不可替代也不可撤销的。这一手段能以某种外在物的形式表达出与人类同质的因素，这种因素无法以其他手段，例如科学、心理学呈现。在生命哲学的影响下，卢卡奇将艺术作品视为以断裂和暂停表征延续与发展的人类精神产物。而在主体创作和审美的时刻，那种依循生命发展而绵延的精神凝聚为崇高，这个瞬间压缩了历史的进程。因而艺术是以效应为审美价值的对人类的一种"惩罚"。

　　由于纯粹的文学史只是一种不可在实践中实际实施的抽象[2]，那么文学史能发挥效应的关键便在于主体，在于主体如何运用这一方法论，以作用于表达和阐释。由作品到体裁，由体裁到风格，再由风格到典型，体裁论在文学史的视角下，为主体的创作行为提供了一种范式。区别于单纯的形式风格，这一范式内含历史性，指向总体性。而由于一切历史科学都是心灵生活的产物，历史研究势必受视点（Gesichtspunkt）限制，主体基于历史的阐释，以及对事物命名的概念建构，亦仅能以基于其自身视点所获得的认知为基础。因而范式的形成不仅依赖主体自身

1　阿多诺：《美学理论》，王柯平译，上海：上海人民出版社，2020 年，第 4 页。

2　Georg Lukács. *Werk Band I (1902-1918)*. Herausgegeben von Zsuzsa Bognár, Werner Jung und Antonia Opitz, Bielefeld: Aisthesis Verlag, 2017, S. 140.

的体验和由此产生的经验，规训及其伦理效应亦是使主体形成规范认知并以此进行实践的重要内容。

主体基于范式与世界进行交流，并基于这一交流进行总体性建构，这是卢卡奇体裁论的目标，也是他非线性历史观的运用。当体裁被视为对外在世界的命名时，具体的类别与作品便成为心灵对万物基于感知的认知。以体裁为心灵的载体，历史的宏大叙事便由此在审美活动中成为一个不同的瞬间，并由此脱离了社会历史的决定性，而能够以个体性、主观性的感受超越现实客体，成为一个独立的存在。时间在外在世界的烙印由此转化为主体性实践在空间中的体现。卢卡奇早年的文学史方法论及其艺术哲学研究的历史观此后直接影响了德国法兰克福学派以及法国后结构主义思潮。主体如何由日常生活回溯并反思其生活世界，如何基于一种意识的先验性创造出具有个体性风格化的现实世界，构建真正的主体性，这不仅是一个美学问题，亦是一个主体如何进行自我表达的问题。

一、艺术作品的孤立与独立

在艺术史上，卢卡奇的地位并不及他在马克思主义思想中的影响力，但他早年艺术哲学研究中的历史观与文学史方法论，以及关于艺术批评和审美鉴赏的观点与相关表述，常以不同形式出现在 20 世纪的艺术哲学分析与美学理论中。其中最重要的两个内容是艺术作品的阐释和艺术史的重构，所聚焦的核心问题则是艺术作品的功能。

"功能"一词在艺术史上有其特殊的意指。功能主义强调形式应当追随功能，而非追逐纯粹装饰性或历史主义借鉴。而在卢卡奇的体裁论中，功能是主体的功能。以文学为例，他认为，文学的意义在于信息传递（Mitteilung）[1]，既是对内容的传递，亦是对经验的传递。文学史为传递提供了观念，形式则是传递的途径。传递实际上表现出一种关系，在这种关系中，表面上发生作用的是创作者与接受者，作用在于对艺术作品的创作与审美，而实质上，关系的双方是形式与价值，实际发生作用的是价值对形式的注入以及形式对价值的表达。这意味着主体实际能动的创造并非作品产生的决定因素，形式先验地便已经在主体主观精神范畴完成了塑形。"（艺术作品）这些显现（Erscheinung）都具有明确的关系（Relation），这些关系能持续召唤出我们的感情反应（Gefühlsreaktion）与价值评判（Wertung）。"[2]因而价值评判并非主体科学理性地对艺术作品所做出的判定，而是主体在作品形式效应的感性召唤下所产生的精神评判，然而这同样具有一定的先验性。可见卢卡奇将功能置于心灵哲学与生命哲学的范畴，与形式并重。

　　与作为起源的宗教相比，艺术已经在削弱其功能[3]的同时，进行着对自然的纯粹表达，并与社会产生联系。受社会条件影响的艺术则自其产生之时起便脱离了被称作"生活"的这一语境，亦由此失去了基于语境所具备的功能。布克哈特（Jacob Burckhardt）曾指出，在艺术史的纯粹风格或形式之外，事实、类型及其背后的驱动力应当成为艺术史发展的新的问题意识，对象和表现目的由此应当成为文学史研究的核心命题。[4]詹森（Horst W. Janson）在 20 世纪晚期亦思考过艺术史如何既

1　参见 Georg Lukács. *Werke Band I (1902-1908)*. Herausgegeben von Zsuzsa Bognár, Werner Jung und Antonia Opitz, Bielefeld: Aisthesis Verlag, 2017, S. 141。

2　Georg Lukács. *Werke Band I (1902-1908)*. Herausgegeben von Zsuzsa Bognár, Werner Jung und Antonia Opitz, Bielefeld: Aisthesis Verlag, 2017, S. 139.

3　即功能主义所强调的功能，在此区别于卢卡奇思想中艺术作品的功能。

4　参见 J. Burckhardt. „Vorwort zur 2. Auflage der Architectur der italienischen Renaissance", *Gesammelte Schriften 6*, S. 301-304。

利用功能概念，又避免使功能概念统摄一切艺术行为的问题。[1]他的目的在于，将自形式主义以来，在认为艺术作品仅余美学功能的思潮中分裂为风格评论与图像学的艺术史进行重新统一，而实现这一目标的方式便在于对功能及其语境的阐释。这明确将文学史的历史学叙述变成了以主题为统领的主体性阐释，形式主义的美学功能由此走向了新阶段的新要求，即作品如何基于它所处的具体时代调整其形态与效应。在二者之间，卢卡奇在其海德堡时期亦提出过相似的观点，即作品应当以其内含的非时代永恒性超越现实，并基于经验现实实现对世界的重构。重构不应包含任何对美学的设定，重构的内容以主体的经验现实为基础，重构的最终实现则依赖于同质媒介（das homogene Medium）。

在这一重构中，艺术家成为无用之人，亦必须是无用之人。在艺术与日常生活之间、在主体精神领域与实际客观存在之间，无法弥合的间隔是永远存在的，这种存在亦是必不可少的。人的心灵一旦与日常生活产生联系便会索然无味，然而主体又无法绝对脱离日常生活，以纯粹独立的个体获得存在的可能性。因而受日常生活与政治文化牵绊而带有宗教意味、政治宣传特征的艺术作品的灵魂，仿佛成了生活的调味品，其附属性的角色和地位都使其存在本身变得滑稽可笑。"'审美文化'，或者说'生活艺术'，是灵魂堕落的另一种表现，是当下这一时刻与生活原则的奴役之下的无能为力与无法作为。"[2]向生活靠近甚至屈服是主体性的崩坏，仅有崇高的悲剧精神才是主体存在的前提。艺术家的"无用"维护了作品的"无功能"，而这恰好确保了主体性功能发挥效

1　参见 H. W. Janson. "Form Follows Function, or Does it? Modern Design Theory and the History of Art", *Gerson lecture 1st*, Maarssen, Netherlands: G. Schwartz, c.1982。

2　Georg Lukács. *Werke Band I (1902-1908)*. Herausgegeben von Zsuzsa Bognár, Werner Jung und Antonia Opitz, Bielefeld: Aisthesis Verlag, 2017, S.418 .

用，并使作品仍能在形而上学的意义上，实现得以使接受者在审美中实现共通感的先验条件与独立性。卢卡奇坚持："生活艺术是一种面向生活的业余艺术爱好，对于真正的艺术作品和它真实讲述的内容的实质而言，是绝对茫然的。"[1]唯有一种心灵的，甚至唯美主义的艺术才能突显艺术的形式，才能构建起具有总体性的世界。

对此，他以专家（die Fachleute）与唯美主义者（die Ästheten）为范式，指出专家是主体认识世界的理性体现，注重对对象所呈现的内容进行提炼与概括，追求其中细节的表达，最终将这些体系化的成果归为范式，并以构造系统的方式呈现出来；唯美主义者则代表主体认识世界的感性方式，排除一切规范和准则的干扰与束缚，以对对象的直观体验获得对形式的感知，借此深入本质。唯美主义者在直观中实际发动的是基于生活世界的朴素直观，其认识结果则以经验现实的形式成为其审美鉴赏的形而上学前提。由此，在审美活动中，专家所揭示的规律以及由此形成的范式仅停留于现象层面，并不具有质性的规范意义，而是具有自然主义性质的对现象的描绘。唯美主义者则相反，对对象的直观恰好以形式为媒介深入本质，在与实际生活现象相脱离的存在方式中，直接触及审美价值本身，由此实现审美范式。

卢卡奇对专家与唯美主义者的认知方式的分析，实际上是他对现代社会中主体的心灵与形式之悖论性处境的揭示。他充分重视美学的孤立地位以及艺术创作与接受作为一种主体性思维的独立性，但他亦不认为心灵与形式应当绝对对立、作品与社会应当泾渭分明。他指出，二者在对立中互相成为对方达到完善的最后一环，形成对方的最终边界。对

---

1 Georg Lukács. *Werke Band I (1902-1908)*. Herausgegeben von Zsuzsa Bognár, Werner Jung und Antonia Opitz, Bielefeld: Aisthesis Verlag, 2017, S.418 .

内容的最深刻追求始于对形式的直观感知，终于对形式的重新建构。形式与内容从未分离，形式是本质内容，内容是形式的现象。形式为内容规定内涵，内容则为形式展现外延。卢卡奇基于专家与唯美主义者的隐喻，将艺术得以产生的自在性类本质视作艺术实现自为性的基础，艺术脱离实际社会功能的特性是主体实现总体性的前提。卢卡奇由此将艺术作品视作区别于自然和社会的纯粹领域，专家和唯美主义者在艺术作品中实现和谐，二者之间的制约关系也在此达到空前的高度。

二、同质媒介与主体性重构

艺术在脱离实际功能的意义上获得了独立性，艺术创作与接受则由此实现了主体性。然而放弃了一切主体均生活于其中的社会现实所带来的共同经验，主体如何进行审美并从中实现共通，除了作品本身在卢卡奇的要求之下需要具备非时代永恒性的审美价值，同质媒介决定了主体基于艺术对世界的重构。"同质媒介构成了艺术创作的实践基础，在艺术创作中艺术家将自身置于其艺术品种的同质媒介中，它在自身人格的特质中实现开拓了——我们已经研究过的——创造作为对现实审美反映自身'世界'的可能性。"[1] 体裁成为同质媒介得以实现划分的参照，同质媒介概念则由此先验地内含了形式的风格化，以及对经验现实异质性的自反同质化。

如果将艺术作品想象成一个内含"艺术"的空间，那么这一空间之所以能够存在，依赖于体裁对"艺术"的划分。体裁使自身不具备边界且无具体形态的"艺术"得到赋形，与这一形式风格相匹配的空间则

---

1 卢卡奇：《审美特性》（上），徐恒醇译，北京：社会科学文献出版社，2015年，第430页。

正是体裁的所指。在效应方面，受到限制的内容由此在形式风格之中舞蹈，体裁对内容的划分则以典型的范式意义集中呈现"艺术"的价值及其效应。正如卢卡奇所言："空间的缩小与表达方式的限制，有利于表达强度的提升。"[1] 直接作用于表达的并非物理意义上空间的体积本身，而是艺术基于体裁对其中的典型的呈现。所谓空间的缩小，实际上是对形式的迫近，表达方式的限制则意味着以进一步抽象化且去功能化的范式，将艺术作品的本质与体裁直接联系起来，最终以体裁作为这一本质的象征，以其事实性的存在回溯同质性的本质。对此，卢卡奇细致对比了戏剧与史诗，并指出二者之间最大的差异就在于，史诗的内容和其最终的艺术成品所呈现的规模大致相当，即史诗的内容和形式往往是一致的，形式并不明确地体现限制作用或抽象性；戏剧的形式则在很大程度上与其内容本身并不相称，形式发挥着明显的对戏剧内容的风格化作用。史诗展现了这个世界，戏剧则为这个世界提出了一种象征；史诗描绘了这个世界本身，戏剧则最终风格化了这个世界。在卢卡奇看来："二者都想创造相同的幻象，但它们的表达方式截然不同。形式决定了预期的幻象和表达方式之间的关系。"[2] 也因此，史诗在卢卡奇的体裁论中成为世界本身的化身，亦是其所追求的总体性的化身，戏剧则成为风格化的日常生活表现，成为联系主观世界与客观世界的方式，对现实进行陌生化并以逻辑闭环的形式呈现给大众，且以整体的形态直接对大众产生效应，以此唤醒大众对现实的感性认知。体裁所划分的表达方式的不同类型，使作品对同一幻象的表达产生差异，这一幻象所产生的效

---

1 Georg Lukács. *Werke Band I (1902-1918)*. Herausgegeben von Zsuzsa Bognár, Werner Jung und Antonia Opitz, Bielefeld: Aisthesis Verlag, 2017, S. 64.

2 Georg Lukács. *Werke Band I (1902-1918)*. Herausgegeben von Zsuzsa Bognár, Werner Jung und Antonia Opitz, Bielefeld: Aisthesis Verlag, 2017, S. 65.

应也相应存在差异。而卢卡奇的目的在于，最终使主体回归幻象，基于效应对其存在进行论证。由此，不同体裁所导向的接受者需要以同质媒介为纽带，将其与异质的作品与创作者联系起来，以此触及本质。

　　体裁凝练了主体对内容的表达，同质媒介则确保了主体得以从杂乱无章的显现当中构建起一个完整的世界。卢卡奇早年基于现象学提出，由于逻辑学与美学的形式不同，现象学对美学则显得更加重要。逻辑学中不存在误解，它以最客观冷静的态度呈现世界的规律，它对关联的表达与接受在原则上是同一的，而其最终价值对于经验主体而言是一种应然。这意味着逻辑学所关注的是无主体性的客观存在，主体及其本质差异被扬弃而后置于所表达的内容本身之中。逻辑学的一切合法性均源自其预设的主体的内在同一性。与之相反，美学从未预设同一性，而是以差异性为必要条件。因为朝向无法实现的同一性的渴望正是美学的前提，在渴望中以范式进行重构与完善才是美学中信息传达与认知过程的完成。"经验世界与美学之间的界线是流动的，只有在从终点返回到起点的回溯时刻，这一界线才能牢固而稳定地被划定。在美学中，断裂且模糊的交流模式并没有被抛弃，而是导致了其自身内在的同质性……"[1]故对美学而言，现象学成为一个既能在理论上阐释美学诉求，又能在实际方法论上完善美学的重要途径。同质媒介便是主体在面对现象时所采取的置之不理（Ignorieren）这一态度的产物，它能使作为对象的物质本身以象征或超验的形式显现。而这一置之不理则十分近似进行本质直观所必要的悬置阶段。同质媒介自身以其效应存在，它无法自行显现，而仅能以物质本质的超验形式显现。

1　Georg Lukács. *Werke Band I (1902-1918)*. Herausgegeben von Zsuzsa Bognár, Werner Jung und Antonia Opitz, Bielefeld: Aisthesis Verlag, 2017, S. 50.

在晚年的著作《审美特性》中，卢卡奇再次回顾其早年曾短暂提及的同质媒介。此时，这一概念成为他论证艺术作品效应中瞬间与永恒的辩证关系的重要立足点。针对这一使艺术作品中的连续性得以实现的基础，卢卡奇直言："同质媒介自身的现实在艺术作品中……这种媒介不是独立于人的活动而存在的客观现实，不像在自然界或社会中的事实或联系那样，而是由人的实践自身引起的对象性及其联系的特殊构成原理。"[1]这意味着同质媒介必定不是物理媒介，也不纯粹是科学领域的信息媒介。它不是一种存在于社会历史中的人类活动产物，自然规律或社会规律都不能成为同质媒介发挥效用的准则，同质媒介则由此在逃离规律约束的基础上，远离了社会历史的影响、控制与修正。相反，"在艺术品种的同质媒介中，产生出形式的构成物，这种构成物只有在同质媒介审美地反映客观现实时才具有它特殊的'现实性'，它的现实性只是在于，这种形式构成物能够唤起在其中所固定下来的客观现实的艺术映象，它能够引导和控制人的体验对其中体现的映像，它能够引导和控制人的体验对其中体现的映象的内在再生产。"[2]同质媒介并非主体接受客观现实及其规训的方式，而是主体在美学中建构世界的途径。主体将其人格置入同质媒介，与之在同构中回溯生活世界，并由此在实践中建构美学世界。

卢卡奇早年尤为重视经验现实对艺术作品和审美的决定作用，而由于经验现实中元素的异质性，同质媒介便在这一范畴中成为与飞跃具有同构性的连接现象与本质、形式与内容的纽带。当他晚年将历史纳入

1　卢卡奇：《审美特性》（上），徐恒醇译，北京：社会科学文献出版社，2015年，第430页。

2　卢卡奇：《审美特性》（上），徐恒醇译，北京：社会科学文献出版社，2015年，第430页。

其总体性思想的马克思主义美学体系建构，同质媒介则被他发展为与科学反映相区别的主观认识范畴："在审美反映中同质媒介不可排除地与主观相联系着，我们由前面的论述中就可以知道，正是由这种在人的个性中的固定才取得了它的意义……在这里同质媒介像在认识中一样具有——相应于不同任务而有所变化——类似的职能，也就是使反映接近于客观现实的职能。"[1]同质媒介由此成为主体发挥主观能动性的基础。它不以创作者或作品本身为起点，而是以接受者为起点，以接受者在作品效应的召唤中回溯作品产生的本源及其创作者意图的主观意愿为动机运作，由此形成对所传递信息及其本质的构建，而这种构建对于作为终极价值的作品而言具有重构意义。同质媒介由此成为一个现象学概念：现象学只有在对作品的重构中才能臻于完整。

体裁从形式维度对以作品为载体的主体精神做出了基于风格的划分，同质媒介则以主体为核心，以其对反映现象、认知反映过程，以及揭示本质的实践参与为进程，将主体与反映对象之间的关系，而非孤立僵化的对象本身，视为审美活动的主要对象，视为主体创作与接受行为的现象学依据。卢卡奇的体裁论在其将同质媒介引入审美活动并以此论证其艺术效应的那一刻，其早年的历史观，以及总体性辩证法，真正在主观世界与客观世界二元对立的理论前提中第一次实现了具有文学史效应的美学与社会学的综合。正如卢卡奇所言："审美主观性的根据是建立在它与人类关系的基础上。只有如此这种主观性才能获得其独特的客观性，而不丧失去主观特性，但也不能堕入一种主观主义。"[2]

1　卢卡奇：《审美特性》（上），徐恒醇译，北京：社会科学文献出版社，2015年，第431页。

2　卢卡奇：《审美特性》（上），徐恒醇译，北京：社会科学文献出版社，2015年，第432页。

三、栖居于体裁的主体心灵

由此，体裁实际上解决了主体如何进行自我表达这一问题。卢卡奇需要讨论创作、接受与艺术作品的关系，因而他在展开研究与进行阐释之前，便预先将体裁概念引入研究的范畴，使之以一种类别意义服务于对象的范式化。虽然在这一逻辑中，体裁划分先于主体的创造实践，但若脱离了创造活动与审美实践，体裁的存在便无法得到证明。反之，如果首先承认存在一种纯粹而独立于主体的体裁，其存在本身虽然在此不再需要由主体行为得到证明，但这一存在本身也由于它与主体之间毫不相关而不具有任何意义。可见，体裁为心灵的自我表达提供了可靠的场所，心灵由此得以栖居于此，并在与体裁的共生中，实现如体裁一般完整的总体性建构。体裁也由此在其形式功能的基础上，获得具有范式意义的象征价值。海德格尔在 20 世纪 50 年代初期提出的"栖居与筑造相互并存，处于目的与手段的关系中"[1] 便恰当地遥证了卢卡奇体裁论的深层逻辑，即体裁是手段，心灵才是目的本身。

这样一来，体裁与心灵之间便不再是客体与主体之间的对立关系，而是彼此相容的包含关系。体裁既源于心灵、体现心灵，又内含心灵。可见在体裁中，卢卡奇不仅寄托了对对象化客体世界进行构造的机制，同时亦埋下了回溯主体自身的自反逻辑。这也说明了在这一时期，卢卡奇尚且处于将心灵表达为一个对象化客体的"务实"阶段。对他而言尤为重要的是，如何形成一种总体性并为之赋形，使之以范式性客体形态表达实体性的主观精神。在这一尝试中暗含着卢卡奇的一个隐性动机：使赋形成为心灵的栖居本身，使体裁成为对应于心灵且适宜于心灵的对

1　海德格尔：《筑·居·思》，载于《演讲与论文集》，孙周兴译，北京：生活·读书·新知三联书店，2005 年，第 153 页。

象化客体。实现这一动机的内在逻辑亦在四十年之后的海德格尔那里得到了清晰地表述:"作为栖居的筑造展开为那种保养生长的筑造与建立建筑物的筑造。"[1]

作为对作品的划分标准和结果,体裁中凝聚着一类心灵的特征,而其中所内含的审美方式、审美效应等服务于范式形成的元素则与心灵密切相关。在这个意义上,对体裁的划分同时也是对心灵的划分,是对不同心灵或同一心灵在不同时期的存在状况的划分。卢卡奇早年的理论研究以揭示心灵的状况为主要目的,他之所以选择以体裁为脉络贯穿早年的批评思想,不仅是因为他自身有着丰富的文学批评实践经验,更是因为体裁是这一时期他心目中唯一在内容上同时包含心灵与作品、在功能上充分连接主观世界与客观世界的范畴。体裁作为主体表达的类型,通过风格化形成的接受范式发挥典型的意义。它实现了创作者表达的事前意图,接受者则针对具体体裁做出接受准备,在审美过程中借助同质媒介直观作品的本质,联系创作者的心灵。戏剧、论说文与小说分别代表的追求现实主义的心灵、碎片化的历史哲学心灵与虚构的主体总体性心灵便在这一基础上成为卢卡奇体裁论的主要内容,三者分别代表了一类心灵在现代日常生活中的存在状况,以及相应主体的生存困境。然而也正是因为体裁与心灵的这一辩证关系,主体才得以在历史语境中通过个体心灵实现表达的相对自由。一方面,在体裁的保护之下,心灵能回到其本质之中,那种失落与现代社会的内在本质能够在这一过程中被重新归还给心灵;另一方面,当体裁成为心灵的居所,它便具备了命名的效应力量。它以划定空间的方式,直接控制了与主体心灵相关的对象化客

---

[1] 海德格尔:《筑·居·思》,载于《演讲与论文集》,孙周兴译,北京:生活·读书·新知三联书店,2005年,第156页。

体范畴，以此为构建主体的总体性提供了实体性基础。这种范式就不仅是体裁的范式，也是心灵表达自身的范式。

由此，体裁则从艺术哲学的维度，在生活与心灵的悖论之间设置了一道架于对立本身之上的桥梁，而这一桥梁则成为卢卡奇在主观世界与客观世界的间隔中建构起艺术哲学思想并最终向美学体系发展的基础。不仅如此，体裁论的内在逻辑中还体现了卢卡奇早年对历史哲学思想的扬弃。历史进程对主体及其生存状况的决定作用是不可否定的，是整个世界的客观发展，以及启蒙运动以来理性主义思想逐渐在人类社会中占据统治地位的现象，加上科学技术与资本主义持续发展过程中对主体及其非理性精神进一步压制的趋势，使得现代主体不是失去群体性归属和家园，就是自身分裂为不同原子性的范畴而失去自身整体性。但卢卡奇更为明确地意识到，正是由于社会历史造就了现代主体主观世界的存在状况，其强大的决定与裹挟力量已然不是主体自身所能够控制或利用的。主体势必在这一洪流之中沦为牺牲品，而不会留下丝毫存在的痕迹。违背理性主义发展趋势逆向而行是不可为的，那么我们唯有回到理性主义统治之前的人类社会，在曾经存在过的总体性中搜寻能再度实现整合之梦的炼金石。因为"惟当我们能够栖居时，我们才能筑造。……我们是要用一种曾在的（gewesenen）栖居来阐明栖居如何能够筑造"[1]。卢卡奇心目中的古希腊，便是黑森林里那座农家院落。卢卡奇不是要返回古希腊或再度开启文艺复兴，他只是希望现代主体仍能重新回忆起当时栖居于总体性中的人类心灵的状况，然后将这一状况作为照亮前行之路的火把，走向新的现代的主体总体性。

---

1 海德格尔：《筑·居·思》，载于《演讲与论文集》，孙周兴译，北京：生活·读书·新知三联书店，2005年，第169页。

体裁论中体现着体裁这一范畴在卢卡奇早年艺术哲学思想中的发展脉络，同时，它亦以主体心灵为核心，打破了线性历史叙事中社会历史的决定性作用，代之以主体性叙事，并以此为新的主体总体性建构，提出重视个体主体及其主观性精神。对艺术作品的审美也因而脱离了纯粹的社会历史分析，走向了悬置日常知识的本质直观当中，以此揭示作品的内在结构质量以及恒久不变的内在本质。审美在此成为以心灵为导向的内向性过程，体裁则成为内在本质的寄喻。"当作品构成的同质性与其被体验的能力之间存在如此必要的关系，以至于体验的最纯粹直接性恰好表现为对作品本质的揭示时，以及当经验现实特殊的自反性成为作品与接受者之间构成关系的载体时，接受行为才不会超越自身指向外部。"[1] 回到体裁与心灵的关系，这为真正的体裁提出了使心灵栖居于其中的条件："真正的建筑物给栖居以烙印，使之进入其本质之中，并且为这种本质提供住所。"[2] 而这正是卢卡奇体裁论的全部含义。

1　Georg Lukács. *Heidelberger Philosophie der Kunst*. Neuwied und Berlin: Hermann Luchterhand Verlag GmbH., 1974, S. 59.

2　海德格尔：《筑·居·思》，载于《演讲与论文集》，孙周兴译，北京：生活·读书·新知三联书店，2005 年，第 168 页。

第二章

生活的历史形式：

现代戏剧

　　延续早年悬置存在问题本身而直接以效应为研究对象的处理方式，卢卡奇直接以戏剧及其大众效应为切入点，以现代戏剧为媒介，提出了他基于体裁的艺术哲学发展观，从中呈现艺术作品在主体与世界之间实际发挥作用的纽带。在卢卡奇的体裁论构想中，现代戏剧并非一种戏剧类型，而是戏剧的发展，是体裁即发展史。这是其早年典型艺术哲学观的体现，即将时间空间化为主题，打破线性历史叙事，以主题凸显历史进程中的关键矛盾。卢卡奇对现代戏剧的研究如其所言，是尝试回答"是否存在一种现代戏剧，如果存在，它是如何成为现代戏剧的？""它的风格是怎样的？这一风格是如何形成的？"[1] 这样的问题。可见戏剧本身并不是他研究的对象，戏剧的存在、存在方式和存在特征才是他研究的核心。

　　作为一种以大众效应（Massenwirkung）为宗旨的体裁，戏剧以其感性普遍性召唤接受者的感性体验，使他们在震惊中认知戏剧及其象征意义，从而实现同质性。不仅如此，这一历史悠久的代表性体裁自身的发展，也反映出西方艺术哲学思想的进程与时代特征。戏剧由此成为对特殊具体对象进行风格化，对经验现实异质元素进行同质化，对客观存在基于因果关系在极致推演中实现戏剧性并由此肯定存在的绝对性的唯一体裁。不仅如此，在戏剧创作中，卢卡奇强调应当基于给定状况，从中凝练出具有感性普遍性的表达，接受者的情感体验则有助于使创作者的表达实现象征性，以此得以对风格化过程中损失的具有细节表征意义的个体进行象征。这一由给定性最终通向象征性，并以此捍卫特殊性的理论脉络成为卢卡奇追求的恰切地弥合主观世界与客观世界的有效

1　Georg Lukács. *Die Entwicklungsgeschichte des modernen Dramas*, Darmstadt und Neuwied: Hermann Luchterhand Verlag GmbH., 1981, S. 9.

途径。

　　在以反映和象征为导向的戏剧发展史中，现实主义毫无疑问成为新形式要求下的戏剧价值导向。卢卡奇强调现代戏剧中的现实主义因素，却实际上更重视戏剧发展史中不可忽视的自然主义。若说现代戏剧是唯一产生于特定戏剧舞台之前的戏剧体裁，自然主义则是促成这一非线性历史发展的核心。换言之，自然主义戏剧才是现代戏剧产生的舞台，而独属于现代戏剧的舞台，则是基于大众效应重构的普遍感性基质。历史现实、戏剧舞台、大众效应是现实主义戏剧的核心要素，而决定戏剧产生的创作者则被卢卡奇策略性地冠以"诗人"的头衔。以诗为隐喻的生活风格便被卢卡奇塑造为以自然主义为技法，以现实主义为追求，综合悲剧崇高与生活事件关系为基质的现代悲喜剧。

第一节　戏剧发展史中的"新"戏剧

戏剧是卢卡奇选择的第一个体裁，而在其戏剧理论中已经能够窥见他以体裁为质料进行艺术哲学研究与美学体系建构的理论逻辑。卢卡奇选择戏剧有他基于匈牙利戏剧发展现状及其早年剧团实践的现实因素，但单纯的实践使其意识到没有理论的戏剧批评并不足以回答戏剧存在及其可能性的问题，更无助于推动匈牙利戏剧文学的改变。唯有首先实现一种以总体性为关怀的艺术哲学思想，并将戏剧作为组成元素纳入其中，在解决存在问题的基础上，为悖论中的现代主体建构起具有超越性的总体性世界。

卢卡奇首先从戏剧中揭示出整体性与完整性的辩证法，由此从世界观维度为主体行为的道德律令提供合法性证明。作为一种"通过发生在人与人之间的事件来对聚集在以其群体产生直接、强烈影响"[1]的体裁，戏剧的本质便在于以感性召唤大众效应，以此使之在异质的经验现实元素中实现同质性与普遍性。然而戏剧又预先具有一种给定性，如卢卡奇所言："戏剧所有的（抽象的）形式特征和规范都是从既存状况（vorhandene Umstände）中产生的，在这些既存状况下，给定质料便

1　Georg Lukács. *Die Entwicklungsgeschichte des modernen Dramas*, Darmstadt und Neuwied: Hermann Luchterhand Verlag GmbH., 1981, S. 17.

可使戏剧产生这样的效应。"[1] 既存的现实与其中被创作者先验与经验选定的质料，便成为戏剧创作与大众效应产生的基质。"人们能够推导出会重复出现的历史剧现象以及不会重复出现的现实非理性必然会在其中占据一席之地的背景：人们能够找到这样一些横截面，它们取自完全不同的地带和事件，然而却展现了相同的图景。"[2] 戏剧由此以其风格化的普遍性对大众产生感性效应，并因其典型的象征意义，超越了历史发展中的时空限制，实现作品内涵的永恒性。现代戏剧理论的诞生既源于卢卡奇对新艺术形式的要求，同时，其自身就内含对历史舞台的扬弃，以及对现代戏剧自身舞台的发展与建构。现代戏剧亦因此成为戏剧发展史中截断时间之流，而以形式风格呈现事件本质的"新"戏剧。

一、普遍的"新"：以效应论证存在

卢卡奇在《现代戏剧发展史》的开篇对戏剧这一体裁象征性地进行了简要分析，并首先揭示出戏剧的社会属性与形而上学属性在戏剧的形式悖论中实现统一，以及主体的客观经验与感性普遍性在戏剧的大众效应中实现统一。也因此，戏剧成为对文学史方法论贯彻得最为彻底且明显的体裁。

卢卡奇认为，为了实现大众效应，戏剧对观众的影响应当具有瞬间性。观众在接受戏剧的瞬间，体验到了某种情感。这便要求戏剧的表达是集中而紧凑的，即如卢卡奇所言："对被表达的事件进行透视性的精

1　Georg Lukács. *Die Entwicklungsgeschichte des modernen Dramas*, Darmstadt und Neuwied: Hermann Luchterhand Verlag GmbH., 1981, S. 17.

2　Georg Lukács. *Die Entwicklungsgeschichte des modernen Dramas*, Darmstadt und Neuwied: Hermann Luchterhand Verlag GmbH., 1981, S. 17.

简。"[1] 在这一准则之下，创作者"要么从构成了戏剧情节（Handlung）的生活中挑选出一个孤立事件（Begebenheit）（并不对其进行全方位、多角度的表现），要么必须将戏剧行动从生活中多个共同发生作用的片段中凸显出来，只留下其最主要的轮廓"[2]。无论是前者还是后者，戏剧所选择的都是单个的对象，而这一对象自身需要凝结历史发展的烙印，呈现具有象征性的丰富内涵。在卢卡奇看来，这种所谓丰富的内涵便是普遍性。这种普遍性则呈现于集中、紧凑、精简的戏剧表达当中。

对戏剧普遍性的要求源于卢卡奇对群体及其意识的认知。卢卡奇在匈牙利度过了童年和青年。基于这一背景，他对匈牙利戏剧的认识和接受首先是体验性的，是格式塔式的。在塔利亚剧团时期，他既创作剧本、撰写剧评，也亲自上台演出戏剧，亲身体验戏剧这一体裁的特性，感受到了戏剧的表现力和影响力。对戏剧的涉猎越深入，他越意识到，匈牙利只有戏剧文学，没有现代戏剧。因为现代戏剧的产生和发展需要一定的社会历史条件和审美群体，匈牙利不具有这样的基础。无论是剧作家还是戏剧人物，匈牙利戏剧往往以单个客体为对象，以对特殊性的表现为内容，这便在本质上违背了戏剧体裁。卢卡奇从德国、法国戏剧中看到了现代戏剧产生的群体意识："在 19 世纪二三十年代的德国，甚至法国，文学公开的舆论十分激烈。"[3] 舆论本身就是大众参与社会意识建构的产物和体现，舆论的公开性则进一步对这种具有集体性和普

1　Georg Lukács. *Die Entwicklungsgeschichte des modernen Dramas*, Darmstadt und Neuwied: Hermann Luchterhand Verlag GmbH., 1981, S. 17.

2　Georg Lukács. *Die Entwicklungsgeschichte des modernen Dramas*, Darmstadt und Neuwied: Hermann Luchterhand Verlag GmbH., 1981, S. 17-18.

3　Georg Lukács. *Die Entwicklungsgeschichte des modernen Dramas*, Darmstadt und Neuwied: Hermann Luchterhand Verlag GmbH., 1981, S. 539.

遍性的社会意识形态与阶级意识形态进行建构，导向群体性、社会性的发展趋势，促成主体间的普遍交流与审美共通。这样的氛围和社会意识在当时的匈牙利是没有的。"匈牙利在 1848 年革命当中（及以后），一种与 18 世纪末 19 世纪初人民的意识形态一致的世界观从未被建构起来……"[1] 虽然匈牙利同样有天资过人、天赋卓越的戏剧家，但个体品位不会产生普遍的审美共通，其作品在个体性的形式中仅能获得有限的审美。

匈牙利知识分子的观念和态度一部分受封建统治影响，一部分源于社会观念，创作主体的世界观并未发挥作用，普遍性亦被遮蔽在丰富的细节当中。在群体中产生社会意识形态的基础不是过去的、古老的，就是瞬间、即时的，因此是断裂的、即兴的。然而仅有普遍性才能使群体产生具有整体性的反响，哪怕是在多个个体的聚合中脱颖而出的那一个个体性的对象，也无法对整个群体产生影响。因而在戏剧中，为了唤起大众效应，戏剧应当针对给定事件，在有限的时空与受限的逻辑当中，集中而明确地呈现最普遍的质性内容，以此使群体获得震惊体验。在这个意义上，戏剧的普遍性是一种感性普遍性，它并不直接涉及内容本身，而以情感共通为表现形式。

要明确这一问题，必然导向主体创作实践的具体实施。作为艺术体裁，戏剧不可否认地源于宗教，故戏剧中的普遍性在其体裁源头便排除了理性。那些与普遍感性并无直接关联的细节，便在戏剧刻画中因被有意忽视而被省略了。这一方面是戏剧创作的技法，另一方面也揭示出存在的特征，即不断消除对象的特征并抹除细节，任何两个对象都会呈

1　Georg Lukács. *Die Entwicklungsgeschichte des modernen Dramas*, Darmstadt und Neuwied: Hermann Luchterhand Verlag GmbH., 1981, S. 540.

现出相似性，而直至出现相似性，精简的过程便迫近极限，普遍性的实现则意味着不可能进一步精简。戏剧由此完成了召唤大众效应的前提。"对细节的忽略，也就是风格化程度越高且越一致，事件就越具有普遍性，其自身所能涵盖、意味、象征的个别历史情况（Geschehen）就越多。"[1]这种精简至形式的戏剧表现由此具备了对同类对象的象征意义，卢卡奇亦由此隐喻性地说明了他论证存在及其可能性的逻辑。戏剧的存在问题虽然无法直接得到论证，但由于戏剧基于感性普遍性产生的戏剧效应，它是能在实践中实质作用于大众的体裁，所以戏剧的存在是毋庸置疑的。同样，由于去除一切细节之后的存在是普遍性的，那么这些细节便是异质的，因为它们即使被去掉也不会改变存在的普遍本质。这样一来，当将异质的细节加诸普遍的本质之上，最终呈现的个体性事件便同样由于这一普遍本质而必然具有存在的合法性。戏剧凭借大众效应明确地证明了这一点，体裁论则在此初次发挥出其体系炼金石的作用：卢卡奇也许在理论的开端并未意识到戏剧能以效应论证存在，其动机是使戏剧理论反映匈牙利文学及其社会语境，但在实际的"炼金"过程中，"存在"以其第一个结晶体的形式，呈现了出来。

二、必然的感性氛围：世界观与戏剧结构

然而在这一逻辑当中，存在及其普遍本质与经验世界异质成为一种具有绝对精神意义的物自体式存在。由此，这一本质如何融入审美经验并实际激发情感，以使主体在经验现实中接受它，成为紧随其后的关键。卢卡奇由此提出了同质媒介作为戏剧接受中的主观形式，以此实现

---

1 Georg Lukács. *Die Entwicklungsgeschichte des modernen Dramas*, Darmstadt und Neuwied: Hermann Luchterhand Verlag GmbH., 1981, S. 19.

戏剧效应的感性必然性。

　　同质媒介的直接作用在于将经验世界中的异质元素同质化。在这一作用下，对大众效应的追求恰好使戏剧成为对美学与社会学、形而上学与日常生活进行统一的实践。卢卡奇直言："戏剧是陷于矛盾冲突中的意志力量的辩证法，而只有诗人及其受众都以这样的形式感受生活时，戏剧才是可能的。"[1] 这便要求戏剧具有一种形式上的效果。而单纯的感性普遍性并不足以使戏剧成为一个封闭完整的环，要实现这一点，必须依赖创作者的世界观。因为"只要辩证法暂时还在理性的层面上，戏剧就还不存在……如果辩证法只停留在理性的层面上，那么戏剧就不再存在了"[2]。换言之，"戏剧的目标在于，使斗争暗示出相关人物（更确切地说是相关人物类型，因为这一人物代表了人物类型）的整个生活"[3]。而从矛盾冲突的角度来看，这恰好是戏剧的主题。戏剧所表达的不是尚未出现问题的对象，亦非已经通过理性解决了所有问题的对象，戏剧的对象是这之间的过渡部分，在结构上呈现为由冲突的开端出发，又重新回到冲突当中的首尾相接的衔尾蛇形。这一回环（Zirkel）本身既是卢卡奇对存在的论证逻辑，亦是戏剧内容本身。他幽默地说："经院哲学的辩证法还不具有戏剧性，而诡辩派的辩证法已经不再具有戏剧性了；神秘剧还不是戏剧，而柏拉图的对话已经不再是戏剧了。"[4]

1　Georg Lukács. *Die Entwicklungsgeschichte des modernen Dramas*, Darmstadt und Neuwied: Hermann Luchterhand Verlag GmbH., 1981, S. 33.

2　Georg Lukács. *Die Entwicklungsgeschichte des modernen Dramas*, Darmstadt und Neuwied: Hermann Luchterhand Verlag GmbH., 1981, S. 33-34.

3　Georg Lukács. *Die Entwicklungsgeschichte des modernen Dramas*, Darmstadt und Neuwied: Hermann Luchterhand Verlag GmbH., 1981, S. 23.

4　Georg Lukács. *Die Entwicklungsgeschichte des modernen Dramas*, Darmstadt und Neuwied: Hermann Luchterhand Verlag GmbH., 1981, S. 34.

世界观是戏剧的先验形式。因时、因地、因人而异的形式不可能是戏剧的形式，戏剧的形式是一个永恒的问题，是普遍与绝对的形式。作为异质元素的细节，则成为作为背景的自然环境，它们伴随着戏剧人物的思想、情感与行动出现。"戏剧只呈现持续变化发展之物，也就是氛围，并且这种呈现只局限在那些笼罩着事件本身，以及会对事件发挥一定效用的程度当中。"[1] 之所以如此，其原因就在于对戏剧效应的直接性与感性特质的确定与保证。对形式无法发挥决定性作用的背景则不会成为戏剧的核心。仅当它们出现在戏剧人物相互之间的情感当中，或者形成于戏剧人物的行动当中，它们才具有戏剧性。由此，戏剧的世界观在内容上可以体现为戏剧人物之间的世界观与戏剧事件之外的世界观两类；而基于戏剧的体裁，这一世界观可以被划分为创作者的世界观与接受者（大众）的世界观。在卢卡奇的体裁论中，他首先强调的是创作者的世界观及其在戏剧人物身上的体现，戏剧事件之外的世界观被他划归于自然环境当中，接受者的世界观则被他视作戏剧大众效应的结果。

由于创作者的世界观通常不会直接出现在戏剧内容当中，戏剧人物则"责无旁贷"地体现创作者的世界观，并将其融合进其自身的世界观表达当中。对于戏剧这种只能以社会学事件的形式来表现形而上学事件的体裁而言，戏剧人物自身的性格、戏剧人物的行动、戏剧人物之间的关系、戏剧的情境，共同构成了对主体世界观的象征。"戏剧是意志的诗意，人物及其命运只能通过绷紧自己的意志来获得戏剧性。"[2] 因而戏剧人物的一切理智、情感、行动，他所遭遇的事件，甚至受到的灾

1　Georg Lukács. *Die Entwicklungsgeschichte des modernen Dramas*, Darmstadt und Neuwied: Hermann Luchterhand Verlag GmbH., 1981, S. 21.

2　Georg Lukács. *Die Entwicklungsgeschichte des modernen Dramas*, Darmstadt und Neuwied: Hermann Luchterhand Verlag GmbH., 1981, S. 21.

难，都是意志的附属品，都是创作者表达其世界观的风格与语境，是接受者直观本质所首先面对的现象。作为意志的诗意，"人物的整个本质都只能在其意志及其所产生的行为中得到直接呈现"[1]，其他的一切细节内容都发挥出范例的作用，即告诉接受者，主体若要实现这样的意志，并做出相似的行为，这样纯粹个体性的表达恰好代表着一种途径。不仅如此，"由于情感和思想在形式上比意志更为短暂易逝，而在本质上又比意志更为灵活多变且更易受外界影响"[2]，戏剧要实现永恒，则仅能凭借意志以及主体基于意志的相应行为。在这个意义上，"经院哲学"与"诡辩派"之间似是而非的泾渭分明恰好为戏剧性提供了必然性，主体的意志在二者之间获得了发挥决定性作用的可能性。

然而立足于主体意志虽然能为创作者的一切风格化以及戏剧人物的一切行为做出合法性证明，但作为体裁，戏剧在意志之外的悖论仍未得到消除："戏剧风格化的本质总是迫使戏剧抽象地看待人物，并以辩证形式看待冲突，然而戏剧效应的本质（大众效应）仅允许戏剧使用尽可能原始、感性、直接的象征；戏剧质料（活生生的人及其行动）的本质也与风格化不可避免的发展方向相悖。"[3]戏剧这种形式上的、抽象且形而上学的普遍性，不能也无法通过日常生活表达，却可以在生活中得以贯彻。正如世界观作为一种形式是无法被直接评判的，然而世界观的运用是否成功却可以被评判。可见，世界观实际决定的是戏剧的结构与

---

1 Georg Lukács. *Die Entwicklungsgeschichte des modernen Dramas*, Darmstadt und Neuwied: Hermann Luchterhand Verlag GmbH., 1981, S. 21.

2 Georg Lukács. *Die Entwicklungsgeschichte des modernen Dramas*, Darmstadt und Neuwied: Hermann Luchterhand Verlag GmbH., 1981, S. 22.

3 Georg Lukács. *Die Entwicklungsgeschichte des modernen Dramas*, Darmstadt und Neuwied: Hermann Luchterhand Verlag GmbH., 1981, S. 26.

世界观内容的缺席。按照卢卡奇的逻辑，如果世界观的内容已经贯彻主体主观精神范畴，成为一种毋庸置疑的内容性存在，那么世界观这一概念系统本身便被瓦解了。换言之，正是因为世界观无法实际以内容普遍性的形式使一切主体以它为基础实现共通，它才需要以一个"情感综合体"的形式，沉浸于作品中，引导大众效应的发挥。戏剧则以其结构，即一种整体，产生影响，大众则由此在作品形式的强烈感性冲击之下，产生与之相应的世界观。虽然这种世界观必定不同于创作者的原初世界观，但是在同质媒介的帮助下，接受者同样能在这种情感震荡当中直观创作者世界观的本质。

普遍性的本质决定了戏剧存在的合法性，世界观则确定了戏剧效应的必然性，然而就创作者自身而言，在他对自己观念的表达中，他既不与戏剧人物直接相关，又不能实际决定效应的内容，甚至大众的世界观与其自身的世界观只能近似而无法一致，同质媒介又不过是能使接受者通过同质化获得更有效直观本质的辅助，由此，创作者自身便在这个戏剧结构中被架空。绝对精神无法帮助创作者实现其美学理念，康德的道德律令成为卢卡奇重新审视现代戏剧的锦囊。

三、戏剧实践：以完整性替代整体

在对现代戏剧这一体裁进行论述的开端，卢卡奇效仿康德追问先天综合判断可能性的逻辑，对现代戏剧的存在及其可能性发问。不仅如此，在卢卡奇以美学和社会学的综合为方法，将形而上学与日常生活进行连接的过程中，康德思想中作为先天（a priori）之本质属性的普遍性与必然性频繁出现在卢卡奇对戏剧的本质即大众效应的论述当中。区别于康德基于纯粹理性对先天知识的论述，卢卡奇以普遍性作为效应产生的基础，以必然性作为戏剧结构和戏剧性的前提，并以实践理性为阐释基础，以体裁为内容，对其自身的艺术哲学理念进行分析。可见卢卡奇以体裁研究康德的先天知识所得到的绪论具有先验性，其目的在于在呈现戏剧全部特征和内容的基础上，最终揭示主体认识世界的逻辑思维，构建并呈现主体通过这一逻辑思维所认识到的世界。然而他亦同样延续了康德未能解决的问题，表现为戏剧形式的悖论。

戏剧的风格化使戏剧的情景与人物完全脱离了日常生活，戏剧由此实现了其自成一体的孤立性。在这种孤立性中，戏剧得以产生对生活的幻觉，这也使戏剧成为一种新生活。而戏剧的自成一体与大众及其生活之间没有任何联系，它作为一个完整的结构，其产生基础在社会学及其事件当中，戏剧效应的产生机制和作用范围亦超出戏剧结构之外，这一整体虽然完整地存在于因果链条之上，但它实际是一个独立的实体。形式则成为实现其审美理念构想的途径，因而戏剧的普遍性是形式的普遍性，戏剧效应以其结构发挥作用。由于戏剧直接代表整个生活，为了实现大众效应，只有以生活整体为追求才能实现生活幻想的整体性。因为整体中必定最大程度上包含了一切能产生普遍性的元素及其之间的一切因果联系。而作为"生活"在"戏剧生活"中的戏剧人物如何才能尽可能实现戏剧体裁所要求的这一目标，便成为下一个需要解决的问题。

作为意志的诗意，意志及其所引发的冲突是戏剧的主题也是戏剧所代表的整个生活，因而戏剧人物相应应当代表着人物类型的极致，并尽可能多方面地反映戏剧所代表的生活。卢卡奇指出："戏剧只能完全从形式上表现生活的整体性和丰富性。它的表现方式甚至不是在现实的层面上，也不再是一种风格化的精简，从秩序的角度看，它只是更加着重强调了生活中也存在的元素。"[1]然而其形式悖论由此出现："戏剧的

---

1 Georg Lukács. *Die Entwicklungsgeschichte des modernen Dramas*, Darmstadt und Neuwied: Hermann Luchterhand Verlag GmbH., 1981, S. 29-30.

内容是整体生活，是一个完整、完善且自成一体的宇宙，它意味着整体生活本身必须就是整体生活。但表现这一宇宙的途径却受时空限制。戏剧必须尽可能在一个狭小的空间和短暂的时间中，以数量有限的人物唤起整个世界的幻象（Illusion）。"[1]这便要求戏剧人物成为意志的抽象化，以其非理性的、瞬间性的冲击为大众带来震惊，以此唤起他们对生活的幻觉。由此，戏剧人物接管了戏剧的形式悖论，这一悖论在戏剧中变为人物性格与行动之间的辩证关系。

　　源于生活并表达人际关系的事件是戏剧内容的来源，基于风格化呈现的典型在戏剧的大众效应中象征了具有同类本质的对象群体，暗示出人物类型的整个生活。对于戏剧人物个体而言，其性格具有稳定性，与性格本身相比，情境之下的行动则是偶然的；然而对于群体而言，人物的性格是特殊的，情境以及在情境之下的行动则具有必然性。对于戏剧事件而言，情境发挥的作用越大，性格的作用越小，必然性的作用就相应越强。但是问题仍然在于，要使必然性为接受者带来丰富的感染力是一件困难的事情，不仅如此，当情境在戏剧中发挥出命运般不可抗拒的决定性作用时，戏剧的结局则变得毋庸置疑，戏剧性亦相应减弱。卢卡奇对此提出以对白的高度浓缩的象征性及其对人物整个命运的全面展现调和情境所带来的必然性，以人物性格和斗争丰富命运的宿命性。在社会因素与美学因素相冲突的时候，卢卡奇再次选择搁置直接的生活经验，搁置智性和判断，回归主体及其认知逻辑本身，并仍然坚持："戏剧形式的本质仍然是感性的：它在自发的效应中，在各个元素之间的悖论中创造出了一个不可分的，只有在事后的分析中才重新可分的统

1　Georg Lukács. *Die Entwicklungsgeschichte des modernen Dramas*, Darmstadt und Neuwied: Hermann Luchterhand Verlag GmbH., 1981, S. 26.

一。"[1] 同时强调戏剧人物存在悖论关系的性格和行动应当是一致的，戏剧人物与他的行动是统一的。可见卢卡奇此时对整体性的追求已经悄然改变，这并非由于他对新生活与新世界的构想出现了变化，而是由于这一整体性无法直接实现。

卢卡奇所追求的是有机整体，然而在戏剧理论中，他实际论证的关系整体，因其包含一切元素，势必内含普遍性和必然性。因而与其说他追求戏剧的整体性，不如说是追求完整性更为确切。在这一完整的整体中，他凭借事物之间唯一绝对的因果联系，推导至存在的终极元素，即一种不可凭借因果联系进一步划分的元素，以此证明存在的不可撼动地位及其由于源自因果推断而产生的必然性。在这一思维的条约中，戏剧人物的性格和行动才能实现统一，他的意志便是他的行动本身，而唯有行动才能证明意志。由此，"不可能存在任何偶然、理念或片段，也就是说一件事或一个人之所以存在，仅仅是因为它/他自身或者它/他是美的、有趣的、感人的，而非以绝对的严谨被置于以数学的精准建构起来的戏剧必然结构，这样的情况是不可能的"[2]。如神性般存在的必然性为卢卡奇戏剧体裁提供了最终的证明。美的、有趣的、感人的都是易逝的，因果联系却是无法逃脱的。这一秩序可以对整体中的一切元素进行规范，而按秩序排布的元素则能够使典型的象征意义更为突出。

戏剧成为穷尽一切生活可能性的表达方式，而它包含了一切可能性的相对独立性，亦使之从历史进程中脱离出来，成为一个斩断时间的主题性截面。这一主题便是戏剧主体的斗争，是其意志的抽象化，是形式

---

1 Georg Lukács. *Die Entwicklungsgeschichte des modernen Dramas*, Darmstadt und Neuwied: Hermann Luchterhand Verlag GmbH., 1981, S. 36.

2 Georg Lukács. *Die Entwicklungsgeschichte des modernen Dramas*, Darmstadt und Neuwied: Hermann Luchterhand Verlag GmbH., 1981, S. 27.

和生活的悖论。完整性取代整体性成为戏剧的结构，矛盾取代历史进程成为戏剧形式的核心。"戏剧形式的本质是完整性，这具有封闭性的意义，但它最终的基础却在这个作为整体的世界的直接范围之外，考虑到事件的素材方面，戏剧能够通过表现社会学事件来唤起那些往往只能由人物心灵来表现的、只被看作他们的心灵事实的、完全处于神秘的狂喜边缘的情感。因此，事实之间的联系看似是经验的（一个事实接着一个事实）和心理学的，但就其本质而言这种联系是先验的，并且超越了单纯的心理学层面。"[1] 戏剧的这种超越性，便集中于悲剧的震撼之中。

---

1 Georg Lukács. *Die Entwicklungsgeschichte des modernen Dramas*, Darmstadt und Neuwied: Hermann Luchterhand Verlag GmbH., 1981, S. 38.

第二节　现代戏剧的秘密舞台

完整性实现了戏剧的效应，而当穷尽了完整性的一切可能性，悲剧便诞生了。"戏剧形式是竭力对峙着的各方力量之间的辩证法，因而仅有当各方都走向毁灭之时，才有可能出现一种解决办法。"[1]戏剧的完整性则恰好排除了其他不同于戏剧的答案。由此，卢卡奇将悲剧视为戏剧最崇高的形式，便不仅是源自古希腊悲剧在传统意义上的地位，更是由于在他看来，共同走向毁灭是解决戏剧中各方力量冲突并同时保证完整性和必然性的唯一方法。卢卡奇以体裁为炼金石，炼就其早年的艺术哲学理想，在这一过程中，他亦不断践行自己的哲学思想，以每一个新出现的观念作为他下一阶段研究的理论引导与方法论参考。而他此时基于戏剧体裁所发现的共同毁灭思想，成为他此后在小说体裁研究中的动机"更好，也就更早"的"世界观"，成为决定其《小说理论》的"意志"。

"戏剧效应的本质在于，它能够借助直接的象征，使大众意识到最深刻的生活问题，即通过大众中的存在（In-der-Masse-Sein），它能够在全然不同且原始化的人们身上唤起最深刻的生活感。这种戏剧效应能

1　Georg Lukács. *Die Entwicklungsgeschichte des modernen Dramas*, Darmstadt und Neuwied: Hermann Luchterhand Verlag GmbH., 1981, S. 39.

升华为神秘的狂喜，这最清楚地表明了戏剧的宗教性根源。"[1] 这是悲剧必须出现在卢卡奇戏剧体裁论中的原因，也是他在现代戏剧理论中必须首先探讨悲剧及其崇高的理由。完整性与必然性毋庸置疑地确保了戏剧的体裁地位与效应，但这种整体发生的效应不能反映生活，而只能象征生活。大众亦不能从中发现问题，而只能由此自省并自查。作为以情感普遍性为基础的戏剧效应，若仅限于对大众带来感动或感染，它便仍无法为卢卡奇解答形式与生活、主观世界与客观世界之间的悖论，而唯有诉诸更强烈的震惊体验，才能真正使主体意识到其独立于历史延续的主体性，以及戏剧结构所实际象征的总体性。即卢卡奇所言："一方面情感、世界观必须离开宗教这一基础，或是必须失去它天真的自信……另一方面它又必须从宗教感的极度狂热中保留下很多即使不是形式上的本质性的东西。"[2]

要实现这一理想，戏剧体裁所凭借的具体媒介，即舞台、书本与小剧场，是卢卡奇关注的另一个问题。他的现代戏剧理论研究始于塔利亚剧团中的戏剧实践，包括剧本创作、剧评撰写和戏剧理论研究。这一时期，古希腊罗马戏剧、英国莎士比亚戏剧、德国古典戏剧等戏剧类型，以及歌德、席勒、施莱格尔、黑贝尔、大仲马、奥日埃、易卜生等名家的作品和戏剧理论，为他的戏剧实践提供了重要启蒙。在实践中他发现，若无体系性的戏剧理论，便无法恰当运用戏剧体裁实现其艺术哲学价值。因此，有必要从概念开始，尽可能地对整个现代文化进行切近而多样的研究，证明主体在对历史现象进行选择时的合理性与合法性。同

---

1 Georg Lukács. *Die Entwicklungsgeschichte des modernen Dramas*, Darmstadt und Neuwied: Hermann Luchterhand Verlag GmbH., 1981, S. 33.

2 Georg Lukács. *Die Entwicklungsgeschichte des modernen Dramas*, Darmstadt und Neuwied: Hermann Luchterhand Verlag GmbH., 1981, S. 33.

时，以结构框架为切入点使纯粹历史倾向中一切可重复的、单个的、原子式元素，展现它们抽离于现实性的具体演变。舞台、书本与小剧场在现代戏剧的发展过程中，与现代社会大众的文化与群体特征相融合，揭示出大众对戏剧的审美接受、戏剧在不同媒介中的效应差异，以及现代戏剧存在于现代社会的实际状况和体裁的可能性。

一、动机：悲剧命运中的主体性回归

悲剧被视为戏剧的最高形式的原因，不仅因为悲剧经典作品在戏剧中产生的超越性效应，更因为悲剧本身的形式机制及其对形式悖论的解决方式，为卢卡奇早年艺术哲学思想中矛盾的解决提供了有效的策略。其一，悲剧在最大程度上呈现戏剧风格化的本质，其中，戏剧人物在其冒险中表达自身及其所代表的一类人物的整个生活。这种表达并非以象征为途径，而是以类本质为根基，其表达本身实际上是对本质的呈现，是对自由变更中现象的存在的肯定。这一戏剧人物及其冒险活动本身，亦是一个封闭的、全然的整体，它就是整个生活。其二，对完整性的要求使形式悖论无法解决，由此产生悲剧，而这是由戏剧最内在形式造成的必然结果。若依卢卡奇所言，戏剧仅由对白组成，但是它所表达的内容却超出了纯粹对白的表达能力，而其效应亦超出了对白主体自身，那么戏剧便仅能凭借心理学来表达它所要表达的全部内容。作为一种心理学的表达，悲剧便成为将心理学表达发挥到极致的一种戏剧类型。其中的任意性和不完整性虽然是卢卡奇所诟病的，但也正是基于偶然性与特殊性的震惊效果，悲剧才成为最为重要的戏剧类型，正如罗密欧与朱丽叶的悲剧便在于劳伦斯神父的信在其必定效应的过程中，被由于瘟疫而出现的偶然事件耽搁，而未能发挥其必然性，最终导致了毁灭。因为"尽管只是整体中的一部分，悲剧经验却是唯一意味着整体的东西，是唯一能够成为整个生活的象征的东西。悲剧人物是唯一能够被生活中的一个冒险所象征的人物类型。"[1]而这个整体中的部分不仅要杜绝一切通向外部的道路，它还必须能够代表所有相似的状况。

　　源自心理学效应的偶然性对必然性产生冲击，这种冲击在引发悲剧效应的逻辑中，使形式冲破了悖论的束缚，产生了超越性效应："如果形式只要求一种方式，那么这一方式就只能导向悲剧。因为对于完整性，也就是内部和外部的一切都随戏剧的结束而结束，除了死亡或者至少是终结相关人物全部生活的巨大震动，其他感性的表达方式是难以想象的。"[2]这种震动打破了因果逻辑与悖论双方的对立，以激情（Pathos）或狂热带来的能量辐射大众，以此产生效应。而对于创作者而言，其世界观再次成为能先验联通自身、作品与接受者的主观范畴。由此，在戏剧体裁中，动机（Motiv）决定了戏剧中的死亡，亦使戏剧作为一个完整的整体超越结局所处历史发展进程的限制。戏剧向未来关闭而向历史敞开，它对生活的一切经验内向性呈现为经验现实，将历史的所有线索纳入戏剧的死亡事件。由此，戏剧真正在以毁灭为终点的情节中，成为一个整体。它与未来隔绝，并将历史内化为戏剧总体性的元素。"只有这样（死亡），戏剧才会形成一个圆，就像一条咬着自己尾巴的蛇。"[3]悲剧则实际提出了动机的问题。

　　卢卡奇视悲剧为最高的戏剧形式，因此他在对现代戏剧中悲剧的历

1　Georg Lukács. *Die Entwicklungsgeschichte des modernen Dramas*, Darmstadt und Neuwied: Hermann Luchterhand Verlag GmbH., 1981, S. 40.

2　Georg Lukács. *Die Entwicklungsgeschichte des modernen Dramas*, Darmstadt und Neuwied: Hermann Luchterhand Verlag GmbH., 1981, S. 39.

3　Georg Lukács. *Die Entwicklungsgeschichte des modernen Dramas*, Darmstadt und Neuwied: Hermann Luchterhand Verlag GmbH., 1981, S. 40.

史前提进行论述时，依据矛盾类型将现代戏剧出现之前的戏剧划分为三种类型。

第一类戏剧是由人与神的矛盾所导致的悲剧，这种悲剧是必然的，其结果不受人类行为的影响。这种悲剧具有客观唯心主义性质，可以称为命运悲剧。命运悲剧最大的特点就是戏剧的情节发展并不取决于日常生活中的事件和人际关系等因素，命运悲剧所要突出的意义就在于那些非人力所能及的必要性事件和它命中注定的力量。这些事件无论如何都会发生，人物只是其载体，伟大人物或市民阶级小人物在这一环节发挥的功能没有差异。在这一类戏剧中，悲剧情节虽然仍有明确的结构和逻辑，但其中矛盾双方的力量悬殊使悲剧成为必然。其中其他矛盾的作用则在于，一方面分解整出戏剧的注意力，另一方面从侧面体现主要矛盾，在效果上弱化命运所带来的必然性，以保证悲剧仍然具有一定程度的戏剧性，否则如果戏剧中矛盾双方力量对比太过悬殊，戏剧便进入因果逻辑，不成其为戏剧而存在。在这一类戏剧中，动机通常体现为以人与自然之间的矛盾。命运悲剧的代表是古希腊悲剧，悲剧中人与神的矛盾一方面体现在人类有限的认识能力与无限的自然之间，另一方面体现在人类有限的实践能力与自然无限的塑造力量之间。认识自然能力的不足是巫术产生的原因，也是人们对神力产生崇拜的源头。这种认识使人们在心里将崇拜对象描绘为自己所能想象到的力量最强大的样子，基于一个核心的崇拜内容，塑造一个具有象征意义且能完全凸显这一对象的形象，一般都具有人的形态，以保证戏剧性；而改变自然能力的不足则一方面体现为这种象征形象在戏剧和人们心中能长久存在，另一方面体现在人们创造实体的崇拜形象时，技法滞后、想法局限，所以常常出现表达上的舍本逐末和形式上的夸张抽象等现象。命运悲剧中，人的力量与人类行为以被动的、受牵制的形式展现，人缺乏足够的自我意识，活动缺乏必要的能动性，存在的只是对命运的消极抗争，并最终走向失败的结局。

第二类戏剧是日常生活戏剧，其中的矛盾冲突主要是人与整个社会历史语境之间的矛盾。这种戏剧相比于命运悲剧而言发展逻辑较为客观，具有唯物主义性质。这种戏剧在对客观环境的描写中强调戏剧的他律性，在对主要人物的塑造中又指向审美的自律。莎士比亚悲剧是这类悲剧的代表，卢卡奇更倾向于将这种悲剧称为传奇剧（Romance）。在人与社会的冲突中，人这一角度又具有两种不同的指向。一方面，人在面对社会问题的时候，在处理个人与他人之间关系的时候，个人主义、利己主义的因素会使人与社会、个体与集体产生矛盾，这是人与整个社会背景之间的矛盾；另一方面，人的内心也会出现外在表现与内在精神之间的失衡，现实与理想之间的差异会让人自身产生矛盾，这是人后天的价值观与先验精神之间的矛盾。相比于第一种类型而言，这一类型的戏剧的内容更加丰富细腻，戏剧人物在其中能发挥大的作用，也因此地位更为重要。在这类戏剧中，人的力量在一定程度上能够改变悲剧进程与悲剧程度。不过社会历史的力量仍然超过个人，悲剧的结局无法被更改，只能在人的主观能动性之下得到缓解。

第三类戏剧是心灵戏剧，以戏剧人物与其自身之间的矛盾为主体。这种心灵范畴的矛盾是由纯粹内在因素所导致的，其悲剧性便成为主体自身的悲剧，这种悲剧具有主观唯心主义与形而上学性质，被称作形式悲剧。这类戏剧中，事件仅仅指向人自身，矛盾与分歧仅仅在人这一封闭而纯粹的范畴内发生。虽然对人与环境、人与人之间关系的描写仍是形式戏剧中的重要内容，但是外部因素难以直接决定或否定人的命运，导致悲剧发生的仅仅是人类自己的心灵。心灵是抽象而深刻的，是难以言表或简单解释的，也因此，心灵戏剧既无法直接澄清，又难以实际解决。不仅如此，这一类悲剧如果简单地与日常生活及其问题融合，以此寻求解决的可能，则会使形而上学悖论与日常生活经验相混淆，这不仅不利于解决美学问题，甚至有可能使生活问题变得无法解决。也是在这一戏剧类型中，卢卡奇十分坚持形式前提，并期望通过纯粹艺术来解决形而上学悖论，进而解决日常生活问题。虽然依据卢卡奇此后对审美文化的批判可以看出，他的这一思路并未实际得到贯彻，而以阶级意识的决定性地位取代了心灵戏剧的形而上学意义，但他对形式及其效应的重视成为他美学体系中建构现象学理论基础的最早艺术哲学来源。

在对悲剧类型的划分与具体分析中，主体及其行为不仅是划分的依据，也是决定悲剧效应的主要力量。因为无论是上帝及其所参与的命运悲剧，还是社会生活及其所作用的生活悲剧，最终的惩罚或破碎都由主体承受，悲剧性也直接呈现于主体的遭遇及其一次次对刺激的反应与反思当中。从这个意义上讲，在现代戏剧中，形式悲剧反而成为既彰显主体性，又能从根源揭示矛盾的戏剧类型。而主体之所以陷于心灵范畴的形式悲剧的原因，便在于主体在动机上以形式悖论为目的本身，以此贯彻的一切主体行为便都具有了悲剧的自律性意义。换言之，若依据康德道德律令中主体为自己立法的自律行为准则，形式悲剧便是以悖论为核心和全部内容的戏剧类型。而由于形式悖论是其他一切悲剧发生和悲剧效应实现的根源，形式悲剧便成为揭示悖论的直接体裁，作为形式悲剧产生基础的主体动机便成为悲剧的道德律令。

二、舞台：戏剧媒介及其社会学效应

剧院是戏剧上演的场所，舞台则是戏剧表现的媒介。在卢卡奇的戏剧理论中，舞台不仅代表着戏剧演出的地点，它实际上也象征了戏剧的社会学维度，即戏剧既源自社会学语境，又基于社会学实际产生大众效应。而卢卡奇在《现代戏剧发展史》中反复强调现代戏剧是唯一产生于相应戏剧舞台之后的戏剧类型，现代戏剧的社会学意义由此具备了不同于其他戏剧体裁的特殊性。

卢卡奇认为："戏剧的形式问题产生了历史问题：戏剧社会学。"[1]他所关注的并不仅仅在于社会因素对戏剧形式和内容的决定作用，而是通过效应反向论证什么样的历史时期在何种程度上需要戏剧这种体裁，戏剧又在何种程度上能在这一需求之下实现其自身的存在。卢卡奇曾指出，莱辛的悲剧著作《爱米丽娅·伽洛蒂》（*Emilia Galotti*, 1772）不能被视为成功的悲剧，其原因并不在于莱辛自身创作能力不足，而是因为他创作这部戏剧的时代尚未成熟到能够产生十全十美的悲剧。这是一次历史经验束缚所导致的创作失败，而这种历史经验的束缚甚至超越了能创造出杰出戏剧的天赋。社会学因素在戏剧中主要体现为三个方面：其一，戏剧效应得以产生的状况是社会性的；其二，戏剧的素材是社会性的；其三，风格化最终的秩序，即世界观，也是社会性的。[2]对于世界观的社会性这一观点，卢卡奇的实际意指并非社会现实决定了世界观，而是主体包含了对社会现实体验的世界观，是实现普遍性的基础："在戏剧及其观众之间，必然存在着一种共性，即使这种共性尚未被意识到或被表现出来。"[3]更通俗地说："戏剧能使人意识到人与人之间的矛盾冲突，而如果这些冲突的潜在因素不是已存在于其身，戏剧又如

1　Georg Lukács. *Die Entwicklungsgeschichte des modernen Dramas*, Darmstadt und Neuwied: Hermann Luchterhand Verlag GmbH., 1981, S. 42.

2　Georg Lukács. *Die Entwicklungsgeschichte des modernen Dramas*, Darmstadt und Neuwied: Hermann Luchterhand Verlag GmbH., 1981, S. 44.

3　Georg Lukács. *Die Entwicklungsgeschichte des modernen Dramas*, Darmstadt und Neuwied: Hermann Luchterhand Verlag GmbH., 1981, S. 44.

何能做到这一点呢？"[1] 由此，世界观的作用则一方面在于召唤普遍性，另一方面在于借助戏剧体裁这一形式化的普遍性，使大众通过戏剧效应意识到这一普遍性的存在，并获得认知。

一个聚合之所以被称为群体，不仅由于其成员之间具有共性，更是因为这一共性是本质性的，它直接决定了这一群体的存在状况与运作方式。由于大众效应是一种感性普遍性，接受者的情感要求便成为决定戏剧产生与存在的社会因素的根本。在对悲剧类型的划分中，形式悲剧成为揭示生活问题根源的重要类型。基于社会学维度的考量，形式悲剧的效应群体则需要具备两个方面的要求：戏剧能够以各种手段在这一群体中的每一个个体身上实现自发的效应，群体与戏剧之间由形式所要求的普遍世界观需要具有一定的社会前提。简言之，戏剧应当具有与主体先验主观范畴中的观念相一致的内容，同时又需要为这一观念在戏剧中的实现找到适当的社会现实前提。而其中最为重要的是，保证这一效应的实现并确保这一体裁存在的关键并不在于智性或逻辑的分析，而只在于一种非常强大的、生动的、感性的舞台，在于戏剧自身的感情，及其对接受者感情的召唤。卢卡奇直言："没有舞台就没有戏剧……没有舞台，自发效应这一范畴所要求的一切都会缺失。"[2] 这意味着舞台超越了空间，成为戏剧演出这一事件的时间见证。

舞台使戏剧与观众之间的时空距离缩短，这一表现形式则既要求戏剧具有强烈的象征意义，又要求戏剧以陌生化为宗旨，与观众保持距离，以使戏剧能作为完整的整体对观众直接产生效应，而非使观众介入

1　Georg Lukács. *Die Entwicklungsgeschichte des modernen Dramas*, Darmstadt und Neuwied: Hermann Luchterhand Verlag GmbH., 1981, S. 44.

2　Georg Lukács. *Die Entwicklungsgeschichte des modernen Dramas*, Darmstadt und Neuwied: Hermann Luchterhand Verlag GmbH., 1981, S. 44.

戏剧而打破戏剧的完整叙事。这个结构由命运统筹，其中，演员通过对白和行动直接表现戏剧情节和人物性格，他们激活了这一结构，使之变得有机并获得运动和发展的动力。更为重要的是，虽然剧本是已经确定的，舞台布景、演员出场顺序和具体情节是固定的，但是每一个演员在舞台上的表现是相对随机的、瞬间的。帷幕拉起的时候，舞台上的每一个人都获得了相对的自由，他们拥有属于自己的发挥空间，他们能够有意识或无意识地决定自己的行动，所以在这个意义上，不存在两台完全相同的戏剧。戏剧的这一环状形式决定了戏剧接受的整体性，观众只能将其视为一个有机而完整的整体，以审美的态度完整地接受整出戏剧。

另外，舞台亦揭示出戏剧内部的运动。这种有机的内在流动由戏剧内容走向戏剧精神，以使接受者产生自我交流与理解的欲望。舞台由此在戏剧内容、戏剧精神，以及触动观众对整出戏剧与更广袤的语境进行思考的方面，使戏剧与日常生活之间产生界线。卢卡奇将悲剧视为戏剧的典范，即最完美的戏剧。悲剧是顶点和终点，是已经上升到极致而只好选择停止的那个归宿。在悲剧中，使整出戏剧达到顶点的是悲剧中主要人物的死亡，死亡的时刻凝聚了极为强烈的情感，这一时刻以强大的限制力量实现了悲剧的绝对永恒。作为生存与毁灭的分界线，作为在悲剧中将生与死、悲剧内容与日常生活分开的瞬间，死亡既是终点，也是起点，它让人们开始重新思考人的本质、价值与形式之间的关系。这一瞬间使戏剧中一切人的本质和生活的本质突然被带回日常生活，对戏剧的思考由此与对日常生活的审视达到统一。此后虽然戏剧与日常生活仍然是异质的两个范畴，然而在这相对立的形式背后，二者的本质精神领域被调换，而这一切都得益于舞台。它以第四堵墙的形式，打通了戏剧与接受者之间的最后一道壁垒。

在《现代戏剧发展史》中，卢卡奇将接受者通过舞台所接受到的戏剧作品称为"幻觉"（Illusion），这意味着它是虚假的，是人们想象出来的对象，是艺术作品的现象。这一具有现象学意义的表述再次突出了舞台的媒介效应，它不仅使戏剧发生，使戏剧的存在成为可能，同时也使主体在戏剧接受与审美过程中发挥主观能动性，创作与接受行为基于戏剧舞台实现了统一。在戏剧效应所带来的集体狂欢中，作为艺术源头的宗教是这一激情（Pathos）的前提，痛苦的观赏经验和与之相应的主体内心体验则是愉悦感的源头。如卢卡奇所言："愉悦感的根源是痛苦：这就是悲剧效应的悖论。"[1]戏剧人物的毁灭昭示着日常生活的失序，舞台之下的观众目睹舞台上的悲剧，在强烈的情动中感同身受，在普遍情感的召唤下反思日常生活的矛盾悖论。而使得接受者感到愉悦的，并非痛苦本身。痛苦是戏剧的社会学媒介，即舞台，所直接传递出来的形式，大众由此产生对戏剧人物的毁灭所象征的日常生活失序的痛苦，他们从中感受到的失序的非正义性才是其愉悦的真正来源。简言之，接受者从悲剧的毁灭中，再次证实了道德律令对伦理行为的引导效应，这种具有先验性的对日常生活悖论的主观反抗，是悲剧所带给大众"愉悦"的根源，亦是卢卡奇借助悲剧类型在其现代戏剧理论中所真正想说明的要点。

三、抽象剧场：理性与非理性的辩证法

卢卡奇认为："新的戏剧源自有意识的理性需要。"[2]结合他以概念入手的戏剧研究便能发现，卢卡奇的戏剧体裁研究与普遍的戏剧研究

---

1 Georg Lukács. *Die Entwicklungsgeschichte des modernen Dramas*, Darmstadt und Neuwied: Hermann Luchterhand Verlag GmbH., 1981, S. 50-51.

2 Georg Lukács. *Die Entwicklungsgeschichte des modernen Dramas*, Darmstadt und Neuwied: Hermann Luchterhand Verlag GmbH., 1981, S. 54.

在逻辑上方向相反，他以建构框架为出发点，以这一自行建构的框架为理论研究基础，并在他自己划定的范围中选择相应的戏剧现象进行分析。区别于以往的戏剧研究，他的目的并不在于从戏剧这一体裁本身中抽象提炼并概括出一种理论思想或理论体系，而是在理论建构中表达他自己的逻辑，并以此为方向"引导"戏剧理论的发展。因而，与其说是卢卡奇在对戏剧进行研究，不如说他是在借由戏剧进行自己的体系阐释。

卢卡奇将现代戏剧视为一个区别于以往戏剧的特殊类型，即它产生于现代戏剧舞台出现之前，且它并非以宗教狂热为起点，而是在戏剧效应中回归宗教精神。如卢卡奇所言："这个舞台以源于戏剧理论的要求，并在其中被建造出来。"[1] 这一问题在形式上回应了戏剧媒介对效应的决定性影响，而在本质上却揭示出戏剧这一体裁的物质性，以及现代戏剧去物质化（das Dematerialisierende）的发展倾向，这亦是在历史与当下、永恒与瞬间的辩证关系中，对戏剧在理性要求之下的非理性表达方式和美学理念的反思与揭示。

现代戏剧并非历史发展的直接产物，也不依赖历史实现其体裁意义。因此，卢卡奇称现代戏剧为"新"戏剧，意指现代戏剧不仅是在时间上独属于当下的体裁尝试，亦在艺术类型的逻辑发展维度区别于既有的一切戏剧类型，呈现出对宗教的脱离与回溯。卢卡奇将现代戏剧这种不寄希望于历史的存在状况称为"知觉的绝望"（das Hoffnungslose der Bewußtheit），意味着现代戏剧既非历史产物，历史亦不足以成为现代戏剧实现价值的依托，而"绝望"这一表述也暗示着这一体裁的形

---

1 Georg Lukács. *Die Entwicklungsgeschichte des modernen Dramas*, Darmstadt und Neuwied: Hermann Luchterhand Verlag GmbH., 1981, S. 55.

而上学性质并不能真正实现。现代戏剧自身的悖论是一个"关于持存的问题（das Problem des Bestehenden）"[1]，这便将现代戏剧从实际的剧场和舞台中释放出来，从具体的时间和空间中提升出来。这一体裁由此不仅进一步实现了独特性，甚至成为一种理念被置于形而上学范畴。

以戏剧舞台为空间和发生场所的戏剧，与观众的正面交锋是其形式特征，这一特征也一度使戏剧成为市民文化的象征。现代戏剧则以一种构想和愿望的形式在戏剧舞台之前就预先存在，因而具象的舞台虽然仍是现代戏剧的条件，却不再能满足现代戏剧的效应要求。而这不仅是戏剧的要求，亦是观众的倾向。由此，书本与小剧场（das intime Theater）成为现代戏剧的特殊媒介，戏剧与剧场正式分离，书本戏剧（Buchdrama）与小剧场戏剧出现。这种分离符合现代社会主体对世界认知的需求，即对本质的认知。戏剧曾经具有的道德性教化作用和延续自宗教的心灵统摄功能，均早已被现代社会多元化、原子化的现状瓦解而流落形式。"道德化产物（Das Moralisieren）就形式而言是如此智性化，以至于它在具体事例中的显现（In-Erscheinung-Treten）只是包裹着道德的例子，只是以'道德'寓教的寓言。"[2]由于道德充当了形式，艺术性反而受到排挤。但是诉诸内容同样不可取，因为戏剧的封闭性使其内容本身在源头和效应上都不与日常生活和主体经验直接相关，且艺术性并不符合现代戏剧的理性要求，而是一种以情感为媒介，以非理性为导向的美学特性。由此，唯有抽象剧场才能在现代戏剧的需求中使戏剧联系主体，成为接受者直观本质的"舞台"。与对戏剧创作时重

---

1 Georg Lukács. *Die Entwicklungsgeschichte des modernen Dramas*, Darmstadt und Neuwied: Hermann Luchterhand Verlag GmbH., 1981, S. 55.

2 Georg Lukács. *Die Entwicklungsgeschichte des modernen Dramas*, Darmstadt und Neuwied: Hermann Luchterhand Verlag GmbH., 1981, S. 57.

回世界观的逻辑路径一致，卢卡奇再次回归形而上学。

　　"'本质'是不能依赖单纯的历史来展现的，如果没有对单个事实的综合以及从中得出的抽象，我们不可能接近本质。因为这个抽象即使在方法上，也一直是很随意的。这意味着它的合目的性、基于它自身基础之上的整体秩序，以及它和其他整体的区别，都不会被现实证明。"[1]戏剧由此向一种内在的非戏剧发展，以此为宗旨的现代戏剧违背了，或者说超越了传统意义上的戏剧，成为理性要求之下产生的现代体裁。甚至伴随着书本戏剧的产生，大众效应都退居智性之后，本质成为现代戏剧所传递的主要内容。现代戏剧由此产生去物质化、以分析取代象征、智性－贵族的排他性三个特征，而这三者均以理性为旗帜，使现代戏剧步入非理性之中，由此在进一步消解其普遍性与统一性追求的基础上，加剧其内向性与自成一体的封闭性。智性－贵族的排他性亦成为卢卡奇批判精英文化与资产阶级审美文化的基础。

　　书本戏剧直接放弃了大众效应而以个体为作用对象，由此，"纯粹个体取代了普遍性，分化取代了原始，内在情感取代了永垂不朽，智性取代了感性，缓慢的校准取代了猛烈的直接性"[2]。智性的文化占据了社会的主导，曾经以激烈的形式出现于戏剧高潮的冲突也演变为内在冷静的矛盾。小剧场戏剧则加剧了大众的划分与精英阶层的净化，能打动小部分群体的戏剧背离了普遍性的要求，以小群体为对象的戏剧亦打破了完整性特征。卢卡奇在《小说理论》中感叹现代社会是史诗不再的社会，是仅能以小说充当史诗的时代。而以现代戏剧形式为主导的现代

1　Georg Lukács. *Die Entwicklungsgeschichte des modernen Dramas*, Darmstadt und Neuwied: Hermann Luchterhand Verlag GmbH., 1981, S. 53.

2　Georg Lukács. *Die Entwicklungsgeschichte des modernen Dramas*, Darmstadt und Neuwied: Hermann Luchterhand Verlag GmbH., 1981, S. 62.

社会，戏剧同样以"消亡中"的形式回答着其持存性的问题。以曾经的戏剧虽然在内容中携带着具有宗教性的、非理性的狂热，在效应中裹挟着纯粹普遍的人类类本质情感共性，但它所带来的精神净化，以及基于普遍情感所产生的交互性与人际联系，在本质上是人类社会理性思想产生的基础，也是辩证唯物主义思想的最广泛群众基础。相反，以理性为目标的现代戏剧，在西方理性主义思潮之下，以超出普遍大众的理性作为戏剧发展的统治力量，以被建构的智性控制了戏剧自身的发展，甚至戏剧人物，无论是承载着发展情节使命的关键人物，还是充当情节背景的小人物，都以不同的方式象征着现代命运无可抗争的强大力量，即以主体为工具的理性思想，以及以总体分裂为代价的个人主义主体性的张扬。

可见，卢卡奇在现代戏剧理论中，已经开启了他在陀思妥耶夫斯基转向中所专注的理性与非理性、反理性的反思与辨析。西方理性主义思潮并未为主体带来智性的救赎与主体性的解放，而是以非理性的方式将主体完全陷于物化现实当中，这实际加剧了二元对立，将主体作为个体孤立于群体，孤立于存在。当现代戏剧发展的诉求日渐消除可听、可见、可感而不可定义的一切元素，当基于科学的把一切归于量的逻辑逐渐取代艺术与审美而试图回答人类生存问题时，便如胡塞尔所言，欧洲科学出现了危机，现代戏剧走向其"悲剧命运"。

第三节　戏剧不再的时代：戏剧诗学

对理性的追求消解了主体及其主体性价值，卢卡奇与 20 世纪初期欧洲大批知识分子一同拒斥理性化的资本主义社会及其冷酷的非人性特征。他强调心灵才是真正的现实，是本真的存在，环境（Milieu）则为主体提供了感受某种纯粹自发行为是什么、将主体置于这一环境的因素是什么，以及这一因素的效应是什么的前提："环境将人置入模式，但是仅凭环境也做不到这点。因为产生于这一环境的联结系统如此宏大而繁杂，以至于它想要的向心力再次离心，形式更加分裂而难以相互关联。"[1] 环境由此成为一种无法实现，或者说在逻辑上相反的构想，就如同现代戏剧在卢卡奇早年的艺术哲学思想发展史中，在其戏剧理论体系的内容中，只是以其客观存在的具体戏剧形态谕示现代戏剧存在之合法性缺失的事件。

现代戏剧作为一种戏剧类型是不存在的，但在《现代戏剧发展史》中卢卡奇却断言："即便产生基础是成问题的，历史仍已不言而喻地表明现代戏剧的存在，因为这是已被证明的，这种戏剧和一切旧戏剧在原则上都是不一样的。"[2] 而这一论断本质上却指向卢卡奇对现代戏剧形

1　Georg Lukács. *Die Entwicklungsgeschichte des modernen Dramas*, Darmstadt und Neuwied: Hermann Luchterhand Verlag GmbH., 1981, S. 125.

2　Georg Lukács. *Die Entwicklungsgeschichte des modernen Dramas*, Darmstadt und Neuwied: Hermann Luchterhand Verlag GmbH., 1981, S. 132.

式，如书本戏剧和小剧场戏剧中偶然现象的看法，以及这些现象在戏剧必然性理想中所发挥的功能，即一种形式上的假设："在诗人看来，这个生活进程的宏大形而上学必然性通过戏剧得到澄清，其中戏剧只不过是一种微小的、偶然的彰显。而具体的必然性，即事实和事实之间实际的强制性联结，常常掩盖了那个宏大的必然性。"[1] 即是说，个体性的、发生于单个个体身上的事件是统一必然性的假设，是普遍性的面纱。这一切都仅仅是形式上的，其本质是偶然性的表征。在这些形而上学的必然性中，没有永恒且普遍的内容。这意味着这些个体性偶然事件的作用并非直接召唤情感，或使情感升华至质性范畴，而在于以心理效应影响并征服意志。换言之，现代戏剧这一形式上的假设存在的意义便是为了被剥离，这一面纱的效应便在于将面纱之下的价值标识出来，并召唤主体揭下面纱。这便是卢卡奇基于戏剧史坚持表示现代戏剧存在的实际意指，这也使他在对自然主义的批判中为戏剧的现代发展留下了足够的余地，甚至提出现代戏剧可以从自然主义戏剧形式中汲取技法。

卢卡奇在《现代戏剧发展史》中，时常称剧作家为"诗人"（Dichter），而他早期的体裁论中并未涉及诗论。在他看来："所有的艺术都只能抒情地、通过人们的心灵以及那些给心灵赋形的效应来表现效应。它们也有可能被完全抽象地传达出来，那么对这一形而上学现象的补足和想象，则倚仗接受者的思考和幻想（Phantasie）。"[2] 这意味着"诗人"并非仅仅承担着艺术作品创作者的功能，他实际扮演着生活中主体的角色。换言之，对卢卡奇而言，诗是他理想中的生活，它已经

1　Georg Lukács. *Die Entwicklungsgeschichte des modernen Dramas*, Darmstadt und Neuwied: Hermann Luchterhand Verlag GmbH., 1981, S. 128.

2　Georg Lukács. *Die Entwicklungsgeschichte des modernen Dramas*, Darmstadt und Neuwied: Hermann Luchterhand Verlag GmbH., 1981, S. 21.

超出了，或从未属于过体裁，而是作为一条生命之流，贯穿了一切他以体裁为形式的理论思想。

一、装饰性：自然主义风格的象征作用

在自然主义戏剧中，人类成为彼此命运的象征。这是现代戏剧语境下每一个个体都成为他者命运的结果，自然主义则将这一现象作为其形式技法的基础，借此呈现属于戏剧的命运及其必然性。借助自然主义戏剧，卢卡奇提出了环境这一概念并解释道："在这个环境中没有什么东西仅是实在的，没有什么东西，它的意义不是只从和它有所关涉的东西那里得到的，然而它的实在性还是恰好给了它建构的力量。"[1]这意味着环境的意义在于它与主体之间存在相互关系，而环境的功能则在于它能使主体意识到并运用这一关系。可见卢卡奇不仅是通过环境强调了戏剧发生的场景，更是揭示了能召唤主体性的客观状况及其必然性。"即便是在一切外在状况及其相互之间的关系中……必然性的模式也已经自在自为地显现。而这只在形式上是抽象，也只在和人类灵魂的关系中才是命运，也只有在戏剧的事后分析中才能作为一个整体。"[2]可见卢卡奇借助自然主义想要解决的是戏剧形式的功能问题，借此阐明这一功能如何实现装饰性与象征性的有机融合。

通过对书本戏剧与小剧场戏剧形式和效应特征的分析，卢卡奇实际上批判了剧场与舞台的分离，以及精英群体与大众的分离。戏剧以感性必然性为追求，以具有普遍性的大众情感为实现戏剧效应的前提。然

1　Georg Lukács. *Die Entwicklungsgeschichte des modernen Dramas*, Darmstadt und Neuwied: Hermann Luchterhand Verlag GmbH., 1981, S. 125.

2　Georg Lukács. *Die Entwicklungsgeschichte des modernen Dramas*, Darmstadt und Neuwied: Hermann Luchterhand Verlag GmbH., 1981, S. 124-125.

而这一对戏剧本质的理论分析与现代社会的戏剧要求已经不相适宜。书本戏剧与小剧场戏剧虽然仍是顺应戏剧本质与发展趋势，以现实基础与大众实际需求为导向的现代的戏剧样式，其内容与体裁特征却已偏离卢卡奇对现代戏剧的要求，无法满足戏剧的必然性与整体性。以环境为基础架构戏剧并安置戏剧人物的做法，以分裂形式为代价分散了戏剧的力量，使之定点、定向地产生戏剧效应。这意味着这两种戏剧类型虽然均产生并发展于现代社会中，却以其自身质性特征证明了现代戏剧这一体裁之存在的合法性危机。

卢卡奇并不否认现代社会的流动性与碎片化，但仍坚持在流变中存在且应当存在一种永恒不变的"模式"（Schema）。在戏剧中，这一模式被他笼统地表述为戏剧表达的模式。这种模式代表了一种必然性，而在现代戏剧发展的语境中，这一必然性只能是形式上的。换言之，这是一种形式模式，它以自然主义的形式技法为基础。卢卡奇曾对戏剧发展史上伟大剧作家忽视新戏剧的技法进行批判，他认为："他们的作品集相对于那些所谓伟大的、具有普遍性的作品并没有很大突破，这些作品仍是单个唯美主义者的实验品。"[1] 对戏剧非时代永恒性的追求虽然的确是艺术创作中最为深刻的问题之一，但在纯粹永恒性无法解决当代生活问题的现代，形式及其象征性便在双重否定的意义上，使无法仅凭形式获得解答，又无法直接凭借内容进行塑造的困境得到解答。自然主义的形式技法使戏剧重新回归大众，使感性普遍性重新支撑起戏剧所要求的大众效应。

卢卡奇视自然主义为"创作一种逐字逐句以字面意思进行理解的

1　Georg Lukács. *Die Entwicklungsgeschichte des modernen Dramas*, Darmstadt und Neuwied: Hermann Luchterhand Verlag GmbH., 1981, S. 279.

当下戏剧的尝试”[1]，这是以形式直接作为主体得以直观的现象，以此奠定戏剧效应的尝试。在自然主义戏剧中，当每一个人都成为他者命运的象征，“他们面对彼此的重要时刻就是产生于模式的线性系统中的节点，这一节点缔造的必然性便制造出命运关系中重要的装饰品……新的生活情感通过它在人类状况中变得稠密的激情而象征化……抽象给了象征的状况一个新的象征，为从此至彼的道路赋予了新的节奏。”[2] 以形式塑造为戏剧创作的首要条件意味着将装饰性这一审美元素视为戏剧存在的合法性前提，这便以远离日常生活及其现实性为基础，向着以美学为目标的形而上学范畴发展。而在这一形式追求中对象征性的要求，则以对形式的装饰性这一美学要素的背离为前提，重新回到对日常生活及其现实性的反应当中。由此，自然主义便以否定之否定的对现实的双重否定性成为现代戏剧必不可少的体裁基础。不仅如此，与现实主义戏剧相对照，自然主义戏剧自身已经在忠实于自然描写的表述方式中成为对社会现实和统治的反抗，而其形式模式中所蕴含的象征性，使其发挥出与现实主义具有同样效应的双重反映功能。

“这也许是进行了一个试验，这个以极其多样的方式被分解的质料必须在一些更重要的地方重新汇聚，至于这一瞬间是上述部分如何浓缩而成的，则只是简略地在过程中被提及。每一个这样的瞬间都是个体命运的世界历史化（Welthistorischwerden）。在一个装饰中，一个伟大的、超越了人性的进程与人的命运，即生活关系整体的凝聚，秘密相遇。因为只有它观赏性、装饰性的力量才能在此产生象征之物；只有一

1　Georg Lukács. *Die Entwicklungsgeschichte des modernen Dramas*, Darmstadt und Neuwied: Hermann Luchterhand Verlag GmbH., 1981, S. 279.

2　Georg Lukács. *Die Entwicklungsgeschichte des modernen Dramas*, Darmstadt und Neuwied: Hermann Luchterhand Verlag GmbH., 1981, S. 127.

个如此强的装饰性力量才能呈现一切姿态与际遇之总和，被抽象之物则只在对内容进行解释的要求之下才是必需的。"[1]这意味着象征之物本身成了意义的终点。它既已成为某一种象征，并表达着象征意义，便不会有其他任何意义得以附加于象征意义之上。自然主义形式模式中的象征性，反而成为在瞬息万变的现代性当中，能使意义短暂停留的栖息之处。

卢卡奇对自然主义的批判在内容上是对现实主义戏剧反映能力的追求，在本质上揭示的则是伦理问题。"从某个确定的开端开始，一个既定的伦理是诗人和观众的共同前提。"[2]若并无既定的伦理，那么便需要在戏剧中创造一种伦理，使之在提供审美功能的同时能够成为艺术创作的动机。现代戏剧是戏剧体裁发展的历程，具体而言，这一历程便是自然主义戏剧。作为一个过渡（Übergang），自然主义戏剧既是不可避免的，也是必不可少的。而在以文学史为统领的体裁研究方法论中，卢卡奇的戏剧体裁论在实质上是一部自然主义戏剧研究成果。无论是在一开始对戏剧与现代戏剧的概念性阐释，还是针对戏剧演出与创作的舞台、媒介、社会现实等元素的揭示，抑或是其中基于不同国别、地区、作家作品，对形式、风格、典型、效应的分析，卢卡奇最终都将其戏剧理论的基质归于自然主义，一方面彰显其极具特性的风格化细节描写，另一方面则以其作为过渡的阶段性特征为批判基础，对具有净化意义的古典悲剧崇高精神与具有反应效用的现实主义戏剧批判精神提出综合统一的要求。在这个意义上，基于卢卡奇"发展史"的戏剧研究定位，自

---

1 Georg Lukács. *Die Entwicklungsgeschichte des modernen Dramas*, Darmstadt und Neuwied: Hermann Luchterhand Verlag GmbH., 1981, S. 128.

2 Georg Lukács. *Die Entwicklungsgeschichte des modernen Dramas*, Darmstadt und Neuwied: Hermann Luchterhand Verlag GmbH., 1981, S. 122.

然主义毫无疑问是其戏剧体裁论的核心，亦反映出卢卡奇早期区别于马克思主义美学思想的悖论性艺术哲学观。

二、偶然形式：倾向戏剧的阐释边界

自然主义源于某一个诗人对其生活的热爱，他将这种基于宗教狂热产生的审美体验与感受的对象视为美的极致。由此，一切艺术便都以此为追求，并在追求的过程中将艺术家自己的艺术幻想加入其中，所谓的自然主义由此产生。[1] 自然主义以描写与机械复制为形式技法，这既包含对环境的忠实复刻，亦包含对对话的诚挚表达。因为在自然主义艺术家看来，对话便是生活的形式，文字则是作品的质料，是生活的表达。他们无法创造某种生活，而只能去象征它。[2] 可见自然主义的根源在于某一个人对某一处景致在某一瞬间产生的审美体验，因而自然主义戏剧便具有如下两个特征：其一，对自然的崇尚；其二，对直观的依赖。而这一形式技法虽然在一定程度上扭转了浪漫主义戏剧的理想化与主观化，但由于对"第四堵墙"的强调，以及对于作品"实事求是"表达的"消极"主观态度[3]，自然主义虽然为戏剧脱离为艺术而艺术提供了一种新风格，但它亦间接承认了本体与喻体、主体与客体之间天然的界限。

1　参见 Georg Lukács. *Die Entwicklungsgeschichte des modernen Dramas*, Darmstadt und Neuwied: Hermann Luchterhand Verlag GmbH., 1981, S. 309。

2　参见 Georg Lukács. *Die Entwicklungsgeschichte des modernen Dramas*, Darmstadt und Neuwied: Hermann Luchterhand Verlag GmbH., 1981, S. 335。

3　区别于现实主义戏剧中有选择地且精致地再现生活，并以塑造典型作为表达主体态度与观点的方式，自然主义戏剧以忠实且不加拣选地呈现内容为宗旨，主体及其批判性在此发挥着被动的作用。

卢卡奇重视左拉[1]提出的自然主义戏剧创作原则，亦崇尚易卜生对自然主义戏剧的发展与创作实践，但他更赞同奥日埃[2]、小仲马[3]等法国戏剧家的观点，即戏剧应当内含教育性内容（Erziehung）："他们（上述法国戏剧家——笔者注）指出其（浪漫主义戏剧——笔者注）中必须避免的缺陷，他们将人物典范描绘为榜样；他们冲破旧俗，却维护其中仍持续有效之物……"[4]对于这些戏剧家而言，戏剧更像他们的布道台，是他们宣扬自身批判思想与反抗精神的场所。卢卡奇揭示出其戏剧创作思想并指出："新的是他们的决心，是他们对时代的意图。"[5]这种"新"便是现代戏剧中真正具有"现代"意义的地方。在法国倾向戏剧（Tendenzdrama）之前，浪漫主义戏剧家并不关注戏剧中的倾向，或者他们只关注更为普遍的且远离实践的倾向，他们解决问题的方式和行为也先于客观实践而出现。由此，倾向戏剧不仅在戏剧意图上将现代戏剧的发展由自然主义的形式追求向前推进到对实际问题的解决以及对大众

1　爱弥尔·爱德华·夏尔·安东尼·左拉（Émile Édouard Charles Antoine Zola，1840—1902），法国自然主义小说家和理论家，自然主义文学流派创始人与领袖。

2　奥日埃（Guillaume Victor Emile Augier，1820—1889），法国剧作家，生于资产阶级家庭，最初写韵文剧，作品如《女冒险家》；后改写论说文剧，有《普阿里埃先生的女婿》《奥林布的婚姻》等作品。他以资产阶级道德观点描写社会风俗和家庭生活，是法国风俗喜剧的代表作家。

3　亚历山大·仲马（Alexandre Dumas. fils，1824—1895）是法国著名小说家大仲马任奥尔良公爵秘书处的文书抄写员时，与一女裁缝所生的私生子，因与其父重名而被称为小仲马。代表著作有《茶花女》，以及剧本《半上流社会》《金钱问题》《私生子》《放荡的父亲》《欧勃雷夫人的见解》《阿尔米斯先生》《福朗西雍》《克洛德妻子》等。

4　Georg Lukács. *Die Entwicklungsgeschichte des modernen Dramas*, Darmstadt und Neuwied: Hermann Luchterhand Verlag GmbH., 1981, S. 181.

5　Georg Lukács. *Die Entwicklungsgeschichte des modernen Dramas*, Darmstadt und Neuwied: Hermann Luchterhand Verlag GmbH., 1981, S. 181.

的引导之中，更在主观世界与客观世界的二元对立中对戏剧内涵的持续意义进行追求，这便在纯粹凸显矛盾对立双方、凸显悲剧命运无可抵抗的统摄力量的传统戏剧的基础上，将超越时代的永恒意义以及批判时代的辩证发展价值融入了戏剧创作。法国倾向戏剧由此成为卢卡奇心目中现代戏剧的最早形态。[1]

在《马克思与恩格斯论文学与艺术》（*Marx and Engels on Literature and Art*）中，倾向文学是主要论题之一。恩格斯重视倾向性小说中的现实主义，因为其中或多或少地呈现出一种隐秘的反政府思想[2]，这是倾向文学既区别于自然主义"机械"照搬以建构戏剧环境，提倡以科学研究为戏剧创作与接受的基本方法的戏剧创作，亦不同于批判现实主义研究客观精致地再现生活，以塑造典型环境中的典型人物为具体途径的独特之处。倾向文学隐晦却明确地呈现对现实的反思，并由此表达批判精神。反抗性表现出主体性，隐秘性则揭示出这一反抗的象征意义。这一特征使得倾向戏剧在法国脱颖而出，在卢卡奇在对自然主义形式技法的吸收中，成为从戏剧内容与表达方式层面为其提供范式的戏剧类型。相比于恩格斯所概括的反政府倾向，卢卡奇更重视戏剧家将自身经历状况及其对社会的反思以象征性、隐喻性的方式寄予戏剧人物，以此隐秘地表达其个体性思想的这种戏剧尝试，例如玛格丽特[3]希望社会对非婚生子的种种限制总有一天会被打破，非婚生子也能在社会上获得与婚生子一样的地位和待遇这一理想，便可视作小仲马自身命运的深刻反映，玛

1　参见 Georg Lukács. *Die Entwicklungsgeschichte des modernen Dramas*, Darmstadt und Neuwied: Hermann Luchterhand Verlag GmbH., 1981。

2　参见 Lee Baxandall and Stefan Morawski. *Marx and Engels on Literature and Art*, St. Louis/Milwaukee: Telos Press., 1973, p. 119。

3　亚历山大·仲马（Alexandre Dumas. fils）《茶花女》的女主角。

格丽特的心声也许也正是小仲马的呼喊。[1]卢卡奇认同小仲马的观点，即戏剧如果没有目标，它就只是宣告某些理念和观点存在的一种途径，与浪漫主义所追求的"为艺术而艺术"同样空泛且抽象。换言之，没有明确且具有实践作用和道德规训意义的作品是病态且濒死的。这意味着一种合格的、合法的现代戏剧既需要具备象征意义的形式，同时应当具有在意图上弱于批判现实主义，在倾向上明确于自然主义的批判意图。

反抗性观点和思想的隐秘性成为倾向戏剧对自然主义之形式象征性的发展，以及现实主义批判反映功能的基础。法国倾向戏剧中婚姻关系是最普遍的题材之一，在具体内容方面，作为婚姻基础的双方相互之爱，以及不相配的不幸婚姻中的通奸、复仇、非婚生子等，为倾向戏剧提供了象征和隐喻的素材。这一题材在内容上一方面以爱为基础，从主体的主观范畴寻找主体间联通、合作乃至构建总体性的质性元素，另一方面以内向性的情感为媒介，通过主体的自我表达，呈现个体与群体、个体与社会的矛盾冲突。这一题材亦颇具有代表性地揭示出倾向戏剧的阐释边界，即以戏剧人物代替创作者面向戏剧环境进行发声、这种主体借助戏剧进行表达的倾向性。阐释的范围不会超过戏剧人物的认知范围，而阐释的内涵亦不会限制在戏剧人物自身，而是深入创作者的创作意图及其主观范畴。这意味着这一阐释边界在本质上是对内容与形式之间明确界限的消解，是以内容表现形式、以形式深化内容的综合体。隐秘的主观表达和意图的倾向，将自然主义在形式技法上付出的努力内向指向情节所蕴含的象征性，对象征对象及其内在含义的接受便成为主体通过戏剧情节直观本质的前提。现象学方法之下的审美在法国倾向戏剧

1　参见 Georg Lukács. *Die Entwicklungsgeschichte des modernen Dramas*, Darmstadt und Neuwied: Hermann Luchterhand Verlag GmbH., 1981, S. 184。

中发挥出实践性，对倾向戏剧的借鉴亦成为卢卡奇早期通过戏剧理论开启现象学美学研究的源头。

法国倾向戏剧为现代戏剧带来了启示，其倾向性虽然显现出对现实的反映，但缺乏深刻的哲学反思，刻意的实用性与精美的戏剧效果使戏剧的实际内容成为装饰。这也是卢卡奇批判匈牙利戏剧发展中没有出现现代戏剧的根本。换言之，倾向戏剧在将形式技法用于内容塑造的过程中，却实际上使内容形式化而吞噬了戏剧形式的整体性。理性要求下无法产生具有大众效应的现代戏剧，追求形式的自然主义戏剧又过于忽视创作者的主观意图，倾向戏剧虽然在一定程度上为戏剧阐释提供了边界，即一种教化倾向，但亦模糊了内容与形式的边界，使戏剧成为创作者自身的个人投射，这样的戏剧最终仍然无法实现现代戏剧的构想。为了适应现代主体的存在状况以及剧作家创作戏剧的诉求和观众接受戏剧的实际现状，自由舞台（freie Bühne）进入了卢卡奇的理论视野，而这也成为他最终为现代戏剧理论写下结语的通关之钥。

三、戏剧诗学：自由剧场与行吟诗人

现代的剧作家与诗人都意识到，在过去的戏剧创作、表现和舞台的框架之下无法产生新的戏剧，必须产生一种崭新之物作为基础，才不会使迄今为止全部的诗和戏剧实验完全失去意义。不同于在戏剧体裁之中由戏剧到剧本再到书本戏剧的倾向，一种新式的戏剧舞台在书本戏剧与小剧场戏剧这种现代戏剧实验性的尝试中成为需求。成立于 1887 年的法国自由剧场（Théâtre-Libre）以独立、私人剧院为主要形式，迅速成为自然主义戏剧的实践场所。其创始人安托万[1] 受左拉影响，尤为重

1　安德烈·安托万（André Antoine，1858—1943），法国戏剧评论家、导演，自然主义戏剧先驱。

视环境的作用。他相信环境能塑造人物及其行为，并由此尝试创造出能重视反映真实生活的一切视角的舞台，同时引入易卜生、托尔斯泰、斯特林堡[1]等剧作家的戏剧作品。安托万自由剧场的创建，不仅直接推动了法国自然主义戏剧、倾向戏剧的发展，亦为德国自由舞台和英国独立剧院提供了范例。成立于 1889 年以勃拉姆[2]为先驱的德国自由舞台与法国自由剧场一样，仅为剧场的资助方进行小规模的戏剧演出。这一尝试相比于法国，成就更为显著，以至于其戏剧演出形式被商业剧院吸收，其他私人剧院和业余剧团亦从此相继出现于柏林。对于这两种看似相近的现代戏剧舞台建构实验，卢卡奇认为："安托万的实验相比具有强烈党派特征的勃拉姆而言，更加绚丽多彩、令人喜爱，且具有形式上的艺术性。"[3]自由剧场更重视表演艺术，自由舞台则更关注文学意图。安托万希望通过自由剧场对新生戏剧创作力量进行教化，将法国戏剧艺术从传统的桎梏中解放出来，使更多的人能进入戏剧这一领域；勃拉姆则关注戏剧学（Dramaturgie），他不从戏剧内在核心反思戏剧表达的途径，而是以戏剧表演作为其自由舞台的关注对象。而他所运用的戏剧观点和戏剧技法，仍是法国自然主义戏剧的主要内容。因而卢卡奇认为勃拉姆是教条化的，是片面的，即便在他的激发之下德国社会其他戏剧团体相继出现。卢卡奇所重视的是戏剧创作中具有文学性的内在修养，是理论中具有诗意的主观表达，而他的现代戏剧理论实际上是一种"诗

1　奥古斯特·斯特林堡（August Strindberg，1849—1912），瑞典天才作家、剧作家、画家。瑞典现代文学的奠基人，世界现代戏剧之父。

2　奥托·勃拉姆（Otto Brahm，1856—1912），德国戏剧家、评论家、导演，其作品因准确和现实性闻名。

3　Georg Lukács. *Die Entwicklungsgeschichte des modernen Dramas*, Darmstadt und Neuwied: Hermann Luchterhand Verlag GmbH., 1981, S. 328.

学"，现代戏剧创作的技法则是一种无意识的象征（die unwillkürliche Symbolisierung）。

以诗学抒写戏剧理论并非卢卡奇首创，亚里士多德的《诗学》便是极具代表性的范例。受到卢卡奇极高评价的易卜生，亦以诗人自居。他的"自审诗学"发展了亚里士多德的模仿论，又呈现出克尔凯郭尔生存哲学的核心要义。在易卜生看来，戏剧创作的本质是自我审判，即对自我的灵魂、行为、作品等进行审视；其直接目的是净化心灵，终极目标是实现每一个个体的自由和高贵。[1] 由此，如果说亚里士多德在《诗学》中提出艺术作品产生于对现实的模仿，那么在易卜生的"自审诗学"中，戏剧则产生于对自省心灵的模仿。戏剧作品既是通过相互之间存在矛盾冲突的人物形象所构建起来的叙事作品，亦是对实现精神解放与心灵净化、实现真正自由这一价值观的宣扬。而这与卢卡奇早期体裁论的目标具有深刻的逻辑一致性。

卢卡奇的戏剧诗学具体体现为两个方面。首先，现代戏剧中应当蕴含激发主体进行反思的情感倾向。他早年深受诗人奥第[2]的影响，其诗歌当中的革命性和批判力量是他现实主义思想的来源之一。忘年之交恩斯特[3]的戏剧作品与戏剧理论则使卢卡奇看到戏剧当中直接表现诗性所带来的高于批判本身的强烈批判性。这成为他写作《悲剧的形而上学》的直接灵感来源，亦成为他在戏剧理论中看到诗学及其影响力的关键。在《现代戏剧发展史》中，卢卡奇频繁地以"诗人"称呼戏剧创作者，

---

1 参见汪余礼：《易卜生的"自审诗学"及其当代意义》，载于《戏剧》，2020 年第 6 期。

2 奥第·安德烈（Ady Endre，1877—1919），匈牙利 20 世纪最伟大的抒情诗人，代表作如诗集《再来一次》（*Meg egyszer*，1903）。

3 保尔·恩斯特（Paul Ernst，1866—1933），德国新古典主义诗人、剧作家。

其动机并不在于从现代戏剧的具体尝试中揭示某种诗性的格律性表述，而是要以诗性的感性体验，通过具体而细致入微的对戏剧人物经历的体验与自身灵魂相联系，由此形成的作为艺术创作和接受前提的经验现实，才能引导创作者与接受者揭示人的性格命运。卢卡奇认为戏剧的本质在于大众效应，而这种大众效应便是一种情感而非理性，是一种感性无意识而非科学判断。戏剧的创作与接受机制由此恰好与戏剧形式及其象征性意义一致，卢卡奇的戏剧理论由此实现了首尾相接的逻辑闭环。

其次，反思的动机与目标应当在哲学维度回归主体的生存困境，从形而上学范畴实现主体间的伦理共通。当戏剧家"成为"诗人，戏剧便有了诗的效用，戏剧理论由此在对 20 世纪之前西方代表性戏剧进行分析与阐释的基础上，承担起洞察人性、批判丑恶、审视人类处境与命运的伦理功能。卢卡奇批判匈牙利现代戏剧，认为戏剧家虽然在创作手法上受到法国戏剧的影响，大多数戏剧作品同时包含内容和形式两种发展的可能性，但这仅能体现戏剧家个人的天赋，难以在戏剧作品的审美效应中实现普遍性与共通感，难以表达意图。他将产生这一现象的原因归结为匈牙利特殊的社会历史与文化背景："匈牙利从来就没有哲学文化——最多只有零散而孤独的伟大思想家。但真正的戏剧只能在思想文化的基础上产生。"[1] 产生于现代社会客观现实，最终又回到对日常生活的思考，这是他对现代戏剧的要求，也是他审视匈牙利戏剧的原则和标准。"戏剧、悲剧必不可少的前提是关于深刻而'抽象的'经历对生活的决定作用的感悟，也只有这种经历才能决定生活。"[2] 对本质的直

1　Georg Lukács. *Die Entwicklungsgeschichte des modernen Dramas*, Darmstadt und Neuwied: Hermann Luchterhand Verlag GmbH., 1981, S. 541.

2　Georg Lukács. *Die Entwicklungsgeschichte des modernen Dramas*, Darmstadt und Neuwied: Hermann Luchterhand Verlag GmbH., 1981, S. 541.

观才是戏剧接受的核心，而这一直观的实现是一个伦理问题。史诗中非
常明确的创作方式与机制，到以自然主义为基础的现代戏剧阶段便消失
了。由古典戏剧到书本戏剧，再到小剧场戏剧和自由舞台，戏剧作为一
种群体性活动，其命运力量与戏剧人物之间的悬殊对比，以及戏剧效应
的必然性，随着历史需求与现实状况逐渐使剧场脱离于戏剧本身而作为
一种特殊"建筑"立于戏剧史。戏剧理论最终并未能解决现代戏剧存在
及其可能性问题，却提出了现代戏剧发展及其演变的必然性问题，揭示
出这一过程所反映的主体及其生存问题。

　　《现代戏剧发展史》的完成代表着卢卡奇早年艺术哲学理想的暂
停，而随着第一次世界大战的爆发，他进一步认识到欧洲科学的危机与
理性对人的物化。以形式整体的震撼效应影响人类的艺术被以虚构幻想
为人们提供乌托邦的小说所取代，而这种虚构性超出了象征性的浪漫主
义特色，包含了现实主义的批判意义。

第三章

反理性的理性心灵：

论说文

　　如果说卢卡奇早期的戏剧实践在很大程度上源于他个人的喜好，那么向论说文这一体裁的过渡，则一方面是由于他认识到自己所擅长的并非文学创作，而是哲学思考，另一方面源于日益鲜明的社会分工，以及基于这一社会现状的"新悲剧"式的意义追寻体系。生命哲学思潮、现象学运动以及名噪一时的新康德主义从各方面向卢卡奇输入理论养分，使他认识到文化与文明的对立、心灵与生活的背离是无法解决的，唯有将心灵与形式并置、以碎片化的心灵直观同样破碎的现实时，一种理性的、科学的分析式的连接才将成为可能。

　　卢卡奇在戏剧理论中呈现了一种以形式象征本质及其对象化产物的总体性存在方式，论说文则为他提供了一种以解析为方式对形式进行直接呈现的表达类型，其效应便在于使主体直观地意识到形式所象征的意义，以及象征的内在逻辑。Essay 一词译为中文既可以是"论说文"，亦可以是"散文"，这一体裁便如语言游戏一般，成为碎片化的形式与紫外线一般的本质透视之统一体。"只有散文才能同样有力地包容痛苦和成功、斗争和殊荣、道路和圣典；只有它不受束缚的灵活性及其无节奏的联系，才能以相同的力量遭遇羁绊和自由，遭遇已有的艰难和争得的轻松——它们属于在发现了的意义上从现在起就内在发光的世界。"[1]可以说，论说文是作家解析生活的科学，它直接对生活发问而不借助任何艺术形式，它统筹了碎片化现象对意义的表征，揭示了意义仅能通过象征得以表现这一现实，以及这种表征的可能性机制。这种形式上尤为浪漫且具有非理性形式美学特征的体裁，实际内含着鲜明的理性意义。它不以具体情节与故事内容对读者产生影响，它仅需凭借其体裁的具体

1　卢卡奇：《小说理论》，燕宏远、李怀涛译，北京：商务印书馆，2017 年，第 51 ～ 52 页。

特征便可对现实进行批判。其碎片化的表述形式象征着主体失去总体性的生活，而内容中具有凝聚力的核心意义，则引导着主体从生活中寻回被遗忘的心灵总体。以此为逻辑，卢卡奇借助论说文在理性的社会运行机制、规范、权力法则之中，使主体意识到其自身本应具备的、先于"第二自然"的主体总体性的核心地位，并使之在由资本与生产分工带来的分化中重新获得自在自为的自我认知。在这个意义上，论说文象征着主体精神的唯一性与同一性，它既是卢卡奇为现代社会主体生活赋予的概念，亦成为他建构新的总体所立足的"世界观"。

　　由戏剧理论到论说文理论，卢卡奇早期的思想脉络已然展开。理念终究是不可触及的物自体，而主体的存在需要依赖基于生活的实践，以及基于经验的认知。当古希腊式的完整在现代社会只能成为一种永恒的理念时，对现实的理性认知便成为主体重新获得自我认知的唯一途径。论说文是这一科学认识的适当工具，它确切地表述了一种最深刻的反希腊的思想。但卢卡奇的意图却不仅在于借助分析揭示社会问题，而是通过对论说文这一"工具"理性的再次批判，尝试展开一个以理性为基础的非理性建构，并从中实现概念性的具体总体。在卢卡奇对生活与心灵之间悖论关系的分析中，他对西方 20 世纪初期理性思潮中"非人"这一特征的批判态度逐渐鲜明起来，这也成为他十分尊崇陀思妥耶夫斯基作品中的"新人"，此后过渡至小说理论书写的开端。

第一节　理性的生活世界：非实体性的永恒客体

"碎片"这一概念会进入人们的视线，是因为曾经存在一个完整的总体，而当下它已被破坏。碎片化成了一种既存，它毁灭了曾经的总体，却成为卢卡奇通过论说文理论在理性现实与非理性主体之间、经验和理念之间、生活与心灵之间穿梭，最终借助悲剧重返形而上学并从中实现基于自我认知的普遍性的起点。"论说文是一种艺术种类（Kunstart），对自己的完整生活进行本己的完全塑造。"[1] 论说文是一种"理智诗作"[2]，是一种具有独特指向和叙述逻辑的表述方式，具有感性象征性，呈现非体系性的形式风格。

卢卡奇以诗为其生活形式，论说文则是主体连接生活的姿态。从戏剧理论过渡到论说文理论，这是卢卡奇基于现代社会语境，对艺术从古典主义风格中解放出来重新反思，从中表达出他对原子化、个体化人类生存状况的认知。论说文具有反映、批判碎片化现实的适宜的形式风格，卢卡奇则基于论说文对时代的象征，批判其中柏拉图式的理念动机与体系建构。在这双重否定之下，卢卡奇通过论说文揭示出他对现实的理性分析中主体及其有效性的缺失，理性便实际上意味着物化的客体

1　Georg Lukács. *Werke Band I (1902-1918)*. Herausgegeben von Zsuzsa Bognár, Werner Jung und Antonia Opitz, Bielefeld: Aisthesis Verlag, 2017, S. 212.

2　Georg Lukács. *Werke Band I (1902-1918)*. Herausgegeben von Zsuzsa Bognár, Werner Jung und Antonia Opitz, Bielefeld: Aisthesis Verlag, 2017, S. 212.

性，这是从本质上加剧二元对立而消解主体性的体系建构之路。

对卢卡奇而言，心灵和形式应当是等同的，理性则应当是心灵的基础，是共通感的前提。因而在卢卡奇对论说文理论的书写中，他所实际表达的核心价值是非理性主义。它既源自理性主义，亦是卢卡奇批判理性主义并重申主体主观精神的方法论。卢卡奇以诗性的方式、以论说文为媒介所表达的反理性思想，奠定了他这一时期艺术哲学思想的逻辑基础，成为他反物化思想的浪漫主义脚本。由此，他的论说文正如尼采心目中席勒的合唱歌队："……在自身四周建造起的一道活的围墙，旨在与现实世界完全隔绝开来，以保存其理想根基和诗性自由。"[1]

一、生活世界：哲学性的生活与生活式的哲学

在卢卡奇早期的艺术哲学思想中，生活是主观精神进行对象化的场域，形式是对象化客体存在的基础，心灵总体则是对象化的最终目标。若说客体化明确标识出了二元对立，那么对象化则代表着主体扬弃客体并重新回到自身心灵的主观行为。在这一过程中，主体通过对客体的再次客体化，实现对自身本真生活的回归。对象化由此揭示出卢卡奇早期艺术哲学中的双重否定逻辑，生活本身及主体在体验中通过第一次对象化所形成的经验现实，成为艺术实现主体自我认知的纽带。主体对生活的认知不过是对经验现实的总结，而由于经验现实的个体性，以及主体主观经验的感性特征，主体实际接触到的生活世界是由经验现实编制而成的认知世界。也是在这个意义上，艺术作品具备了在创作者与接受者之间存在、与二者进行交流，甚至能够打破二元对立的主客体关系的主体间性。

1　尼采：《悲剧的诞生》，孙周兴译，北京：商务印书馆，2012年，第56页。

　　客观世界与主体生活的异质性是既存的，在这一时期的卢卡奇眼中，解决二元对立的关键在于主体自身。心灵与形式都属于主观世界，二者分别代表着主观精神的不同存在状态。心灵意味着一种哲学性的生活，形式则代表着一种生活式的哲学。而这一差异实际暗示着二者的同一性，即生活是主体理念和行为的具体体现。就戏剧体裁而言，悲剧的顶点时刻所带来的震撼使心灵与形式的同一性呈现出来，这时，作为对象化产物的客体之客体性在接受者的共通感中消解，主体在悲剧效应中回归心灵。论说文则相反："在论说文作家的作品中，形式变成了命运，变成了创造命运的原则。"[1] 论说文以形式决定了作品的效应，它的生活式哲学成为主体借以反观生活的中介。作为主体基于经验而形成的对生活的认知，经验现实以象征的方式对应客观现实的实际特征，但它并不实际反映现实，而是为主体重构现实提供基础。因而若说论说文家是柏拉图主义者，是批评家，论说文是使形式得以具有洞见性的核心力量，这种透视性和批判性在本质上是主观性的、经验性的、认知性的判断，而非结论："批评家就是在形式中洞察到了命运的人：他们最深刻地体验的心灵内容，也就是形式间接地、不自觉地隐藏在自身中的心灵内容……形式如同直接的现实，是表象的因素，是其作品的真实的活生生的内容。"[2]

　　论说文（Essay）一词亦被翻译为"散文"。"散文性的关系"与"诗的和解"是黑格尔在对古典艺术的分析中基于对立关系所提出的两种调适方法，这两种方法均在卢卡奇论说文思想中留下了踪迹。在戏剧

1　Georg Lukács. *Werke Band I (1902-1918)*. Herausgegeben von Zsuzsa Bognár, Werner Jung und Antonia Opitz, Bielefeld: Aisthesis Verlag, 2017, S. 201.

2　Georg Lukács. *Werke Band I (1902-1918)*. Herausgegeben von Zsuzsa Bognár, Werner Jung und Antonia Opitz, Bielefeld: Aisthesis Verlag, 2017, S. 202.

理论中，卢卡奇借助自然主义形式技法之下装饰性形式的象征意义，解构了古希腊戏剧中的绝对整体。现代戏剧中，戏剧形式的象征效应再次证实了形式与意义已经分离且相互对立，象征关系本身则以否定的方式成为对立双方的关联。然而相比于黑格尔在《美学》中对这一关系的冷静梳理，卢卡奇却显得有些无可奈何。他相信黑格尔所言："古典型艺术的理想……一开始就显出意义与形象，内在的精神个性与它的躯体，都完全融成一片。所以这种完整的统一体中的对立双方如果又分裂开了，那就只能是由于双方不能再共处下去，原来和平的和解关系要变成不团结和敌对的关系了。"[1] 他亦由此提出了古希腊戏剧已经不再存在这一相应观点，且进一步指出形式和意义的对立已无可挽回，消解差异而实现同一在现代社会更是不合时宜。对古典型艺术的分析使卢卡奇更倾向于通过论说文来表达现代社会的时代问题，这亦延续了黑格尔所谓的"散文性的统一"，因其同时包含对立的双方，并使二者有机运作，这种完整的整体性形式成为主体性悖论的唯一解药。

在对古典型艺术解体的论述中，散文化的统一倾向已经被黑格尔揭示出来，主体精神则被视为实现这一统一的决定力量："……在由古典型艺术向浪漫型艺术过渡阶段中所采取的形式里，内容虽然仍是类似象征型艺术所用的那些一般性的思想的抽象概念，意见和出自知解力的格言，但是向对立双方中意义那一方提供内容的却不是这些抽象概念本身，而是在主体意识里，亦即在独立自足的自我意识里存在的那种抽象概念。"[2] 黑格尔意在借此批判罗马艺术中抽象、僵化且违反现实道德的讽刺原则，卢卡奇却更为关注作为讽刺原则产生基础的散文性关系，

1　黑格尔：《美学》（第二卷），朱光潜译，北京：商务印书馆，1996年，第265页。

2　黑格尔：《美学》（第二卷），朱光潜译，北京：商务印书馆，1996年，第265～266页。

以及主体自身的思想和知解力在这一统一过程中的关键作用："精神世界就变成独立自由的已脱离了感性世界，因而就通过这种回返到精神本身的过程，使主体变成了自觉的，只满足于自己内心生活的了"[1]。黑格尔认为："就是在这种情况之下，艺术带来了一种从事思维的精神，一种单凭主体自身的主体，在带有善与道德的认识与意志的抽象智慧中，对当前现实的腐朽持着敌对态度。"[2]卢卡奇的论说文理论中透露出的观点则是，主体这种认识与抽象的智慧，以及作为这一智慧之对象化产物的论说文，恰好理性地对应着现实的种种问题。这种认知正是以现实为基础，在第二次否定之下重回主观精神，完成自我认知，并实现总体性建构。论说文便由此以其双重否定的功能，使主体实现了对心灵的回归。

不仅如此，论说文还以其碎片化的体裁特征，一方面在对客观现实的理性分析中呈现对其总体性破碎的批判，另一方面则在回归心灵而后实现整体性重构的逻辑中，呈现卢卡奇对艺术哲学中理性功能的批判。对卢卡奇而言，论说文近乎"第二自然"在艺术哲学中的象征，是非本真生活的理性写照。他在对散文集的命名中将"心灵"与"形式"并置，实际已表现出第一自然与第二自然的界限逐渐模糊，主体的心灵总体性正在走向形式碎片化的经验现实，而即将被物化为单子一般的客观现实。在这一主导思想之下，通过双重否定的逻辑，卢卡奇一方面致力就论说文的形式及其具有浪漫主义特色的内涵进行美学分析，另一方面则以主观精神的先验性以及生命哲学思潮的非理性倾向，批判论说文所反映的理性社会及其客体性运行机制的非人特征。此时的卢卡奇尚未开

1　黑格尔：《美学》（第二卷），朱光潜译，北京：商务印书馆，1996年，第266页。
2　黑格尔：《美学》（第二卷），朱光潜译，北京：商务印书馆，1996年，第266页。

启对物化的批判，而只是以浪漫主义的方式对资本主义社会关系进行反抗。卢卡奇论说文阶段艺术哲学研究的最终意图仍是实现一种统一，或者说找到一个新的总体。他以论说文存在的可能性为开端，实际思考的是这一新的总体存在的可能性问题。他认识到，为主观世界与客观世界之间的间隔寻求桥梁是不可行也不可取的道路，承认这一间隔的存在却使二元对立问题获得了另一种可能，即黑格尔所言之散文性的关系。卢卡奇将作为与心灵和形式对立面的"生活"区分为"本真生活"（d-a-s Leben）与"经验生活"（das L-e-b-e-n），即哲学性的生活与生活式的哲学，二者分别对应黑格尔在论述美学问题时所提出的理念与经验这两个不同的出发点。本真生活是主体渴望实现却只能一直追寻的意义，经验生活则是主体得以体验的场域。主观世界与客观世界的对立由此被卢卡奇转化为本真生活与经验生活的对立，主观世界与客观世界之间的"间隔"则被"经验现实"取代，成为其论说文理论施展的舞台。

二、柏拉图的永恒："理想国"的解构

在卢卡奇的论说文理论中，"柏拉图"象征着超越生活、情感与艺术的批判性理念，与经验现实和象征着本真生活的"诗"相对立。卢卡奇借用卡斯纳尔（Rudolf Kassner）[1]的观点，称柏拉图主义者为批评家（der Kritiker），称诗人为创造艺术家（der schaffende Künstler）。可以说，对这一时期的卢卡奇而言，生活是一种创造而成的艺术，这一创造过程亦是作品内容的组成部分。批评家和艺术家虽然相互对立，却并不冲突。"真正的诗人类型是缺少思想（Gedanken）的，即便有，那也

1　鲁道夫·卡斯纳尔（Rudolf Kassner，1873—1959），奥地利作家、散文家、翻译家和文化哲学家。

只是质料（Stoffe），是不同的节奏可能性（Rhythmusmöglichkeiten），就仿佛合唱歌队里的声音，相互之间并无不同，也并不表达什么或背负任何义务；诗人无法进行学习，因为他总是完整圆融的。诗人的形式是诗句，是歌；对他而言一切都会融于音乐之中。"[1]恰与之相反："'在柏拉图主义者的心中，总有某种活生生的东西，以至于他永远无法为此找到韵脚'，他将一直对永远不能企及之物抱有永恒的渴望。思想于他也只是原料（Rohstoff），是一条四通八达的道路，然而这条路却意味着他自身的终点，意味着他生命中无法继续碎解的事实，因而虽然他不停前行，却从未实现目标。"[2]诗人从不以思想为其生活的追求或行事的准则，因为他仅在其自身的世界中行事，而其准则亦同样存在于这一世界当中。换言之，因而诗人的世界是完整的，诗人如同一个古老、完整而又充分自足的封闭总体，他既不需要获得多于其自身的任何新鲜元素，亦不需要以发展为目标使其内在元素有机运作起来。他既不在意"我思故我在"，亦不关心"存在先于本质"。他自身就是本质，他的存在不需要以思考为前提，其存在亦不会成为实现本质的前提。柏拉图主义者以一种被卢卡奇称作批评的思想为其永恒的追求。然而理念是遥不可及的，就如同现代社会中主体的总体性已经变得无法想象。看似清醒又世事洞明的柏拉图主义者，却在这个散文化的生活世界中以最理性的方式表达着最不理性的理想。他拥有一双能洞穿一切的理念之眼，可被体验或需要被体验的一切对他而言并无任何作用，因为意义早已给出，它不仅与生活无关，甚至与主体本身无关。柏拉图主义者抛弃了一

1　Georg Lukács. *Werke Band I (1902-1918)*. Herausgegeben von Zsuzsa Bognár, Werner Jung und Antonia Opitz, Bielefeld: Aisthesis Verlag, 2017, S. 214-215.

2　Georg Lukács. *Werke Band I (1902-1918)*. Herausgegeben von Zsuzsa Bognár, Werner Jung und Antonia Opitz, Bielefeld: Aisthesis Verlag, 2017, S. 215.

切属于生活的主观经验，对他来说唯一属于本质的是物自体般颠扑不破的真理。他以之为方向，却永远颠簸在他自己的渴望之中。他身处生活世界却永远望着生活之外的某个方向，二元对立便由此永不得解。

诗人的世界虽然没有发展与未来，但他在当下的瞬间是无比完整的。卢卡奇尤为重视散文化的现代社会中，仅能存在或仅可能存在于主观精神领域的理想中的总体。诗的浪漫主义与脱离现实的理想主义由此成为经验现实的家园，成为他寻求新总体性的生活世界。诗人和柏拉图主义者的对立且互补的关系，还象征着主观世界与客观世界之间的界限。诗人能够凭借音乐[1]一般对现实的双重否定，在情感中寄托他的理想，柏拉图主义者却永远无法获得心灵的丝毫慰藉，因为他追逐理念的这条道路本身已经是尽头，但理念却从未存在于这条道路上。对此，卢卡奇用了一个极具浪漫派特色的比喻进行表述："顶峰与平原的落差日益增大。登顶阿尔卑斯的人遥望峡谷最深处而深感眩晕，那稀薄的空气几乎让他们窒息，但他们早已不可能下山，而山下的人们都还活在几个世纪之前。将山下的人们接引到山顶上以使自己摆脱孤独、获得更多人的支持这一想法同样不能实现，因为通向更高处的唯一途径是一条绝路：它的尽头是致命的孤独。"[2]理性是否当真具有它所宣传的那种救赎的力量，这在卢卡奇的艺术哲学中成为一个不攻自破的假设。"理性主义的效应是危险且具有毁灭性的，它至少在理论上废黜了一切现存价值，而唯有原子式的、无政府主义的情感反应才具有这种反抗的勇

1　参见卢卡奇晚年著作《审美特性》（1963）中关于音乐的章节。卢卡奇视音乐为一种具有双重反映特性的艺术样式。

2　Georg Lukács. *Werke Band I (1902-1918)*. Herausgegeben von Zsuzsa Bognár, Werner Jung und Antonia Opitz, Bielefeld: Aisthesis Verlag, 2017, S. 236.

气。"[1] 认清价值成为毁掉价值的前提，就如同背信弃义成为高度忠诚的基础，理性在主体找寻新的总体性的过程中成为一种反讽。

"柏拉图主义者用散文写作。"[2] 而在与生活的遥遥相望中，散文成为一种危险的体裁。它并不威胁现实，却直接危及主体唯一仅有的、能维持总体存在的精神。诗人总是对手中的质料抱有"失之我命"的恣意态度，他的凝神观思仿佛诗歌开端所用到的起兴手法。他迟早会撑开羽翼扶摇直上，再也不会回望那些他向来视若无物的质料。柏拉图主义者却"总是切近事物，但又总是与它们远隔万里，似乎他能占有它们，而实际上他只能向往它们"[3]。现实世界中，诗人与柏拉图主义者都是游离的无家可归者，但二者的本质区别却在于："诗人的世界是一个人们能生活于其间的绝对世界，而柏拉图主义者的世界则没有任何的实体性。"[4] 没有质料的诗人反而获得了其世界的实体性，以现实事物为追求的柏拉图主义者反而仅剩一个理念的绝对世界，失去了一切生活和经验现实。曾经将诗人逐出理想国的理念，在现代社会却实际解构了"理想国"。

由此，卢卡奇提出了他借用论说文理论所要阐明的核心内容，即思想与艺术的关系，他尝试在生活和心灵、他律与自律，甚至自在与自为等相应的对立关系中，为主体在形式悖论中寻得立锥之地。卢卡奇逐渐

1　Georg Lukács. *Werke Band I (1902-1918)*. Herausgegeben von Zsuzsa Bognár, Werner Jung und Antonia Opitz, Bielefeld: Aisthesis Verlag, 2017, S. 236-237.

2　Georg Lukács. *Werke Band I (1902-1918)*. Herausgegeben von Zsuzsa Bognár, Werner Jung und Antonia Opitz, Bielefeld: Aisthesis Verlag, 2017, S. 214.

3　Georg Lukács. *Werke Band I (1902-1918)*. Herausgegeben von Zsuzsa Bognár, Werner Jung und Antonia Opitz, Bielefeld: Aisthesis Verlag, 2017, S. 214.

4　Georg Lukács. *Werke Band I (1902-1918)*. Herausgegeben von Zsuzsa Bognár, Werner Jung und Antonia Opitz, Bielefeld: Aisthesis Verlag, 2017, S. 214.

意识到，问题的根源并非社会学与美学的矛盾，而在于理性思潮似乎正以一种裹挟式的工具特征，将原本属于主体的主体性产物分化至主体所不能控制甚至无法触及的领域。对于理性的问题，尼采早已做出近乎自嘲的断言："诗歌领域并非在世界之外，作为诗人脑袋里的一个想象的空中楼阁：恰恰相反，它想成为对真理的不加修饰的表达，正因此，它必须摈弃文明人那种所谓的现实性的骗人盛装。这种本真的自然真理把自己装成唯一实在的文明谎言之间的对立，类似于事物的永恒核心（即物自体）与整个世界之间的对立；而且正如悲剧以其形而上学的慰藉指示着在现象不断毁灭之际那个此在核心（Daseinskern）的永生，同样地，萨蒂尔合唱队的象征已然用一个比喻道出了物自体与现象之间的原始关系。"[1]在尝试以论说文联系世界的时期，卢卡奇追寻灵魂的意义，追寻世界的本真，却在接连发生的生活事件中意识到，作为本真的生活与作为经验的生活，在本质上分别处于两个范畴而并不相通，唯有一种以永恒为导向的无限迫近方能使主体在经验生活的无数当下瞬间中，临近本真生活的终极价值。卢卡奇曾在他自己爱与情感的对象身上看到他自己的本质，找到他曾被造物主分开的另外半个自己，但这种转瞬即逝的与自身本质的亲近之感，使其再次质疑主体总体性的可能性。

渴望以其不可实现性获得永恒，而以此为导向的每一个主体行为的瞬间则成为形式的具体体现。主体与对象只能是对立的，无论是在存在维度还是在形式的意义上，实际能实现的仅有同一性，是以永恒为导向的瞬间的同一。"诗人总是谈论自己，他为哪一个对象吟咏倒无关紧要；柏拉图主义者则从不敢明目张胆地思考自己，只能通过别人的作品

1　尼采：《悲剧的诞生》，孙周兴译，北京：商务印书馆，2012年，第61页。

体验自己的生命，通过别人的理解才能更接近自己。"[1]诗人的价值与体验都属于其自身，因而他的生活世界是完整而统一的。柏拉图主义者则需要他者的出现来证明他无法自陈并认同的价值，因而他的生活世界是一对平行时空，二者永不交汇，价值从未存在。柏拉图主义者的永恒渴望是非主体性的，因而在重返主体的过程中，唯有诗人的理想才是获得新的总体性的唯一可能基础。如尼采所言："即便对于悲剧艺术的此种开端，席勒也是对的：合唱歌队乃是一面抵御现实冲击的活墙，因为它……比通常自以为是唯一实在的文明人更真实、更现实、更完整地反映出此在生命。"[2]

三、伊卡洛斯之翼：被撞碎的理性

无论是体裁论研究、海德堡时期美学体系建构尝试，还是晚年以《审美特性》为标志的马克思主义美学体系建立，卢卡奇一直致力在人类思维和行动的体系内为艺术确定一个位置，以此阐明艺术与生活、艺术与塑造和占用现实的人类活动及其对象化的"类"之间的关系。同时，基于可能性问题，沿着由"什么"（Was）到"如何"（Wie）再回到"什么"（Was）的路径，揭示出对象的本质，为主体找到能使其自身存在得到证实的那种质性内容。理性将主体从教会精神的统治中解放出来，却使主体远离了被卢卡奇称为"看不见的教堂"（unsichtbare Kirche）的那种强大的、具有观念论效应的伦理世界，唯有艺术尚且保存着乌托邦的精神。

卢卡奇对艺术作品的态度与谢林接近，即艺术家不是把他在自己的

1　Georg Lukács. *Werke Band I (1902-1918)*. Herausgegeben von Zsuzsa Bognár, Werner Jung und Antonia Opitz, Bielefeld: Aisthesis Verlag, 2017, S. 215.

2　尼采：《悲剧的诞生》，孙周兴译，北京：商务印书馆，2012 年，第 61 页。

艺术作品中看到的矛盾的完全解决唯独归功于自己，而是归功于其天赋本质的自愿恩赐，即作品是艺术家自身本质的对象化。诺瓦利斯亦同样认为天才是人的本质状态，也就是说，不是艺术家塑造作品，而是作品呈现艺术家；不是接受者对作品本身进行审美，而是作品使接受者得以直观己身。"科学以其内容影响我们，艺术则以其形式感动我们；科学为我们提供事实及其相互关联，艺术则赋予我们心灵和命运。"[1] 理性主义思潮中，一切对象都在科学的认识中，以客体的角色走向下一个阶段的历史进程，而作为其得以被赋形之前提条件的主体自身，亦在这一自然历史发展的脉络中与客体一同走向下一个阶段。这并非主体有意识的自行选择，这是主体为了遵从理性并利用理性而被动卷入非主体性漩涡的"副作用"（Nebenwirkung）。理性会带来发展与进步，会带来金碧辉煌与觥筹交错，但如同巴洛克珍珠周身流光溢彩的璀璨光泽，抑或是巴黎拱廊街绚烂缥缈的浮光掠影，横流的物欲早已撞碎了理性的空中楼阁。它的凌空并不同于德国浪漫派宝塔的空气地基，因为理性的设置本就脱出了一切经验现实而遥望着主体性的生活世界。没有经验作为纽带的遥望，象征着理性之物自体般高不可攀的地位，却也预示着若非主体飞升，它便只能坠落。

卢卡奇认为，最好的批评是一种艺术，这既是他对批评的效应要求，也是对艺术效应总体性的要求。这种批评不应当以对内容和关联的揭示使主体获得同样的批判逻辑，而是直接以形式对接受者产生批判效应，并以对其主体性认知能力和判断的召唤为途径，使主体由此形成基于形式批判的批判视点与批判思维。论说文的独特性之一便在于其鲜明

1　Georg Lukács. *Werke Band I (1902-1918)*. Herausgegeben von Zsuzsa Bognár, Werner Jung und Antonia Opitz, Bielefeld: Aisthesis Verlag, 2017, S. 196-197.

的形式批判性。若说卢卡奇在戏剧理论中揭示出了命运的决定机制，即命运决定人物的内心，而其内心所发生的一切都将最终投射到其行为、活动和姿态当中，变得可见且可感，那么在论说文阶段，卢卡奇便更进一步，直接将形式与命运等同。"一切作品都追求统一性和多样性的结合，而这实则是一个普遍的风格问题：在杂多的事物中获得平衡，从单一素材的聚集中构建丰富的层次。"[1]散文是对现实的直接表述，这一形式特征表达着论说文这一体裁的科学性。而批判性则使这一体裁在托起散文形式的同时，召唤其中意义的凝聚，以使内容的多样性在实现统一的过程中，表达出基于其形式风格的批判。"在论说文作家的作品中，形式变成了命运，变成了创造命运的原则。这种差别意味着：命运把事物从其外部世界提取出来，着重强调本质之物而剔除了那些非本质之物。"[2]形式直接表达批判，本质之外的一切现象成为实现本真生活所需要扬弃的经验现实。论说文由此成为表达主体之于现代社会命运的透镜，揭示出的形式与意义的抽象分离，以及形式对其批判效应的决定作用。

而由于论说文所批判的对象是被赋形的理念，即一种先验存在，论说文的形式便实际承担起悲剧中激情顶点的作用，预示着永远无法抵达理念的终点这一命定结局。论说文作家理性地从形式中洞察到了命运，而这种洞察源于其"最深刻体验的心灵内容"[3]。这种内容成就了其世界观，亦成为论说文作家面对生活的姿态。"批评家的命运时刻是事物

1　Georg Lukács. *Werke Band I (1902-1918)*. Herausgegeben von Zsuzsa Bognár, Werner Jung und Antonia Opitz, Bielefeld: Aisthesis Verlag, 2017, S. 200.

2　Georg Lukács. *Werke Band I (1902-1918)*. Herausgegeben von Zsuzsa Bognár, Werner Jung und Antonia Opitz, Bielefeld: Aisthesis Verlag, 2017, S. 201.

3　Georg Lukács. *Werke Band I (1902-1918)*. Herausgegeben von Zsuzsa Bognár, Werner Jung und Antonia Opitz, Bielefeld: Aisthesis Verlag, 2017, S. 202.

变为形式的那一瞬间——在这样的瞬间，或远或近的、此岸或彼岸的所有感情和体验都接收到形式，它们被融化、压缩为形式。这是内部和外部、心灵和形式融为一体的神秘瞬间。"[1] 然而论说文作家依赖心灵内容认知生活世界，实际批判的对象仍是经验现实，而其批判当中的现实却是形式："它（形式）是批评家用来向生活提问的声音。"[2] 论说文作家以给出答案的方式提出问题，而仍然只是提出了问题本身，而未能再向前进一步，他批评的动机是作为结果的理念，但实际上，理念从未出现。其批评仿佛堂吉诃德大战风车，那种自以为理性的审慎，无非被狂热的分析精神所蒙蔽的情感，甚至这种情感比在戏剧效应中能召唤共通感的那种情感更为非理性。这是一种只有在诗歌中才能实现的统一，在论说文这一艺术科学中，它只能以"永远在路上"的重返理念之路为形态，成为一种永恒的"渴望"。

卢卡奇认为："我们……与某个已生成形式的东西的关系……是对一种真知灼见若即若离的感觉：两个个体永远的分离状态和相互外在状态的最为深刻的合二为一。它是渴念的状态。"[3] 渴望与满足之间的关系是一个永不得解的悖论，唯有对追寻渴望对象这一道路的赋形使之与对象同一，才能使主体追随渴望的一切姿态具有合法性。论说文作家所追求的，是那个即将到来的真正理念的显形，他所期望的，是这一理念的显性能印证他曾批判的被赋形的理念的存在，以及这一批判的合法

1　Georg Lukács. *Werke Band I (1902-1918)*. Herausgegeben von Zsuzsa Bognár, Werner Jung und Antonia Opitz, Bielefeld: Aisthesis Verlag, 2017, S. 202.

2　Georg Lukács. *Werke Band I (1902-1918)*. Herausgegeben von Zsuzsa Bognár, Werner Jung und Antonia Opitz, Bielefeld: Aisthesis Verlag, 2017, S. 202.

3　Georg Lukács. *Werke Band I (1902-1918)*. Herausgegeben von Zsuzsa Bognár, Werner Jung und Antonia Opitz, Bielefeld: Aisthesis Verlag, 2017, S. 285.

性。然而渴望一经满足便会消失，理念一旦显现便不再是理念。更何况若论说文作家总以理念为指引而俯瞰生活，这种完全脱离了情感与经验的理性，这种对日常生活的一步步远离，使之更难以获得他所等待的形态。对生活的揭示本身就是生活的幻影，与一切情感反应的远离才是真实而真切的本真生活。克尔凯郭尔积极地成为拯救渴望对象的引诱者，因为他担心幸福之轻无法承担他忧郁的重量，然而他这一否定性的佯谬姿态早已毁掉了作为其一切行为之动机的理性。理性不应是太阳，而应是翅膀，否则当主体尝试朝向理性做出面向生活的一切姿态时，便如同被太阳融化了翅膀的伊卡洛斯，理性仍持续悬挂于九天之上而发出刺眼的彼岸之光，但主体却正式坠落。

第二节　非理性的绝对世界：形式破碎的主体

在卢卡奇早年对非理性思想的探索中，德国浪漫派与魏玛现代理论是他从非理性主体视角反思理性社会现实的内在基础。此时的他已经并不完全相信基于二元论的康德伦理观，黑格尔的辩证法和尼采的非理性主义思想促使他开始关注陀思妥耶夫斯基，并从中建构他这一时期的非理性思想。他这一时期的非理性思想具体体现为反理性的艺术哲学观和碎片化的历史叙事。这是他在对康德哲学的发展中，接受胡塞尔现象学与新康德主义的伦理思想，并在理论和方法论上转向黑格尔的结果，亦是他对自己总体性理想的重新审视与表达。

在现象学刚刚起步的 20 世纪初，以反对科学理性为目标而出现的非理性思想与现象学一样，仍处于萌芽状态。卢卡奇竭尽所能进行美学体系建构，渴望凭借另一种体系性的表达，将其反理性思想置于与科学理性相对的位置，使二者既对立又互补。但他最终失败了。散文化的时代并不能为美学体系的完善提供主观或客观的基础，卢卡奇所找寻的新的总体性只能在虚构的意义上出现。他在陀思妥耶夫斯基的小说中发现了这种新的总体性，以及如同炮弹一般能整体摧毁碎片化的现代性，代之以完整而又不同于史诗般僵化的新的总体——新人。

为了迎接这个新的虚构总体出现，主体需要在被理性控制的认知逻辑中，找回属于其自身的主体性和主动性，找回分离于历史宏大叙事的主观能动性。卢卡奇虽然在《理性的毁灭：非理性主义的道路——从谢林到希特勒》中对德国非理性一脉的代表理论家尽数进行批判，但在其鲜明的反法西斯意图之下，这亦恰好揭示出卢卡奇早年实质上受到反理性思想的深刻影响。此时，他还未开始批判辩证法的废除，只是在论说文的反思中发现总体不是也不能是完美的，它包含着"不健康"（ruchlos）的内容。而他也从中意识到，那种完美的整体是不再可能的，不仅作为既存的整体不再存在，维系着这一整体的线性历史逻辑也并非现代社会中能维护并适合主体性的历史观。"完善的、理想的观众根本不是让戏剧世界审美地对他们发挥作用，而是要让它以真实经验的方式对他们发挥作用。"[1] 只有纯粹的非理性才能实现这一点。可以说，卢卡奇的非理性思想恰恰是最深刻的理性，是他在生活中对理性的最深刻实践。

一、面具：浪漫主义者的生命之痛

生活撞碎了形式，却又以实体性的实践维持着主体的生命。这种实践便是工作，它以命运般外在于主体心灵的力量，将科学理性推向主体，为主体塑造了一副面向生活的面具。当主体在散文化的时代失去了完整的形式与整体的灵魂，他们同时也失去了生活的稳定。然而，如果为艺术而艺术势必只能存在于想象而在现代社会成为一种理念，那么主体的一切生存法则便只能凭借生活本身得以设定。由此，一种伦理的社会学便在美学的彷徨中缓慢升起。它以坚固的质料承载着破碎的心灵，又以圆融的形态替代心灵面对生活的张力。正如卢卡奇所言："市民性（Bürgerlichkeit）是一根驱赶着否定生活的人不停劳作的皮鞭。市民阶级的生活构型则不过是一副面具，其后隐藏着对缺失、幻灭的生活的剧

1　尼采：《悲剧的诞生》，孙周兴译，北京：商务印书馆，2012 年，第 55 页。

烈而无望的痛感，以及迟来的浪漫主义者的生命之痛。"[1]

面具在主体与其生活的关系中，象征着一种具象化的理念形式。在卢卡奇看来，市民阶级的生活方式虽然冲击着浪漫主义的永恒，代之以瞬间的生产力和生产关系状况，但它却是现代社会中市民阶级唯一可能存在的形式。既存现实排除了心灵的可能性，却为生活带来无数新的可能性。由给定性产生可能性的方式便是工作，而这些新的可能性则是秩序，是一种与工作同源的外在于主体却使主体服从的规则。这一立法的形式并非卢卡奇早年认同且遵循的，却在他基于道德律令对总体性的立法失败中，短暂地发挥出伦理社会主义的功能。这种立法并非单纯地以有限的有形之物去论证无限的精神或理念，而是以有形之物的发展变迁论证精神的永恒。在这个意义上，精神及其对象化产物不再一一对应，具有超越性的永恒精神所对应的，正是变化本身。价值仍是超越时间的，正是由于其超越性，艺术作品作为价值的具体现象，才能不仅存在，亦能因循历史脉络不断发展更迭，而即便是在宏大历史长河的裹挟中，价值仍闪耀于每一个具体的瞬间，也正是这一承载变化的能量，凸显出了价值不可磨灭的永恒性。因而面具亦是主体面对生活的一种姿态，其物化的形态成为主体经验现实的设定，同时也为主体提供了回溯主体精神的否定性前提。

面具的否定性在于："它只是这样一种事物的对立面，该事物只能从它所表达的'不'的能量中得到意义。"[2]这是由市民阶级工作的特征决定的。"对于真正的市民来说，他的职业并非为生计奔波，而是一

1　Georg Lukács. *Werke Band I (1902-1918)*. Herausgegeben von Zsuzsa Bognár, Werner Jung und Antonia Opitz, Bielefeld: Aisthesis Verlag, 2017, S. 249.

2　Georg Lukács. *Werke Band I (1902-1918)*. Herausgegeben von Zsuzsa Bognár, Werner Jung und Antonia Opitz, Bielefeld: Aisthesis Verlag, 2017, S. 249.

种生命形式，是某种脱离于内容而能决定步调、节奏、轮廓的东西，也就是说，是决定其生活风格之物。因而这一职业在生活形式与典型经验神秘的相互作用中，深刻地介入了每一种创造。"[1] 这一工作的特征体现为体系操纵着生活，秩序统治着情绪。其中控制着瞬间的永恒并不来源于价值和意义，而在于伴随工作而生的生活的稳定，以及由对义务的履行而形成的对天赋的规划和控制。市民阶级的目标是凭借生活所给予的张力去努力接近完美理念，他们生活的重心是工作，一切艺术的理念也都需要凭借工作得以实现。换言之，工作决定了他们的艺术理想。最终，"这种执着的投入精神战胜了以自我为中心的孤立状况；这一投入的对象并不是我们自身投射出的理想，因为这一理想过于超出我们的极限，它是一个外在于我们的陌生之物，是十分简易的、真实得让人触手可及的物。"[2] 然而生活并非一切，甚至生活中能撞碎形式的事件不仅不能成为主体直通艺术理想的实际途径，反而是主体必须克服甚至否定的前提。即便简单有序的市民性产生出一种稳定的确定性，这一确定性又在散文化时代对主体的灵魂产生效用，但一切都仍是外在的。生活只能从外部靠近或无限逼近主体，它不属于主体，因而并不能决定主体的稳定。但它却能以其与主体的异质性，重新张扬主体性——一种在被撞碎的形式中仍能使主体生存的内在本质。

　　基于对理念的具象化，以及对这一具象化产物的否定，卢卡奇实际要解决的问题是生命实践（Lebensführung）与艺术之间相互关联的节点在何处。如果如市民阶级一般，一切皆以工作为最终目标，艺术家反

1　Georg Lukács. *Werke Band I (1902-1918)*. Herausgegeben von Zsuzsa Bognár, Werner Jung und Antonia Opitz, Bielefeld: Aisthesis Verlag, 2017, S. 249.

2　Georg Lukács. *Werke Band I (1902-1918)*. Herausgegeben von Zsuzsa Bognár, Werner Jung und Antonia Opitz, Bielefeld: Aisthesis Verlag, 2017, S. 248.

而会失去其创作的全部稳定性，因为工作对艺术家而言是不确定的，生命的感觉才是首要的，因为作品是生命的目的和意义。在生活对心灵的影响中，"由于那种最强大的内化力量，生命的中心被移向了外部，进入了不确定性和完全无法计量的可能性奔腾咆哮的海洋"[1]。反之，"散文性的作品却提供了坚实的基础与确定性；作为生活的形式，散文作品自身就造成了生活和工作关系的转变，这种转变是从生活的立场观察得来的"[2]。这意味着生活并非一种元素，而是一种立场，或者一个视点。由工作经历与秩序构成的面具也不是主体的态度，而是主体实现其姿态的跳板，是一个否定性的基点。这当中蕴含着源自德国浪漫派的生命姿态，即当主体为了创造完美竭尽所能，生活便与理想本身并不相连，而只是完美的象征，它代表着实现创造的主动性力量。

因而面具便被卢卡奇视为市民阶级手工劳动中所形成的精湛技法，不仅具有否定性，还带有唯美主义的形式特征。这是以工作为途径努力接近理想的重要环节，这种技法与生活构型紧密联系："人们以素朴的市民正派作风（Anständigkeit）将这种生活构型进行到底。"[3]面具虽然象征着浪漫主义在生活之中的退后，预示着形式技法对心灵与天赋的压制，但正如论说文表达了现实却内含双重否定，面具这一形式符号一经提出，便内含着促使主体从生活中觉醒，重新获得源于其自身认知的经验现实，并由此反思生活和艺术的关系，反思理念与完美理想之于主

---

1 Georg Lukács. *Werke Band I (1902-1918)*. Herausgegeben von Zsuzsa Bognár, Werner Jung und Antonia Opitz, Bielefeld: Aisthesis Verlag, 2017, S. 250.

2 Georg Lukács. *Werke Band I (1902-1918)*. Herausgegeben von Zsuzsa Bognár, Werner Jung und Antonia Opitz, Bielefeld: Aisthesis Verlag, 2017, S. 250.

3 Georg Lukács. *Werke Band I (1902-1918)*. Herausgegeben von Zsuzsa Bognár, Werner Jung und Antonia Opitz, Bielefeld: Aisthesis Verlag, 2017, S. 254.

体的效用。不仅如此，在欧洲国际局势的变动中，在理性思潮的觉醒中，面具仍瞬间性地承载着主体性永恒价值的自由变更程序，成为主体总体性建构的重要阶段。

二、橱柜：历史的生命感

> 小市镇同样显得安逸，呈现出同样单调的灰色，市镇里的德意志老房舍简单、形制相同，房舍的花园也是既小又简陋，简陋的斗室里堆满了从祖父或者是从更远的先祖那里传下来的家什。即使是这些房舍以及斗室的灰色，也成了当地人眼里才看得见的千万重色彩的霓虹，对他们而言，每个橱柜在其长长的一生中的所见所闻都是太多太多说不完的故事。[1]

卢卡奇浪漫地叙述着史诗，如诗人一般在想象里体验着诗中的一切。他想起生活的基础——生命的延续，也仿佛看到承载着一个家庭世世代代生命延续的生活居室，以及日常生活中总被反复上手又一直流传下去的客观之物，例如橱柜。它在功能上支持着主体作为生物的生命延续，又在形式上记载着生命与死亡的演化。人类无形却有限的生命之流在有形却无限的客观之物的见证中成为故事，成为历史[2]。而那些客观之物亦由于这一见证，与主体真正关联起来，进入了主体的经验现实，成为具有主体间性的存在。

---

1 Georg Lukács. *Werke Band I (1902-1918)*. Herausgegeben von Zsuzsa Bognár, Werner Jung und Antonia Opitz, Bielefeld: Aisthesis Verlag, 2017, S. 257.

2 德文 Geschichte 既可译为"历史"，亦可译为"故事"。

卢卡奇说："艺术就是以形式为辅助的暗示。"[1]其所指便是那"说不完的故事"。过去之事成为既存，永远与主体擦肩而过。戏剧在对非秩序世界的抽象中，揭示出这个世界一切出乎意料的瞬间。这些瞬间是任性且任意的，是无法分析更无法把握的非因果世界。而非因果世界充斥着偶然性的状况一方面消减了必然性存在的意义，另一方面又迫使主体对其本质进行追寻，以一种科学性的理性分析，为主体的生存境遇提供法则和律令。此时，卢卡奇正经历着他人生中第一次"心灵与形式的分离"，正面对生死，体验着内在人格的异化。分离意味着对思想对意义的无限迫近，死亡则将这一无限深化为不可能。对卢卡奇而言，列奥·波普尔不仅是极具洞见与智慧的好友，更是他最真挚的理解者，是他的心灵依赖。卢卡奇甚至因为在心里崇高化波普尔的存在，而显得轻视了自己的价值。[2]也是在波普尔形而上学思想的影响下，卢卡奇逐渐发现创作者与接受者之间并不会由于作品的存在而实现相互理解，正相反，一切主体间所共同认为实现的交流其实都是误解。然而虽然误解概念保障了审美活动的进行和审美价值的发掘，但对于主体间以本质为目标的交流、对于主体的生活实践而言，它没有实际效应。但误解给卢卡奇提出了一个新的思考方向，即首先被主体感知并进行认知的对象形式本身对于主体间实现本质交流究竟发挥着何种作用。这一思考成为他海德堡时期现象学美学思想的具体理论起点。

如果意义是一种需要被见证的理念，那么见证者则在其见证中成为意义的组成部分。形式的意义不在于其对象化的形态，而在于它标志着对形态的否定。本质永远不直接呈现于形式当中，形式一方面表征着

1　Georg Lukács. *Werke Band I (1902-1918)*. Herausgegeben von Zsuzsa Bognár, Werner Jung und Antonia Opitz, Bielefeld: Aisthesis Verlag, 2017, S. 273.

2　参见 "Jozsef Lukács to Georg Lukács", 23 August 1909, LAK。

本质的存在，一方面遮蔽了本质的内容。它的出现意味着本质的存在，却同时告诫仅意识到这一形式本身与本质的异质性，才能以冲破形式为途径，通向对本质的认识。在橱柜的隐喻中，卢卡奇见到了它所见证的历史，以及每一个历史瞬间所展现的历史生命感。在思考形式与瞬间之关系的时候，卢卡奇显得尤为感性，生命哲学与唯心主义的交织使他进一步认识到历史应当是活生生的历史，正如主体应当是生命着的主体，而不是生活着的主体。波普尔的离开让他发现了生命的悖谬和死亡的拯救，他亲自体验过的自杀，也为他提供了源于经验现实的力证。"某个过去外观上看起来共属一体的东西，此时碎成了千万张残片，也许一个生命忽然间失去了他魂牵梦绕的全部内容，或者从贫瘠的渴望中绽放出了新的力量。也许某个东西崩溃了，也许有别的什么构建起来，或许根本什么都没有发生，又或许都发生了。"[1]而死亡所带来的真正的碎片化则在共在的一瞬间消失。"共同的归属感只有通过连续性才能保持鲜活，如果连续性断裂了，就连过去也会消失；人们对另一位他者所了解的一切只是期待、可能性、愿望或担忧，只是一场梦，这场梦只有通过之后发生的事件才能获得现实性，而这一现实性很快便幻化为可能性。"[2]生活撞碎了形式，死亡则撞碎了生活。若说人与人之间的交流所能实现的只是一种相对的理解，那么死亡带来的距离和空白则使交流失去了媒介。对于生活中的人而言，死亡所带来的分离是绝对的，但对于理论家及其形而上学的形式逻辑而言，死亡却实际打开了理解的真正道路，死亡甚至能为个体在现代社会的异化找到实现共通的同质化媒

---

1 Georg Lukács. *Werke Band I (1902-1918)*. Herausgegeben von Zsuzsa Bognár, Werner Jung und Antonia Opitz, Bielefeld: Aisthesis Verlag, 2017, S. 299.

2 Georg Lukács. *Werke Band I (1902-1918)*. Herausgegeben von Zsuzsa Bognár, Werner Jung und Antonia Opitz, Bielefeld: Aisthesis Verlag, 2017, S. 300.

介，以此实现主体间本质性的交流与真正的理解。

死亡所带来的这条道路叫渴望，它是生活中人的内在构成，具有与人的类属性同质的存在特征。不是每一个人都能在生活中意识到渴望的本质，因为生成性的发展过程不会使人意识到与之同向的内在动力，唯有当死亡硬生生打断了这一过程，并且永远分开当下与彼岸、动机与目标时，这种内在动力才会被主体体验到、意识到。死亡使交流停滞了，因为它带走了可交流之共在，一切表达便由此成为"呐喊"。然而被死亡所斩断的关系却实现了本质的共通，这一观点源自卢卡奇论说文理论中的形而上学辩证观：形式即本质。本质不是生活中的人所追求的某一个恒定不变的存在，或历史长河中的某一个瞬间。本质是一个发展过程，或者说是一种能使发展持续进行的力量。因为有对本质的追求，主体产生了渴望，在本质的召唤力量之下，主体怀揣着渴望无限迫近本质，也许逐渐看清了本质的面貌，却永远无法断言这所及之处便是本质。因为本质与渴望同质，不可描摹亦不可定位，否则本质便不成其为本质，渴望便骤然消散。因而卢卡奇将他追求本质与真理之路称为孤独，并非这一路上无人相伴，而是他所追求的目标本身都是一个确定的模糊（eine gewisse Verschwommenheit），就仿佛房屋里那个安静的橱柜，散发着温暖的气息，却没有承载任何东西。

卢卡奇不断强调对生活的背离、对撞破生活的死亡的接近。渴望之所以是渴望，就是因为它没有被实现或满足，就如同生命之所以被称为生命且不断发生，正是因为前方有一个叫作死亡的节点，它能截断一切生命之流，但一切生命却仍生生不息地朝那个节点奔涌而去。卢卡奇清醒地意识到理论之路势必孤独，他决绝地选择了抛弃生活带给他的一切形式完满："诗人创制的世界总是实在的，哪怕这样的世界是由梦幻编织而成的，因为提供给编织的质料是更加同一的、更富有生命的。"[1] 诗人追求感性世界的直接经验，即便它们稍纵即逝，就仿佛某一时刻的光与影，但诗人仍以其自身的法则记录下这些内含"情绪"（Stimmung）的时刻。唯有这些情绪的时刻，才是属于主体的生活世界，才是可感的经验现实。也唯有当这一现实对主体而言具有意义时，当它作为一种过去发生的事情成为主体的记忆时，它才是一种知识性的、客观性的存在。

三、哈哈镜：唯美主义者的立法

如卢卡奇所言："一个人的每一次人生体验对应于另一个人的全部生命时刻而言，就是一面夸张的哈哈镜，而这持续不断的扭曲镜像就是生命本身的象征与人之间永远无解的不适宜关系的扭曲形象。"[2] 而差异不仅体现在镜子的两边，也发生在深厚心灵基础在日升月落之下的具体表达中："昨天客观上显得冷峭，而且有伤害性的某种东西到了今天开始显露出它所隐藏的抒情性，到了明天人们或许会觉得它太绵软，表白的意涵太丰富，太主观，太诗性了。"[3] 哈哈镜以科学理性象征着差异，表达着虚幻的显像。而这一在极其忠诚反映理念的隐喻[4] 中最为极端又特殊的存在，却以直接表达反映机制的方式，剥离了作为糠秕的外壳，赤裸裸地展现出心灵与生活之间永远不适宜的虚假对应关系。

1　Georg Lukács. *Werke Band I (1902-1918)*. Herausgegeben von Zsuzsa Bognár, Werner Jung und Antonia Opitz, Bielefeld: Aisthesis Verlag, 2017, S. 218.

2　Georg Lukács. *Werke Band I (1902-1918)*. Herausgegeben von Zsuzsa Bognár, Werner Jung und Antonia Opitz, Bielefeld: Aisthesis Verlag, 2017, S. 321.

3　Georg Lukács. *Werke Band I (1902-1918)*. Herausgegeben von Zsuzsa Bognár, Werner Jung und Antonia Opitz, Bielefeld: Aisthesis Verlag, 2017, S. 273.

4　参见 Georg Lukács. *Werke Band I (1902-1918)*. Herausgegeben von Zsuzsa Bognár, Werner Jung und Antonia Opitz, Bielefeld: Aisthesis Verlag, 2017, S. 331-333。

卢卡奇始终认为，美学和艺术哲学属于形而上学范畴，因而理论的抒写也应当是傲慢的。甚至这样的美学思想本身便是美的，它是一面精致雕刻了反映光路的镜子，对象会在镜子中呈现出雕刻镜子的手工艺者，也就是理论家的鲜明印记，而真正的对象则恰好在这样的镜子中重生。[1] 卢卡奇当然明白，这样的反映于真实无涉，但他更清楚的是，真实这一概念本身在主观世界与客观世界的关系当中就是一个悖论。在这个意义上，哈哈镜的反映、唯美主义者的艺术评论，反而成为对非真实现象的第二重否定，它虽然同样无法呈现出对象的本质或真理性内容，却能在效应上使主体意识到虚幻这一机制，从而使主体对其目之所见进行质疑甚至展开批判。这种解构性的机制能在主观精神领域产生重构的刺激，而这便在发展维度与卢卡奇渴望重构主体总体性的理想殊途同归。

卢卡奇尝试在天才与普通人的关系中为主体找到定位，为他自己的心灵悖论找到能安置碎片的家园。他将天才与常人并置，却又将没有天赋的状况视为堕落。而苏格拉底的"认识你自己"虽然是他为现代主体确定本质的基点，却不足以成为他为这一本质进行证明的充分论据。他否认天才是一种病，他认为天才就是正常人，不追求顶点或卓越的人才堕落："别忘了，'正常'（normal）这个词是从'规范'（Norm）派生出来的，规则、目标、标准，要实现的理想、顶峰则意味着与我们今天所理解的'正常'毫不相关的东西。"[2]。正如苏格拉底所言，知识不过是一种记忆，而对既存现实的无知才是一种罪。卢卡奇将天赋视

1　参见 Georg Lukács. *Werke Band I (1902-1918)*. Herausgegeben von Zsuzsa Bognár, Werner Jung und Antonia Opitz, Bielefeld: Aisthesis Verlag, 2017, S. 125。

2　Georg Lukács. *Werke Band I (1902-1918)*. Herausgegeben von Zsuzsa Bognár, Werner Jung und Antonia Opitz, Bielefeld: Aisthesis Verlag, 2017, S. 126.

为主体必须且必要的质，而在主体拥有天赋的时代，善与伟大是人们认知世界、自然、准则的标准，这是不需要解释的，需要解释的反而是恶。但现代社会一切都颠倒了，天赋也不再是"正常"，劣质之物反而成为正常存在，伟大则由此变得病态。天赋终于成为一种病，自然科学则成为它的药。[1]

现代主体有权利选择以何种方式安置其生命，即选择以伟大为目标，还是以无意义为准则，选择以健康为动机，还是以疾病为追求。其选择背后仍是围绕着"正常"的不同反映及其相应的效应。"无论是在理想的世界中，还是在天堂，真正的规范总是超人的。"[2]选择遵循规则，在过去也许是一条不需要反思的律令，而在现代则成为一种被卢卡奇称作"天赋的道德律令"的立法。他用不以审美文化为语境的唯美主义者举例："唯美主义者就是诞生于如此时代的，在这个时代，理性的形式感觉已经灭绝，形式被视为历史的完成物，取决于个体情绪，可以是近便之物，也可能是乏味之物。唯美主义者无法融入这样的环境，既不愿不加改变地接受用于表达非本己心灵状态的形式，又不愿毫不讲究地复述自己的感受，虽然这种做法在任何一个非艺术的时代都深受欢迎；相反，他为自己创立了'特殊的规定性'，从他自身出发创造出决定自身天赋的各种条件。"[3]这一方面意味着天赋产生效应是需要条件的，另一方面则指出具有天赋的主体需要为发挥自身天赋创造出这一

1　参见 Georg Lukács. *Werke Band I (1902-1918)*. Herausgegeben von Zsuzsa Bognár, Werner Jung und Antonia Opitz, Bielefeld: Aisthesis Verlag, 2017, S. 127。

2　Georg Lukács. *Werke Band I (1902-1918)*. Herausgegeben von Zsuzsa Bognár, Werner Jung und Antonia Opitz, Bielefeld: Aisthesis Verlag, 2017, S. 127.

3　Georg Lukács. *Werke Band I (1902-1918)*. Herausgegeben von Zsuzsa Bognár, Werner Jung und Antonia Opitz, Bielefeld: Aisthesis Verlag, 2017, S. 274-275.

适宜的条件。拥有天赋曾经是正常的状态，而当下则成为超人的状态（zum Übermenschlichen in Beziehung stehen）。虽然自然科学是一种药，但卢卡奇却并不认为它找准了病原。他在这一时期已经发现了唯美主义者与专家对待世界和文化的态度差异，也发现唯美主义者的世界观无法最终形成能为美学体系建构奠基的文化基础，但他仍然在主体总体性的理想中，站在了唯美主义者身后，成为其支持者。因为唯有以非理性进入"实战"（Übungspraxis），实践才能在实质上改变主体的生存境遇，其生命的意义才会被意识到，即主体至少有可能在一些瞬间知道生命究竟是什么，知道他存在于这个世界上究竟为了什么。

哈哈镜不仅照出了现实的虚幻，同时也映射出卢卡奇心中的狄奥尼索斯。扭曲的幻象是真正的现实，而扭曲的反映需要主体自行对其进行修正。科学理性无法完全引导主体进行这种修正，艺术便由此被卢卡奇推上了这个重要的位置，而卢卡奇所实际强调并重视的，便如尼采在音乐精神中发现了悲剧的精神一般，是一种非理性的、源自主体本质的，甚至包含着动物性的生物本能，他将其表达为情绪，或作品的效应，即一种感情的普遍性。科学为我们提供事实及其相互关联，艺术则赋予我们心灵和命运；理性教会我们分析世界，非理性则带领我们认识自己。《威廉·罗威尔》（*William Lowell*）里那段被卢卡奇选中的优美诗句，完整又透彻地将他在论说文理论中所要表达的主体与世界、主体与艺术、艺术与直接的关系和盘托出：

> 万物存在是因为我们想过它们。
> 世界沐浴在朦胧的微光下，
> 我们带来的一道微光
> 洒进了它们的幽暗的深洞：

为什么这世界不碎裂成千万片凌乱的碎片？

我们就是命运，维持它们完整的命运。[1]

1　Georg Lukács. *Werke Band I (1902-1918)*. Herausgegeben von Zsuzsa Bognár, Werner Jung und Antonia Opitz, Bielefeld: Aisthesis Verlag, 2017, S. 331.

第三节 浪漫派的失乐园：一种马赛克式拼贴

欧洲理性传统是逻各斯和努斯的辩证统一，是规范性与超越性的有机综合。卢卡奇早期的文学史方法论便是这一理性传统的发展。对于非理性的问题，卢卡奇的《理性的毁灭：非理性主义的道路——从谢林到希特勒》以批判法西斯主义为目标，在梳理克尔凯郭尔以来西方非理性思想传统的过程中，对非理性主义的价值进行否定。而这一著作背后，实际隐藏着卢卡奇自身非理性思想发展的两条脉络：其一，卢卡奇早期深受非理性思想的影响，甚至对现象学的吸收都源于他这一时期的非理性思想；其二，卢卡奇中期对非理性思想的批判，实际是他对其早期艺术哲学和美学思想的自我批判，而非针对非理性思想的意义和价值进行批判。他早期思想中丰富且深厚的非理性内容则为他深入认识理性与非理性关系，深刻批判法西斯的荒谬提供了理论基础。由此，以论说文理论为代表的卢卡奇早期非理性思想，便敞开了一条新的研究道路和阐释理路。

如尼采所言："一种在科学原理基础上建造起来的文化，一旦开始变成非逻辑的，也即开始逃避自己的结果，那它就必定要毁灭了。"[1]理论的、艺术的和形而上学的三种文化类型在解决现代主体的生存困境时，理论文化显得捉襟见肘，艺术文化显得自说自话，而形而上学的文

---

[1] 尼采：《悲剧的诞生》，孙周兴译，北京：商务印书馆，2012 年，第 135 页。

化，即源自主体意志的文化，才能稍微彰显生命有限性的巨大张力。要实现这一构想，主体应能直面现实，认清科学反映与主体认知之间的异质关系，或至少能认知现实不是什么样子。"浪漫派生命哲学的本质在于被动的体验能力占据支配地位，尽管这一点他们还未完全意识到。他们的生活艺术是对生活中发生的所有事件的自然适应，是对命运所带来的一切的最大限度的利用，以及将其向着必然性层面提升。他们使命运变成了诗，但既没有塑造命运也没有超越命运。他们这条通向内心的道路的终点是一切事实的有机结合，事物的图像汇聚为美丽的和谐，而不是在任何控制之下被迫如此。"[1] 诗是浪漫派的生命哲学，亦是卢卡奇的生活姿态。一种艺术的形而上学思想由此逐渐超脱于悲剧的形而上学，成为他早期艺术哲学的重要灵感来源。"尽管现象千变万化，但在事物的根本处，生命却是牢不可破、强大而快乐的。"[2] 这种生命源自意志，而非理性思想则张扬起生命的张力。在卢卡奇看来，这种生命意志不仅决定着悲剧的净化，亦是具有赋形能力的伦理。这也意味着是主体捡拾起自然科学和技术理性分工下的碎片，在伦理判断中将其重新镶嵌进新的主体总体性。

一、渴望：艺术作品的形式

渴望的价值不在于使主体真正得到某种客体或实现某一目标，而在于产生一种生成性的过程意义，它使作为客体而存在的静态对象成为与主体密切相关的活动。因为渴望的存在，主体与对象之间实现了一种发展中的运动关系。渴望以其对起点的肯定对对象进行设定，以此吸引着

1　Georg Lukács. *Werke Band I (1902-1918)*. Herausgegeben von Zsuzsa Bognár, Werner Jung und Antonia Opitz, Bielefeld: Aisthesis Verlag, 2017, S. 242.

2　尼采：《悲剧的诞生》，孙周兴译，北京：商务印书馆，2012 年，第 58 页。

主体朝向这一设定持续前行，而这一运动便是艺术作品的形式。"正如柏格森所言，对概念的理解往往是其发展脉络上的节点；而在两个节点之间往往存在其他内涵，人们总是能在两个节点之间遭遇其他更多的节点。"[1] 诸多节点不仅意味着对艺术作品的创作与接受行为并非一旦确定便成为永恒，而且揭示出这一价值本身必定不是单义的，而是基于二元对立的紧张冲突，其中包含着制衡的张力："生活是光明与黑暗交织在一起的无序混乱：生活中没有什么是得以全部完成的，没有什么是真正走到结束的。"[2] 作品的确应当包含超越性的永恒价值，但这一价值应当在不同的阐释时空中发挥出适用于不同阐释主体及其群体的效用，由此才能证实其超越性。不仅如此，虽然渴望的对象能够设定，但审美的对象却不可设定，因为审美活动本身并不以理性的理论文化为引导，而是以艺术的形而上学为基础。换言之，一切艺术形式，包括艺术风格本身，都只是一种理性的语言，它为非理性的人类类本质精神赋形，进而表达出非理性的内容。

在《心灵与形式》的最后，卢卡奇加上了《悲剧的形而上学》这篇文章。他指出主体的生活问题在本质上是形而上学问题，是主体置入生活的先验性问题，问题的根源在于主体自身。这是卢卡奇在黑格尔绝对精神与康德先验伦理思想的融合中对生存的反思，但他在这一时期尚止步于对生活和活着、现实与经验现实、现象和本质的辨析，并最终将这一问题经由悲剧推回形而上学，使之在其论说文的理论发展历程中回到了起点。直至《海德堡美学》手稿的写作时期，卢卡奇才揭示出主观世

---

1 Georg Lukács. *Werke Band I (1902-1908)*. Herausgegeben von Zsuzsa Bognár, Werner Jung und Antonia Opitz, Bielefeld: Aisthesis Verlag, 2017, S. 156.

2 Georg Lukács. *Werke Band I (1902-1908)*. Herausgegeben von Zsuzsa Bognár, Werner Jung und Antonia Opitz, Bielefeld: Aisthesis Verlag, 2017, S. 344.

界与客观世界的实际处境："（这种转变）揭示并呈现出了这条将主体及其客体进行分离的不可逾越的鸿沟。"[1] 而当他最终由"扫罗变成保罗"，当他在体裁论的抒写中突然发现了超出既存质料的预期生成物的产物，他才事后描绘出早期的一切反思与困惑的理论框架。在这个意义上，卢卡奇早期的艺术哲学思想和美学体系建构的真正价值，也是在他理论发展的下一个阶段的成果中，才反向得到了论证。

卢卡奇在《历史与阶级意识——关于马克思主义辨证法的研究》中指出："起源的原则事实上意味着克服了独断主义（特别是它的最伟大的历史形态，柏拉图反映论）。但是，只有具体的（历史的）生成才能起到这样一种起源的作用。"[2] 这意味着作为认识对象的静止的、固定的存在本身并不具有完整的存在的意义，就仿佛一沓被锁在抽屉里的手稿，没有读者它就算不上完全意义上的文学作品。他在《海德堡美学》手稿中，以"逻辑－形而上学""思辨－发展哲学""实质－伦理学"为框架，批判了柏拉图美学的理念性与独断性，表达了对审美苏格拉底主义之最高原则的反对。希腊人曾经为了能生存下去，迫不得已创造了光辉灿烂的奥林匹斯诸神；卢卡奇为了让现代人找到生存下去的适宜方法，仍然回顾古希腊时期明媚的人生此在，但他的目的却在于对此进行否定。现代社会没有为以理性反映本质这一方法提供实践的现实基础，一切的现象虽然都源自本质，却又相互无涉。它们能够模糊地呈现出破碎前的幻象，这便已经是极限了。美好的希腊世界，那段被卢卡奇称为史诗时代的岁月，因为太过完美，已经成为被美化后的假象，步入物自

1　Georg Lukács, *Heidelberger Ästhetik (1916-18). Frühe Schriften zur Ästhetik II.* Hrsg. György Márkus u. Frank Benseler. Darmstadt-Neuwied: Luchterhand, 1975. S. 91,

2　卢卡奇：《历史与阶级意识——关于马克思主义辨证法的研究》，杜章智、任立、燕宏远译，北京：商务印书馆，2017 年，第 309 页。

体范畴。

如同在卢卡奇对现代戏剧的要求中，自然主义虽然是被其批判的对象，但他仍然承认自然主义对于现代悲剧的重要技法意义，在对理性及其假象的批判中，卢卡奇仍然重视理性技法对于非理性内涵进行表达的效用。他的非理性思想一方面表现在艺术反映现实的方法论当中，即科学无法反映碎片化且不成体系的现实，唯有主体由经验现实编织而成的认知才能成为主体对现实的批示，另一方面表现在他对构建总体性的理想当中，即主体需要通过源于人类类本质这种超越于单纯文化的形而上学先验性，在碎片化的现代社会中构建一个能容纳主体，以及主观世界与客观世界的对立关系的新的总体性。

要实现这一新的总体性，主体应当具有超越性，或应当有意识地发挥出超越的能力。这种超越既是在先验范畴对遗传先验与社会先验的超越，又是在经验现实范畴对日常生活客观经验的超越。艺术为此提供了场域："与逻辑和伦理相反的美学主体必须被认为是一个真正的主体。……'哲学虽然能够达到至高点，但是它至此似乎只能带来人类的一个片段。艺术则为全人类呈现出他们所是的样子……以永恒的差异和艺术理想为基础。'"[1] 理论能呈现出人类特征，艺术则排除一切，仅仅呈现人类特征。伴随这一特征脱颖而出的，是主体对其失去的对象的认知，以及对重新获得的渴望。哲学在宗教与科学之间开辟了通向主体性的道路，艺术则顺着这一道路打开了主体性重构的空间。艺术作品便在渴望中成为具有反映论意义的、单向的、以主体为主导进行审美的客观存在，而这一存在被卢卡奇视为人类认识活动的一个环节而非全部对

1　Georg Lukács, *Heidelberger Ästhetik (1916-18). Frühe Schriften zur Ästhetik II*. Hrsg. György Márkus u. Frank Benseler. Darmstadt-Neuwied: Luchterhand, 1975. S. 97.

象，认识行为全过程才是对象。由此，主体的认识、反思等一系列行为便成为艺术作品的组成部分，成为渴望的内在元素。"当生成的真理就是那个被创造但还没有出世的将来，即那正在（依靠我们自觉的帮助）变为现实的倾向中的新东西时，思维是否为反映的问题就显得毫无意义了。"[1] 在对历史与意识之间具体关系进行清晰解释之前，卢卡奇早已将历史与现实的散文化状况一同视为碎片。在当时，这也许是无奈之举，然而这一处理方式却如同论说文对现实的反映一般，呈现出了社会的拼贴性质，以及历史之于现代主体的蒙太奇效应。

二、摆锤：姿态与生活之间的不确定性

姿态（Geste）是主体与世界产生关联的方式。它以渴望为基础，以效应为目标，实际产生于主体的主观精神，并通过经验现实映照着日常生活。主体需要以一种特定的方式面对客体，并以相应的风格进行活动，以此实现具有主体间性的交流与交往。而提出"姿态"就意味着形式与本质已经分离，这种分离不仅是既存现实，也是定在（Dasein）的前提。在这一问题上，卢卡奇赞同谢林的观点，认为事物持存是因为其本质与存在不相符，渴望便是一种使持存得以可能的分离形式。而纯粹的渴望仅能为主体提供持续向前的引诱，主体仍然需要在这条道路上获得来自永恒瞬间的回应。在持存的道路上，主体在经验现实和渴望之间摇摆，其自身则不断对此进行否定。人必须重返晦暗否定生活（Leben）才能活着（leben）。而这一否定不仅是对与主观精神异质的一切生活的否定，也是对一切与本质相关的其他可能性的否定，因为仅

1　卢卡奇：《历史与阶级意识——关于马克思主义辨证法的研究》，杜章智、任立、燕宏远译，北京：商务印书馆，2017年，第309页。

有否定了一切其他可能，唯一仅存的直接联系主体情感的可能性才会成
为必然。

"排斥了偶然的生活是贫瘠而没有生气的，是一片没有任何波澜
的无尽平原；这样一种生活的必然性是廉价安全感的必然性，是在所有
新事物面前一贯自我封闭的必然性，是了无生趣的安逸理性怀抱的必然
性。"[1] 唯一的例外便是悲剧："悲剧却不需要任何偶然，它早就把偶
然与自己的世界融为一体，于是偶然无时无处不在悲剧之中。"[2] 可以
说，悲剧的形而上学性使心灵和生活实现了统一，而这一统一性成为新
总体性建构的新本质。对其他可能性的否定是悲剧性的，就如同悲剧的
英雄人物早已在情节到来之前便死亡了，这些可能性不过是主体进入生
活的一次次试错，真正的必然性早已先验地存在于主体的主观精神范
畴，只不过若非对生活的体验与否定，主体便无法对其进行认知。在悲
剧的伟大瞬间来临之前，人物的一切成长与发展都是肤浅的、现象的。
仅有在那一瞬间到来的时刻，一切联系才会由此升华至绝对崇高，对象
与主体的对立便能在主体的精神中消解。如谢林所言："恰恰在最大痛
苦的一瞬间，他达到了最高的解脱，过渡到最大的无痛苦状态。从这一
瞬间起，命运的势不可挡的力量就不再显现为绝对强大，而仅仅显现为
相对强大，因为它已经被意志征服了，并转为绝对强大的东西（即崇高
的意念）的一个象征。"[3] "所以每一出真实的悲剧都是一出神秘剧。
悲剧真实的内在意义就是在神灵面前揭示神灵。永远沉默且未获救赎的

1　Georg Lukács. *Werke Band I (1902-1908)*. Herausgegeben von Zsuzsa Bognár, Werner
　　Jung und Antonia Opitz, Bielefeld: Aisthesis Verlag, 2017, S. 347.

2　Georg Lukács. *Werke Band I (1902-1908)*. Herausgegeben von Zsuzsa Bognár, Werner
　　Jung und Antonia Opitz, Bielefeld: Aisthesis Verlag, 2017, S. 347.

3　谢林：《艺术哲学》，先刚译，北京：北京大学出版社，2021年，第380～381页。

自然之神和命运之神诱使沉睡在人们心中的、在生活中变得暗哑的神灵发声；内在的神灵唤醒了超验的神灵，使之恢复了生气。"[1] 那种神性的、决定性的，甚至悲剧性的超验命运，那种使主体不得不通过慷慨赴死而撕开的存在的本质，其实在这一切发生之前便已经相互紧密联系，只不过主体往往要在戏剧的情节中，在生活的体验中，才能对此有所认知。换言之，在本质与现象之间，在主体面向生活的姿态与生活本身之间，多种可能性代表着大气分子一般丰富的不确定性和模糊性，而这并非源于二者之间的关系在本质上便充满迷幻，而正是因为其中有一个强大却隐蔽的内在联系，否则无数的可能性无法作为某一个本质的可能性而存在，它们势必回归大气而重新成为单子本身。

卢卡奇对生活的态度是一种文化观，但在这一文化态度背后发挥效用的，是他的非理性思想。卢卡奇对姿态的强调，内含着他对实现主观精神、主体性追求的目的，以及在追求这一目的的过程中，对内含永恒性的生活瞬间的扬弃。对他而言，自然科学的方法，或者说理性思想的传统，是一个哲学家追求其哲学理想、践行其哲学思想的过程中，必不可少的方法论与途径，然而引导这一理性发挥作用的，却是作为非理性的不确定性和模糊性。"人们钟爱生活里氛围般的（atmosphärisch）不确定之物，它总是永不停歇地摇荡着，永远无法达到它的极点；他们钟爱那种宏大的不确定性，就像爱一首单调的、轻轻哼唱便催人入眠的摇篮曲。"[2] 虽然在非理性思想的发展过程中，理性是基础，但在卢卡奇这里，理性成为为非理性保驾护航的形式，正如他早期的体裁论研究，

1　Georg Lukács. *Werke Band I (1902-1908)*. Herausgegeben von Zsuzsa Bognár, Werner Jung und Antonia Opitz, Bielefeld: Aisthesis Verlag, 2017, S.345.

2　Georg Lukács. *Werke Band I (1902-1908)*. Herausgegeben von Zsuzsa Bognár, Werner Jung und Antonia Opitz, Bielefeld: Aisthesis Verlag, 2017, S.345.

亦是他艺术哲学思想的雕塑作品。"在悲剧的总体效果上，狄奥尼索斯因素重又占据了优势；悲剧就以一种在阿波罗艺术领域里从来听不到的音调收场了。由此，阿波罗幻觉便表明了它的本色，表明它在悲剧持续过程中一直在掩盖真正的狄奥尼索斯效果：然则这种狄奥尼索斯效果是如此强大，以至于它最后把阿波罗戏剧本身逼入某个领域，使后者开始用狄奥尼索斯的智慧说话，否定自身及其阿波罗式的可见性。"[1]

　　古希腊式的理念论美学呈现出美与审美的完整理念，但现代主体却生活在摆锤的摇荡之下，它所经过的范畴蕴生出模糊的氛围，也就是卢卡奇所说的主体与事物之间的氛围，是融合时间与空间的氛围。这一模糊性亦能将碎片统筹起来，形成马赛克般拼贴的可能性。无意义的游荡碎片便在主体的姿态中，走向了具备意义的可能性，而这些意义一旦进入主体的情绪或情感，便能成为包含着永恒价值的关键瞬间，成为悲剧顶点般的决定性时刻。历史如河流般的延续和发展由此被碎片化的瞬间和具有时代主题意义的主体性个体存在所取代，散文化的现实则在卢卡奇以论说文为象征的表述中，发挥出其符合现代文化特征且促进主体追求目标、实现渴望的坚韧基础。"只有当我们完全抛弃展现在我们面前的虚假完整与纯粹肤浅，我们面前才会出现源于自身本质而实现本质塑形的道路。"[2]也许卢卡奇当时仍未能坚定地提出非理性思想的时代价值，甚至这些内容一度成为他早年在美学体系建构的逻辑中十分犹疑的原因，但在晚年的《审美特性》中，卢卡奇仍延续着其早年的美学思路，而马克思主义美学体系的成功，则以卢卡奇自己的论证逻辑，即

1　尼采：《悲剧的诞生》，孙周兴译，北京：商务印书馆，2012 年，第 159 页。

2　Georg Lukács. *Werke Band I (1902-1908)*. Herausgegeben von Zsuzsa Bognár, Werner Jung und Antonia Opitz, Bielefeld: Aisthesis Verlag, 2017, S. 178.

效应论证存在，证明了他早年非理性思想作为美学体系建构基础的合法性。

三、再见，"伊尔玛"

若说一个好的哲学家是一生践行其自身哲学思想的人，那么卢卡奇便不能算是一个"好"的哲学家，因为他不断否定着他所践行的、他自己既存的哲学思想。然而卢卡奇并不是一个普遍意义上的哲学家，因为他的哲学思想正是建基于二元对立中的"对立"本身，他的美学体系则以非设定性的间隔为前提。这意味着他早年的哲学道路虽然以美学体系的建构为休止符，但他实际上以哲学为建筑框架，其内涵是卢卡奇自己早年的生存悖论，是主体意志的困境，是非理性生命存在问题。在这个意义上，这种循环往复的摇摆不定，实际上正是卢卡奇早年理论的特征及存在形态。这是他对德国古典哲学的吸收与化用的结果，也是他基于时代所能选择的最契合的表达方式。

卢卡奇从未明确提过他要构建一种体裁论，更未表述过他对论说文的分析是为了形成一种理论体系。对他而言，戏剧、论说文、小说，乃至已经不合时宜的史诗，都无非是主体的一种表达方式。一切体裁都是主体通向世界的姿态，这些姿态产生的动机则是使生活世界与经验现实产生关联，卢卡奇的目标在于在这一宏大的精神现象中构建出真正的现实总体。而使他开启这一救赎路线的，则是两个他在生活中遭遇的个体，或者更准确地说，是他对这两个人的失去。

《心灵与形式》的扉页赫然写着"dem Irma Seidler"。无论理论家自己的爱情故事与其理论研究相比多么不值一提，在他失去之时，这仍成为一种他不可承受的力量，这种"轻"甚至一度将卢卡奇推向死亡的边缘。卢卡奇在生活与生命之间追求存在的本质与生命的真理，伊尔玛的出现为他带来了生活的幸福。这种轻盈的快乐是美好的，这种美好足以让他远离工作，甚至背离他对灵魂的理论追求。心灵与生活的分离使必然的悲剧走向它的顶点。即便卢卡奇此后在日记中充满感情地写道："我认为我们分开的原因，并不是因为我不足以成为我想象中那样的'学者'，虽然这也有可能，甚至以后可能会变成这样，我们的分开是我作为人类的必然结局。我需要一些东西。我需要人，很需要他们带来的温暖。我的'温暖'只能通过一种艰难的融化而实现，我甚至无法用语言对此进行表述，我只是能感受到它的无法实现。我多年来所坚称的我不需要任何人，我能在任何地方好好生活，其实并不是真的。我并不觉得我能做到这一点。"[1]他也丝毫没有给自己任何向生活妥协的机会。当他 1910 年再次去往佛罗伦萨，他发现乔托和米开朗基罗对他的意义，竟与他和伊尔玛同游时所获未减多少。这成为他对自己选择进行合法性论证的充足论据。他更加意识到，自己曾经选择放弃生活是正确的，即便痛苦，但这最终会被验证是明智的。"是时候和伊尔玛真正说再见了"，卢卡奇这样告诉自己，因为一切从单个主体自身精神中产生的理想、渴望、重构，都只能最终在其自身中得到存在的验证。他此时已经提出了他这一时期艺术哲学与美学研究中的两个关键问题，即艺术作品的形而上学价值，以及意识对存在的实际效用问题。这两个问题在十年后，分别成为他海德堡手稿中艺术哲学体系与美学体系的基础。

　　直到伊尔玛骤然离世，卢卡奇突然意识到他早年对生活的姿态充满了生命意志的悖谬，非理性地追求非理性，其实等同于非生命性的理性所带来的主体性异化。这是进一步对真理的远离，也是对真理的否定。

1　Georg Lukcs. *György Lukács's Diary*, 11 May 1910, in *György Lukács, Manuscripts, Correspondence, Diaries*, pp.6-7.

绝对的失去使生活与真理一同破灭，卢卡奇并未能从他在日记中提到的工作中找到他追求的真理，却因为生活的破碎而失去了全部的可能性。他终于发现，不是生活阻碍了本质，而是否定生活包含本质的这一意识，同时毁掉了二者。他曾执着地认为，女人是外在于生活的旁观者，他将其一直体验到的个体异化带来的割裂感归咎于可以与性别相联系的二元对立与差异：男人和女人之间的鸿沟是个体异化的一种范式。这使解决这一悖论和弥合这一鸿沟在本质上成为不可能，因为人类首先无法在类本质维度改变个体的存在属性。但其实，卢卡奇在伊尔玛那里已经看见了生活的本质，只不过当时的他并不能意识到，那种由生活带来的痛苦和折磨其实是对主体本质性反思的召唤，它能成为主体实现飞跃的可能性。

伊尔玛的分手信使卢卡奇确信，他一直以来对他与伊尔玛之间关系的认知是正确的，但她的死却让卢卡奇质疑自己的渴望与追求。他意识到，打破形式并不必然能获得本质，这也许会导向精神的另一种贫困，即一种不再具有渴望的精神。直至卢卡奇转向马克思主义之后，他在《历史与阶级意识——关于马克思主义辨证法的研究》中才对康德的哥白尼式认识论革命给予了积极评价。其中，他将这一认识论视为阶级意识的决定作用的重要论据，间接肯定了颠倒对象与知识关系对认识论的突破。而这一逻辑关系直接延续其审美文化批评中对无产阶级文化的批判，并实际源自其早年美学体系建构的认识论。在《悲剧的形而上学》中，卢卡奇将生活与本质的关系颠倒了过来。不是悲剧或任何认识对象能够帮助主体充实其对本质的追寻，而是形而上学的主体自身决定了他对悲剧作品的认识与审美，否则即便是崇高的悲剧顶点所带来的震撼，亦无法使主体从中获得净化。卢卡奇的这一观点在表述上具有浓厚的唯心主义色彩，但在本质上却是其艺术哲学与美学思考中现象学方法论的体现。休谟曾基于存在对应然提问，卢卡奇则在康德的影响下对存在的可能性提问，这一方面意味着现实存在本身，包括其形式，都并非本质，而另一方面，存在或形式又是本质直观的唯一媒介。在这个意义上，西方现象学运动所带来的认识论逻辑则一方面反抗了实证主义与科学对生命价值与生存意义的遮蔽，另一方面强化了感性直观与价值本质的内在固有联系。这一联系则成为卢卡奇这一时期美学体系思考的主要依据。

卢卡奇最终告别了伊尔玛，也告别了以放弃生活为代价的抽象哲学追求。以生活为代价的心灵只能进一步走向孤立，生活是必要的，如同工作是必要的，但工作的方式亦犹如主体的姿态，决定了工作的意义，即接近理想还是创造理想，而主体的姿态亦决定了是心灵践行生活，还是生活成为心灵。卢卡奇开启了他精神的奥德赛之旅，开启了他以永恒为方向的乌托邦式渴望之路。他告别了曾经单向度且充满理想的本质追求，开始了一种理性的非理性追求。生活的价值没有因为卢卡奇的背离而被打破，它成为一切本质追求的立足点。从幼年生活到戏剧实践，再到对主体精神总体的反思，卢卡奇在对这两个对立领域的研究中实际意识到，生活是不可规避的一切现代性问题发生的场域，但若缺乏有意识的反思，生活仍然只是孤立的客体，与主体无涉，而仅当主体与之产生认识与实践的联系，在解决二元对立问题的道路上才能出现突破。

对心灵与生活之间悖论的揭示，是卢卡奇以其自身的形而上学范畴贴近日常生活领域的实践结果，是他亲身处于悖论的煎熬中时字字珠玑的反思。他最终未能实现心灵与生活的统一，而只是尽可能否定了一切来自生活的可能性；他最终仍未能实现属于他的必然性，而只是清楚地看到了那些无法通向必然性的排除项。在论说文集的结尾，卢卡奇重又思考着悲剧及其形而上学效应，但这时，悲剧于他早已不是那种召唤纯粹情感的表达方式，而是一种伦理，它能使主体在生活的伟大瞬间体验到自我性，以此通过新的认识将既存现实变成新事物，并提供一个新记忆，甚至一种新正义。这种伦理的赋形能力就是一种判断力，在每一个形式中所包含的价值判断，便如同马赛克式技艺，成为散文化时代碎片的最终走向。卢卡奇亦由此真正告别了他此前莫比乌斯环式的理论追寻，而真正开始了对赋形的探索。

第四章

虚构的新总体：

小说

"伟大史诗塑造了生活的外延总体，戏剧则塑造了人性的内涵总体。"[1] 在此意义之下，小说便是以塑造内涵总体为形式，以为主体提供外延总体为目标的体裁，也是卢卡奇早年体裁论中最符合现代主体的表达方式。卢卡奇认为："小说是这样一个时代的史诗，对这个时代来说，生活的外延总体不再是显而易见的了，感性的生活内在性（die Lebensimmanenz des Sinnes）已经变成了难题，但这个时代仍有对总体的信念（Gesinnung）。"[2] 这种被卢卡奇称作现代史诗的体裁，在论说文阶段之后，成为他尝试为心灵与生活提供交流可能性的途径。

这一时期，卢卡奇在陀思妥耶夫斯基的影响之下，在 20 世纪初期欧洲理性思潮所造成的主体生存困境中，意识到非理性存在的必然性以及发展启蒙理性的迫切性。以理性为统治的社会发展趋势间接带来物化，当物化极端化或进入与主体密切相关的生产劳动领域时便形成了异化，主体精神世界由此成为客体的奴隶。卢卡奇并不认为非理性在当时具有完全超越于理性的适宜性，他只是认为"越好，也就越糟"，战争无法改变现状，甚至进一步剥夺了人类的生存空间。而当他无法找到更好的解决方法时，陀思妥耶夫斯基作品中的反理性思想在卢卡奇眼中成为时代的药方，"新人"作为一种符号，表征着理性生活中现代主体非理性本质的赋形。由此，卢卡奇转而从内在世界思考可能性问题，以主体内在精神的发展和自我救赎取代源自外部世界的认知，内在本质由此真正成为现代主体生存的家园。

1　卢卡奇：《小说理论》，燕宏远、李怀涛译，北京：商务印书馆，2017 年，第 37 页。

2　卢卡奇：《小说理论》，燕宏远、李怀涛译，北京：商务印书馆，2017 年，第 49 页。

卢卡奇将小说视为现代的史诗，小说也是其早年体裁论的"史诗"。当他 20 世纪 50 年代再次关注小说体裁，除了虚构性和基于主体主观整体性的构造，小说创作的历史问题超越了瞬间与永恒的时间辩证法和浪漫主义的主体生存论。历史事件、历史哲学叙事、时代价值等问题是卢卡奇早年提出的"信息传递"（Mitteilung）的发展，即艺术作品或某一符号性的存在"往往与表达性行为'缠结'，本质上明确地区别于表达式本身的性质"[1]。"可能发生变化的……只是形式变化，这些变化虽然在所有技术细节上都会有所不同，但并没有推翻创作的原始法则。"[2]这为历史小说提供了便利。一方面历史小说从真正的史学研究中解脱出来，具备了叙事和阐释的相对自由，另一方面，它先验具备总体性建构的语境，其中一切人物与情节都在主体间性维度呈现事实合理性。而历史小说的效应并不在于叙事，而在于使主体以总体性建构为动机，展开内在本质的深刻反思。

1　德尔默·莫兰：《现象学：一部历史的和批评的导论》，李幼燕译，北京：中国人民大学出版社，2017 年，第 132 页。

2　卢卡奇：《小说理论》，燕宏远、李怀涛译，北京：商务印书馆，2016 年，第 31 页。

第一节　非理性的启蒙：由直观到精神科学的宏大叙事

　　小说的时代是史诗不再的时代，也是论说文无效的时代。在戏剧理论时期，卢卡奇将戏剧视为研究和实践的具体对象，从文学和艺术中一方面尝试分析不同戏剧类型和流派的特征，另一方面揭示作品的大众效应。在论说文理论研究中，卢卡奇转而关注现代主体的生存状况，在心灵与生活、本质与生命的悖论中，揭示论说文对现实的反映模式，指出其特有的对现实的辩证否定功能。而当卢卡奇开始关注小说，关注这一清晰的虚构世界，以及它作为一个独立总体与主体之间真正的关系时，他真正意识到历史本身的决定力量。无论主体处于何种立场，无论卢卡奇与生活之间存在何种矛盾分歧，在历史的洪流中，在时代的既存现实中，他只能选择妥协并表达顺应。

　　启蒙理性曾以科学拯救了 18 世纪的欧洲，然而当上帝成为替罪羊时，主体意志开启了非理性的启蒙。第一次世界大战充满荒唐与惨无人道，匈牙利国内的局势更使卢卡奇自觉身处危机之中而感到绝望。当陀思妥耶夫斯基对工具理性的批判进入此时理论和生活均处于困境的卢卡奇眼中，精神本质作为主体本质这一统一体的导向便成为卢卡奇在小说中对主体生命及其本质之间关系进行揭示的核心。虽然他的理论立足点客观上使他这一时期的小说理论必定走向黑格尔的精神现象学，同时为其历史辩证法注入了非理性内涵，但这却在客观上为他早年的最后一个体裁论提供了结论，即一切体裁都是时代的产物，而这实际上所反映的则是，一切主体及其表达的渴望本身，都无法实际超越历史的宏大叙事。

一、巫术：虚构世界的本体论价值

在晚年著作《审美特性》中，卢卡奇曾在巫术（Magie）中找到了艺术的起源。他选用德语词 Magie 而非 Hexerei 来表达巫术这一概念则暗示出，在对艺术存在可能性的思考背景之下，具有非理性意味的不可言传且绝对独立自由的某种元素，才是他理论构想中形成艺术的关键。彼时已经明确了马克思主义美学家身份的卢卡奇，在阐释中将巫术视为模仿在日常实践中转向艺术领域的过渡阶段，并指出其中包含着尚未分化且日后有可能成为独立科学态度与艺术态度的萌芽。他要说明的是，即便是充满着人类幻象与非理性认知的巫术，其本质也是现实，是既存。然而反观他早年对艺术的认识和对艺术哲学的抒写，巫术中的另一个组成元素才实际发挥着关键作用，即如他自己所言："原始时期'世界观'的和实践－社会的核心表达方式，也就是巫术，是一种在广义上始终能够激发感情的目标。"[1] 这一功能之所以重要，其原因在于："不仅因为情感受激发达到狂热所产生的效果，能使集体形成并保持对巫术意识的盲目信仰，这对他们而言是必要的，而那种深深扎根于巫术概念中的与自然力量的关系，无论受到何种影响，也能产生一种激发意图。"[2] 换言之，巫术除了对模仿的过渡，其自身内含的情感激发效应

1　Georg Lukács. *Ästhetik Teil I: Die Eigenart des Ästhetischen*. Neuwied und Berlin: Hermann Luchterhand Verlag GmbH., 1963, S. 378.

2　Georg Lukács. *Ästhetik Teil I: Die Eigenart des Ästhetischen*. Neuwied und Berlin: Hermann Luchterhand Verlag GmbH., 1963, S. 378.

才是艺术产生的根源。

　　由此，艺术的产生便拥有了一个非理性的基础，这使艺术与科学的对立成为非理性冲撞启蒙以来西方理性思想与传统的一个表征。在写作《理性的毁灭：非理性主义的道路——从谢林到希特勒》时期，卢卡奇虽然对非理性思想做出了清晰的判断，即"对人类思维发展的一种纯粹反动的形式"[1]，但这是他目睹纳粹将非理性发展到极致而形成了对人类整体的强大破坏力量后，沿着启蒙以来理性的发展道路所做的深刻批判。而在他早年从体裁中尝试寻找主体总体性实现之可能性的时期，非理性并不同于他在《理性的毁灭：非理性主义的道路——从谢林到希特勒》中所批判的那样，是一种具有社会力量的意识形态，而是对科学理性所带来的物化现实的反抗，能使主体由对第二自然的反映深入到对第二伦理的反思。在论说文理论中，卢卡奇揭示出论说文这一体裁对主体总体性建构的无能为力，而论说文则因此获得了对生活的内在机制进行象征的效应，即其非时间性排铺的呈现形式脱离了史诗叙事的历史逻辑，但是却以个体化的形式在应对平庸和琐碎的过程中，表现出矛盾的本质和个体的力量。在论说文之后，卢卡奇开始创作他理论的拼贴画，即小说理论。

　　小说是一个以文本为形式的虚构世界，其虚构性特质使之无需承担对现实的反映，但需要面向现实进行"无中生有"的整体建构。作为其早期体裁论中的最后一类，小说亦是卢卡奇这一时期一切艺术类型尝试的非理性归宿，是其将主体精神直接与主体生存的可能性紧密相连的世界观基础。在小说理论中，这一价值取向具体体现为两个方面：其一，

1　卢卡奇：《理性的毁灭：非理性主义的道路——从谢林到希特勒》，王玖兴等译，济南：山东人民出版社，1988年，第86页。

小说作为历史哲学的必然产物，具备非线性历史叙事的特质；其二，小说能在超越于科学理性的意义上实现主体主观精神的自由与独立。相比于中年时期对非理性主义的批判，卢卡奇早年对非理性思想的反思与接受显得流于形式，即他并不考证非理性思想的理论源头与发展过程，只是从中汲取一些元素，以便为他在论说文中未能得到明确答案的心灵与生活之悖论提供救赎，为其主体总体性建构寻找可靠且有效的理论基础。

　　史诗的时代总是先有对象而后进行创作，一切主体性表达都有一个明确的事实作为意向性客体的参照。然而在论说文所揭示的小说理论的时代，历史哲学的辩证法与具体艺术形式的家园已经完全不同，小说再也没有一个对象可以作为参照，而能作为参照的事实必定无法成为创作的基础。"对后希腊时代来说，这种哲学周期性消失了。在此情况下，艺术类型在一种解不开的复杂纠缠中相遇，作为对不再清晰明确的给定目标进行真实和非真实探索的标志；艺术类型的总和只表明是一种历史的经验总体，在这里，人们也许可以为诸个别的形式寻找、而且也可能会找到它们可能产生的经验的（社会学的）条件，但周期性的历史哲学意义绝不再集中于成为符号的诸种类型，而且从各时代的整体中所能辨认出来和作出解释的，也多于在它们自身中所能发现的。"[1]整体与特殊的关系在小说时代已经超出了包含与被包含的简单逻辑，时代与作品之间的关系亦由创作与接受变为现象与阐释。艺术作品本身的形式符号性质决定了对作品的具体阐释不可再受限于时代，具有象征意义的虚构总体，成为决定主体对时代与现实的认知的本体。

1　卢卡奇：《小说理论》，燕宏远、李怀涛译，北京：商务印书馆，2017年，第32页。

对异质和离散元素的组合，以及不断自我否定的动态发展结构，构成小说与主体本质相近的前提，其中，"诸抽象成分的凝聚关系就抽象的纯粹性而言是形式上的关系：因此，最终的结合原则必定是创造性的主观性在内容上变得明晰的伦理"[1]。伦理一方面指向人："所有这些多种多样的创造物，不管它们有多么宏伟的艺术布局，也不管它们是如何多种多样地、相互合目的性地关联着，甚至就连它们的被我们不正确地称之为诸世界的如此众多体系的那个整体，如果其中没有人（一般有理性的存在者）的话，就都会是毫无意义的……是白费的和没有终极目的的。"[2]另一方面则是道德，它是对自然规则的补充："人唯一能够给予他自己的那种价值，并且是在他所做的事中，在他不是作为自然的成员，而是以自己的欲求能力的自由怎样及根据什么原则来行动中的那种价值，也就是善良意志，才是人的存有唯一能借以具有某种绝对价值、而世界的存有能据以拥有某种终极目的的欲求能力。"[3]人自身是其一切判断与鉴赏行为的核心，善良异质则是与自然法则平行的人类行为的终极目的。在这个意义上，小说世界类似于康德思想中具有神学性质的独立而理想化的方向，它不是一个实体，也不能成为既存，然而也正是因为它的这一特征，主体才能获得存在的可能性。

小说无中生有的虚空构造使其先验地与生活和现实拉开距离，这种距离使虚构性成为小说的本质，而具有总体性的这一虚构世界亦成为

1　卢卡奇：《小说理论》，燕宏远、李怀涛译，北京：商务印书馆，2017 年，第 75 页。

2　康德：《判断力批判》，邓晓芒译，杨祖陶校，北京：人民出版社，2017 年，第 228 ～ 229 页。

3　康德：《判断力批判》，邓晓芒译，杨祖陶校，北京：人民出版社，2017 年，第 229 页。

主体精神的终极渴望。小说成为自足且与生活无涉的物自体，它对现实的表现既不限于自然主义的描摹，因为它拥有其自身语境中完整的发展线索，又超越了现实主义对矛盾的反映，因为它具有独立自足的生活场景，而这与现实并不必然具备一致性。小说明确地点明了理念与现实的距离，这种距离所对应的便是审美活动中的纯粹感觉。因此小说在否定生活又标榜虚构的双重否定逻辑中，成为对现实最真诚的表达方式，成为理念的写照，成为主体伦理的对象化。"对于其中理念被塑造为现实的每一形式而言，理念的命运在现实中无需成为辩证反思的对象。理念和现实之间的关系可用纯感觉的塑造手段来处理，这样，在两者之间就不会有什么必须用作家自觉显露出来的智慧来加以填充的虚空。"[1]两个世界的平行使一切实用性的现实因素暂时消失。如果说戏剧通过情感的震撼与情绪的共通使主体与作品相互映照，小说便直接面向接受者说出"我是假的"，进而邀请接受者在这个虚构世界跟随其中健全的主人公，完成他掷地有声的生命历险。这一探索的过程则是共情的瞬间，主体由此找到了其意向性客体得以生存的短暂家园。

二、创作：历史哲学中的生命意志

主体总体性具有自发性，卢卡奇对这一总体性的渴望既因为现代社会中总体消失了，又因为在人类历史中曾熠熠生辉地存在过这样的总体。可见这种主体总体性在卢卡奇的构想中，先天便具有伦理色彩，它是一个理想，更是一种理念。生活实践中的人们总是无法对比从未得到和永远失去哪一个加剧了碎片化，又是哪一个成为永恒的渴望。唯一可

---

1 卢卡奇：《小说理论》，燕宏远、李怀涛译，北京：商务印书馆，2017年，第75～76页。

以确定的是，二者都是历史哲学的产物，是生命在历史中的遭遇。当卢卡奇经历了论说文时期对生命悖论的反思，再度从黑格尔的思想中获取实现主体总体性的依据，纯粹的黑格尔已经不存在于他的理论书写中，取而代之的是充斥着德国浪漫派色彩和生存哲学的非理性元素。这在形式上体现为以生命的张力衡量绝对精神的效用，在内容上则呈现为对历史辩证法的生命哲学阐释。卢卡奇将黑格尔以来美学范畴的历史化，目的是揭示出美学范畴与历史之间的关联。他将这一辩证法视为艺术作品实现永恒价值与历史价值之统一的辩证法来源，他致力于发现变化中持久不变的恒定本质，以及本质中持续运动的内在演变。

然而在实际的小说理论书写中，由于卢卡奇颠倒了内容与形式在创作中的秩序，即他提出以形式创作作为主体总体的本体论，内容依赖于接受者跟随主人公完成生命历险之后的意向性客体。这种他自称为"黑格尔的克尔凯郭尔化"的理论发展尝试，实际上呈现为对黑格尔的非理性化。对世界的认知虽然需要主体的意识与能动性，但世界的存在和事实才是首要的，而以此为前提的理性对这一时期的卢卡奇而言已不再适用，哥白尼式认知革命与历史辩证法的综合体，才是扭转事实前提而以主体意志为核心的认知模式，才是人类生存的方式。因而在对黑格尔历史哲学的接受中，卢卡奇还发现了能使主体心灵游历于时间的历史辩证法、艺术在主体总体性建构中的媒介意义，以及创作活动自身所包含的认识能力。如他所言："知识只是揭去不透明的面纱，创作则是对可见的永恒本质的描绘。"[1]理性认知只能达到世界呈现给主体的现象的层面，而创作才能以具体对象化客体的形式呈现出世界的本质以及主体的

---

[1] 卢卡奇：《小说理论》，燕宏远、李怀涛译，北京：商务印书馆，2017 年，第 23 页。

本质。虽然希腊式的同质世界仍是卢卡奇的目标，但实现的方式却已经与史诗时代大相径庭："我们发明了精神的创造性：所以，我们的原始图景无可挽回地失去了其自明的对象，而我们的思想则走在一条永远都无法达到终点的无限遥远的路上。我们发明了形式的创造：所以我们的双手所厌倦和绝望放弃的一切总是没有最后完成。"[1] 现代主体已经失去了总体性的本质，但渴望仍能使主体通过创作发挥出对生活进行统摄的力量。形式创造使内在实体转化为理念实体，又以理念的形式为主体的认知提供了动力。为了保障主体面向渴望的意志的独立性，及其主观认知的合法性，主观世界与客观世界的间隔成为小说这一虚构世界发挥出本体论价值的关键。如卢卡奇所言："我们在自己身上找到了真正的实体：所以，我们得在认识和行动之间、心灵和形成物之间、在自我和世界之间放置不可逾越的鸿沟，并让鸿沟彼岸的每一实体性在反思中碎飞（zerflattern）；所以，对我们来说，我们的本质必须成为道德要求，并在我们和我们自身之间放置一个更深、更有威胁性的鸿沟。"[2]

《小说理论》再版序言中卢卡奇提出："小说形式的难题就是天下大乱的镜中影像（Spiegelbild）。"[3] 这意味着小说不再是，或从不只是一个虚构的文本本身。它一直是时代的表征，又内含解决悖论的方式。"生活的'散文'仅仅是现实从现在起为艺术提供不利基础的许多其他象征之一；所以，小说形式的中心难题就是从艺术上弄清深深扎根于自

---

[1] 卢卡奇：《小说理论》，燕宏远、李怀涛译，北京：商务印书馆，2017 年，第 24 页。

[2] 卢卡奇：《小说理论》，燕宏远、李怀涛译，北京：商务印书馆，2017 年，第 24～25 页。

[3] 卢卡奇：《小说理论》，燕宏远、李怀涛译，北京：商务印书馆，2017 年，第 8 页。

身的存在总体的完美总体形式，弄清一切自身内在完美的形式世界。"[1]
恰如绘画艺术中综合立体主义在分析立体主义的基础上，通过拼贴所实
际呈现出来的并非直接是三维的立体作品，而是更为平面化的形象。其
效应在于使接受者意识到作品自身的二维本质，并由此意识到生活本身
的立体性，以及作品和现实之间的本质差异。这一表现方式绕过了作品
单纯的反映机制，而直接以主体意识为目标，在其认知范畴中产生具有
现实反思性的审美效应。在这个意义上，小说在论说文与现实的对应关
系中，以构建独立于生活的虚构世界为方式，使主体意识到主体总体应
当是一个伦理总体，生活的本质也唯有当主体能在伦理范畴中对经验现
实进行认知之时才有可能实现。

　　在自发总体性尚存的时代，人们总是只知道答案而不知道提问，不
仅是因为那时的人们对生活没有问题，更是因为问题和答案从未分离。
而在问题出现而迫切需要获得答案的时代，不仅答案不存在，就连问题
本身也从它被提出的那一刻便消失不见，因为自发的总体被创造的总体
取代，答案和问题的分离成为创作的基础，至于答案究竟是什么，这对
于作品而言已经不再重要。卢卡奇将小说视为对神秘主义的讽刺："小
说创作就是把异质的和离散的一些成分奇特地融合成一种一再被宣布废
除的有机关系。"[2] 这些离散的成分既是时代的碎片化带来的个体化元
素，也是被历史打破的原初整体的当下呈现形式。在稳定的日常生活
中，人们思考主体生存的具体境遇，而在经历了世界大战的 20 世纪初
期，当人们切实面对死亡与战后世界格局的演变，生存境遇已经不是主

1　卢卡奇：《小说理论》，燕宏远、李怀涛译，北京：商务印书馆，2017 年，第
　　8 页。

2　卢卡奇：《小说理论》，燕宏远、李怀涛译，北京：商务印书馆，2017 年，第
　　75 页。

体能够思考甚至谋求改变的对象，战争也不足以彻底改变这一历史时期的时代积弊，知识分子普遍的战争情绪又使卢卡奇从中看不到任何能维系主体生存的可能性。德国古典哲学的观念美学与浪漫派的神学思想让卢卡奇迫切地想要寻找家园。这一家园不能仅仅是精神的家园，它需要是使伦理主体得以生存的家园。"只要人为人制造出来的诸种产物确实适合于人，它们就是人所必要的唯一家园；而在人心目中就不会产生这样一种渴望，即自己把自然作为寻求和发现的对象来设定和体验。"[1]被卢卡奇称为"现代感伤"的自然情感，那种人类创造的环境反成牢狱的情感，便不再困扰主体。

当教堂成为新的城邦，美学便重新成为一种形而上学，形式创作则成为主体寻回生活本质的唯一途径。当现代主体不得不在科学理性之下，在生产与分工中，脱离荷马式的绝对内在生活实体，向柏拉图式绝对历史性实体演变以保证超验价值的持存，希腊式整体不仅是主体总体性的渴望，也是主体在历史哲学维度实现生存的前提。由此，"可能发生变化的只是对象及其创作的诸条件，而并不触及形式与其先验生存权利的最终关系；此外，发生的只是形式变化……变化可能正好发生在那决定一切的艺术类型风格化原则（principium stilisationis）中，并由于不同的艺术形式——在历史哲学上所限定的——符合同一艺术意愿而变得必要。"[2]卢卡奇通过小说所表达的不仅是历史辩证法对内外断裂时代中总体性的维护，更是对主体生存境遇中主体意愿及其决定性作用的凸显。史诗的世界基于绝对总体，其中不存在对立和矛盾，因此也就没

1　卢卡奇：《小说理论》，燕宏远、李怀涛译，北京：商务印书馆，2017 年，第57 页。

2　卢卡奇：《小说理论》，燕宏远、李怀涛译，北京：商务印书馆，2017 年，第31 页。

有实现平衡的渴望；小说则是散文化时代中，主体追求史诗般总体性的不断自我扬弃的过程。作为"这个时代具有代表性的形式"[1]，它所表达的主体伦理诉求一方面必然是历史哲学的，另一方面则在对史诗时代的扬弃中是形而上学的。在这个意义上，小说中具有本体论意义的虚构成为形式创作的另一种表述方式，这一特征亦使主体得以凭借其自身生命意志，在现代社会中重构问题与答案之间的相互关系。

三、赘生物：生活的韵脚与心灵的事实

卢卡奇发现了小说与德国浪漫派的紧密联系，即它是对先验无家可归的一种表达。既然小说是现代的史诗，它所表达的无家可归便是时代的意义。无家可归既是时代的产物，亦在客观上成就了这个时代。小说轻而易举地便揭示出时代的症结，同时又以"半艺术"的特征疗愈着时代的病症。外延总体不复存在，但人们仍对总体抱有信念，这才形成了主体最终的分裂。本质的发展在此停滞，而生活仍在继续。这种没有有效内核作为支撑的延续使主体无法从中获得意义，反而被生活的运转裹挟，成为这一机制的零件。生活的内在性（Lebensimmanenz）是主体生存意义的组成部分，当其相对于生活的进程呈现出萎缩之势时，主体精神便在外延总体的毁坏中形成赘生物，即生活不得不出现能使主体得到安慰的乌托邦碎片，心灵亦不得不通过具体的对象化获得能使其存在和价值得到认证的客体。然而在本质上，这些产物的产生机制与存在实际上标志着物化的加剧。这一源自有机体又异于有机体的存在，在揭示出"不健康状况"的同时，亦表达着外部世界与内在世界之间不可消解

---

1 卢卡奇：《小说理论》，燕宏远、李怀涛译，北京：商务印书馆，2017年，第84页。

的关联。内在性的紧缩和外在性的压缩在逻辑上同向，它们在结果上共同加剧了生命的病态反抗。"半艺术"则以其未完成的存在特征与待完善的召唤能力，将时代的答案写进未来。

史诗到小说的演变被卢卡奇视为历史哲学的表达，它会派生出相应的表达方式，也就是体裁与艺术创作中的技法。韵文和散文的区分本真地表现出史诗和小说的本质界限，它们同时也是整个社会时代变迁与核心价值演变的反映。如卢卡奇所言："史诗韵文（der epische verse）也制造一些距离，但在生活领域里，距离意味着一种愉快和轻松……正是由于史诗韵文的距离，这些幸运时刻才成为生活的水平。"[1]"因为对生活的领域来说，对史诗来说，平庸就是艰难，正如对悲剧来说，平庸曾是轻松一样。"[2]平庸就仿佛历史进程中一把带有刻度的标尺，它内含的反思性相比史诗的整体性时代而言太艰涩了，而它的反映能力又远远达不到悲剧效应所要求的深刻的普遍性。可见在卢卡奇看来，韵文的时代是圆融且充满秩序的，这种秩序带来的感觉是幸福而完整的，它代表着生活的极乐定在总体，这是一种先定和谐。韵文的作用不过是推动了既存花蕾的绽放，它实际上并未改变什么，甚至用繁花掩饰住了主体与其渴望对象之间的鸿沟。

基于总体性建构的理论视域，韵文实际凸显的是总体存在的瞬间性，它代表着历史进程中、延续不断的意义追寻道路上一个具体时刻的乌托邦，为小说的"半艺术"功能提供了阶段性力量。小说虽然不以韵文写作，但在小说理论中澄清韵文所象征的意义是十分关键的。韵文所

1　卢卡奇：《小说理论》，燕宏远、李怀涛译，北京：商务印书馆，2017年，第50页。

2　卢卡奇：《小说理论》，燕宏远、李怀涛译，北京：商务印书馆，2017年，第50页。

代表的总体是下一个瞬间得以出现的跳板，真正的总体便是由一个接一个这样的瞬间相继而成的。只不过在外在压迫与内在紧缩的羁绊中，瞬间总体的存在短暂如流星，滑落时带走了在卢卡奇看来对时代毫无益处的抒情诗和风俗画。生活则如散文，包含诸多瞬间，但这些瞬间并不能如同在小说世界中那样最终凝聚成一个总体。生活中的这些瞬间不过是生活的韵脚，它们结束了一行诗，然后开启下一行。它们的功能不在于勾画生活的范围，而是揭示生活和本质的界限，即总体只是生活的浪漫渴望，意义只是心灵与生活异质的标记。

如卢卡奇所言："偶然的世界和成问题的个人是相互制约的现实。"[1] 当个人不成问题，无论世界的建构以何种形式呈现，主体都只会遇到过程上的障碍，而不会受到内在本质威胁。然而当环境不再依据主体所追求的理念进行建构，同时主体的意向性客体已经脱离了主体自身内在本质，主体便会受到内在威胁。在这个意义上，"生活的内在意义……在彼岸世界：它是超验者（Transzendente）的内在完美"[2]。因为"彼岸家园的每一个居民都来自这个（完全疏远的）世界，每一个人都因与命运分不开的强力而受到这个世界的束缚；但是，只有当每一个人走完了有意义的路程时，他才认识了这个世界，并通观它的易碎和严酷"[3]。这意味着在通往彼岸世界之前，在达到生命的尽头与渴望的顶点之前，主体存在并生活的世界是必然破碎的，否则便没有彼岸世界可言，因为此

1　卢卡奇：《小说理论》，燕宏远、李怀涛译，北京：商务印书馆，2017年，第 69 页。

2　卢卡奇：《小说理论》，燕宏远、李怀涛译，北京：商务印书馆，2017年，第 52 页。

3　卢卡奇：《小说理论》，燕宏远、李怀涛译，北京：商务印书馆，2017年，第 53 页。

岸世界已经充满意义。而卢卡奇所强调的在彼岸世界才能实现此岸世界的意义，其所指并不在于两个世界的平行独立，或者彼岸世界的不可企及。他强调的是意义的实现是一个历史哲学的发展过程，由此岸世界到彼岸世界的跨度，是主体精神辩证扬弃的具体实践。当主体开始向着彼岸世界追寻意义，心灵的事实便相应地出现在那里。主体通向意义的过程既是主体基于现实之偶然性的飞跃，亦是他放弃答案而直接对问题的总体性建构。

史诗象征着天赋整体，小说的意义则在于发展："史诗可从自身出发去塑造完整生活总体的形态，小说则试图以塑造的方式揭示并建构隐蔽的生活总体。"[1]这意味着史诗将人类曾经拥有过的总体呈现出来，它一方面告诉人们总体是可以存在的，另一方面向人们指明了回到过去的不可能。小说则以此为基础，一方面肯定总体性对主体的意义，另一方面寄希望于主体对总体的作用。在这个意义上，史诗面向主体所生存的现代，呈现出历史，小说则背靠当下，描绘出未来。卢卡奇借助于小说的虚构总体揭示出理念与现实的悖论，并以此向主体呈现出追求生活本质的方向。这是他在贯彻黑格尔的过程中对康德的化用，即心灵的事实不存在于生活，但在主体不断接近这一意义的时候，它成为对主体而言具有先验性的伦理价值。这同时基于主体意志提出了主体本身的可能性，即主体既是绝对精神的对象化，亦是历史的对象化。这一观点成为卢卡奇经由反理性思想开始美学体系建构的关键。

---

1 卢卡奇：《小说理论》，燕宏远、李怀涛译，北京：商务印书馆，2017 年，第 53 页。

第二节 开端和结局：小说的历史哲学难题

　　当小说在卢卡奇早期体裁论中承担起马赛克的功能，将一切生活与认知的碎片凝聚为一个完整的整体，实际上是在并置不同的异质空间。如卢卡奇所言："小说创作就是把异质的和离散的一些成分奇特地融合成一种一再被宣布废除的有机关系。"[1]不仅如此，小说也在形成有机体的过程中，并置了不同时间及其所承载的人类文明发展状况。西方学者在反思启蒙理性时曾提出："在艺术作品的意义中，或是在审美表象中，那些新鲜而可怕的事件变成了原始人的巫术：即在特殊中表现整体。"[2]这一观点清晰地揭示出巫术甚至直接存在于以艺术表达为媒介的未来世界和彼岸世界当中。由此，生活的内在意义、渴望的对象便都成为主体的先验形式。"诸抽象成分的凝聚关系就抽象的纯粹性而言是形式上的关系；因此，最终的结合原则必定是创造性的主观性在内容上变得明晰的伦理。"[3]在这个意义上，小说中的伦理实际上是卢卡奇早期在其陀思妥耶夫斯基研究手稿中所提及的第一伦理与第二伦理的综合，是主观精神与其彼岸意义的辩证统一。

1　卢卡奇：《小说理论》，燕宏远、李怀涛译，北京：商务印书馆，2017 年，第 75 页。

2　霍克海默、阿多诺：《启蒙辩证法——哲学断片》，渠敬东、曹卫东译，上海：上海人民出版社，2020 年，第 16 页。

3　卢卡奇：《小说理论》，燕宏远、李怀涛译，北京：商务印书馆，2017 年，第 75 页。

这样的统一并非卢卡奇刻意为之，它得以实现源于人内在存在的双重可能性："实际上人本身就如同喀戎，位于超越性的神灵和世俗性的动物之间，人的身体同时镌刻着超越性的潜能和动物性的沉浸。……人自身之中超越性和动物性的区分……并不是恒定的，在不同的时代，这个区分需要重新架构。"[1] 进而言之，人自身一方面具有超越诗的韵文式象征的神性，即他能够在上帝不再的时代建构起自律的伦理世界；另一方面，他又内含生物性本能，即永远无法摆脱非理性机制在某一时刻的决定性力量。也正因此，卢卡奇在小说理论中的反思并非对现实的批判，实际上是对家园的寻觅，这为他的小说理论赋予了浓厚的浪漫主义色彩。

由于意义存在于彼岸，且只能在事后才能实现，历史便不仅为虚构整体提供了存在语境，也成为这个世界的组成部分，成为情节的构成要素。在理论生涯的中后期，卢卡奇还专门提出了历史小说这一特殊类型，将历史事件从历史进程中整个截取出来，置入小说的情节架构。被取出的历史事实以时间片段和历史主题的形式，成为虚构世界中的元素。由于其先验具备的事实性，历史成为小说中先验的绝对因素。然而基于小说的虚构特征，这种绝对性成为最明确的不真实，情节的发展和主人公的探索也由于历史的既存性，呈现出最鲜明的反讽意味。真实不过是让接受者直观虚假，小说却由此成为生活的真实。

一、反讽：上帝死后主体的最大自由

作为一个发展总体，小说绝不能成为永恒。"小说世界是由充满小说内容的过程之开端和结尾来规定的，小说的开端和结尾由此成为一条

1　蓝江：《从动物到人，再到怪物——阿甘本〈敞开〉中译导言》，载于阿甘本：《敞开：人与动物》，蓝江译，南京：南京大学出版社，2019年，第XXI～XXII页。

清楚测量过的道路在意义上被强调的里程碑。"[1] 换言之，小说只能是一个瞬间，且必定是人类理性思维发展过程中具有认知性的过程。不仅如此，"开端和结尾是基本生活的抉择，而作为赋予意义的、并具有重要意义的一切事物，则发生在它们之间"[2]。卢卡奇所意指的并非内容，而是形式，是小说的本质，亦是总体的本质。这一本质在小说的创作中被卢卡奇称作伦理，或者更准确地说是伦理的自我修正："因为这种伦理必须扬弃它自身，以便史诗创造者能实现其标准客观性；又因为这种伦理绝不能完全看透小说所塑造的客体，所以绝不能完全摆脱自己的主观性，并作为客观世界的内在意义而显现出来。"[3] 这样一来，这种伦理便形成了一种复合体，它同时内含主观性与客观性，二者在形式上的对立以及在小说赋形中的统一，便形成了小说的反讽。

对于接受者而言，小说的反讽并不意味着直接的批判或对新价值观的建构，而是创造出一种在现实中无需经过反思而天然存在的理念。在这一理念的创造中，作者的意图不应体现于其中，作者需要做的只是通过一种纯粹感觉的手段，为接受者接收并接受这一理念提供效应媒介，同时将自己的意图隐藏于其后。由此，与戏剧接受中情感的作用相比，小说中的情感立足于一种忧郁："信条只是一种要求，而不是一种起作用的现实。"[4] 因为小说的意义在于使接受者认识到其中伦理的二重性，

1　卢卡奇：《小说理论》，燕宏远、李怀涛译，北京：商务印书馆，2017 年，第72 页。

2　卢卡奇：《小说理论》，燕宏远、李怀涛译，北京：商务印书馆，2017 年，第73 页。

3　卢卡奇：《小说理论》，燕宏远、李怀涛译，北京：商务印书馆，2017 年，第75 页。

4　卢卡奇：《小说理论》，燕宏远、李怀涛译，北京：商务印书馆，2017 年，第77 页。

以及反思的理想性："它自身只是一种理想，某种主观的东西，单纯假设的东西。"[1] 由此，小说的总体性和虚构性便都通过"成熟男子气概的形式"[2] 这一概括呈现出来。一方面小说的总体仍是一种形式总体，它唯一的突破性在于人们能清楚地认识到这一总体并非现实，而绝对不可能就是现实本身。另一方面，小说的情节越是跌宕起伏，其主人公就越是受到作者的讽刺，因为作者的创作义务便是带领接受者在探索小说情节发展的过程中，使之意识到主人公心灵与生活永远无法适配，理想永远只是失败的起点。主人公既是斗争的，也是早已放弃斗争的；既是胜利者，也是绝不可能取得胜利之人。小说不仅在胜利者面前揭示出现实之虚无，又在理念的下一次反抗中犹豫不决，因为小说世界将现实胜利的优势归因于理想负担之下的心灵内部，这意味着战胜主人公的并非现实，而是主人公的内在本质。在这个意义上，主人公的一切历程便都成为主体伦理发展的过程及其辩证否定的发展路径。

然而这样一来，为了解决现代主体生存困境而被卢卡奇提出的小说这一体裁，在其反讽的价值意涵中，呈现出小说创作的历史困境。其一，历史无法决定小说中任何的意义，但小说的价值又无法脱离历史而通向主体。其二，在小说所揭示的现代主体生存状况与理想当中，人类发展的青年阶段与成年阶段的个体特征都同时完整地出现在小说世界的建构机制当中，即光辉灿烂的总体信仰和痛苦的深入理解必须同时出现在小说当中。其三，开端和结局之间作为过程的小说世界既承载着超越时间的绝对价值，又无法在实际表达中逾越主人公的生死，而受到小说

1　卢卡奇：《小说理论》，燕宏远、李怀涛译，北京：商务印书馆，2017年，第76页。

2　卢卡奇：《小说理论》，燕宏远、李怀涛译，北京：商务印书馆，2017年，第76页。

世界内部时间的限制。"尽管自在自为的小说不受生活的自然开端和结尾即生与死的束缚，但仍正好通过它开始投入和停止的那个点，指明了被难题所决定的、唯一本质的片段，接触到在此前和此后的所有事物仅仅处于远景的摹写中和与难题的纯粹联系中，它仍倾向于展开对它来说是本质的生活过程中的史诗总体。"[1] 主人公仍陷于虚构世界，正如同伦理无法脱离历史。不是主体的生活受限于历史，便是生活受限于永恒价值。

不过相比反讽对历史叙事的扰乱，虚构使小说成为一种客观表达，这便使小说超出了论说文对现实的镜像表达，而直接以批判的方式为主体提供了对生活的认知。小说是主体内在价值进行冒险活动的形式："小说的内容是由此出发去认识自己的心灵故事，这种心灵去寻找冒险活动，借助冒险活动去经受考验，借此证明自己找到了自己的全部本质。"[2] 所以小说是以丰富的内心和冒险的分裂为方式，在游荡神灵或曰精灵之力下，超出生活之外并消解全部生活的内在性倾向。若非这一不统一与不和谐的存在，心灵冒险之旅便不能实现，小说总体的发展与自反内心便无法实现。这一总体由此显现出强烈的绝对精神意义，同时伴随着鲜明的非理性："以前显现为坚不可摧的东西，在第一次接触被精灵所附体的人时就像干硬的黏土一样瓦解了，而空洞的透明性（在它后面可以看见迷人的风景）则一下子变成了玻璃墙，在这堵墙面前，人们徒劳而无法理解地……因不能穿过、自己又不知道这里有没有通道而

1　卢卡奇：《小说理论》，燕宏远、李怀涛译，北京：商务印书馆，2017 年，第 72 ～ 73 页。

2　卢卡奇：《小说理论》，燕宏远、李怀涛译，北京：商务印书馆，2017 年，第 80 ～ 81 页。

伤透了脑筋。"[1] 然而在卢卡奇看来，这一不可见却暴露出了真正的实体，即上帝当前并不存在，主体的自我认知正在建构。

反讽使主体看到了上帝对世界所完成的创作，亦看到了上帝无法对世界做出的创作，以至于理念变成了理想，主体由此失去了乌托邦家园。更重要的是，反讽把主体内精灵性的存在理解为超越于主体主观范畴的本质，这预示着的是即将到来的主体精神。反讽既塑造出了能够安置痛苦内心的安宁世界，又表达着上帝死后没有神灵能够进驻的时刻的煎熬，同时隐隐暗示出主体即实体的主观能动性与认知过程的辩证发展，这便是卢卡奇在体裁论研究的最后以小说作为结尾的原因之一，即"它不只是创造总体的真正客观性的唯一可能先天条件，而且也由于小说的结构类型与世界的状况基本一致，就把这种总体即小说提升为这个时代具有代表性的形式"[2]。

二、结界：孤独心灵的神秘主义体验

即便拥有了反讽所产生的"现实主义客观性"力量，由于小说创作的历史悖论，那种内含辩证发展力量的实体仍然不能直接存在，作者的创作与小说世界的运作之间，仍然欠缺一个关键的诱发机制，即时间关联。小说的时间应当完全独立于主体生活的历史线索，然而纯粹的孤立会在强化虚构性的意义上，使小说成为相对于主体的客体。主体借助反讽获得了超出上帝的自由，"然而，心灵或作品中标准物的实现，不可能由其基础、由当前的东西（在历史哲学的意义上）所取代，而不

1　卢卡奇：《小说理论》，燕宏远、李怀涛译，北京：商务印书馆，2017 年，第 81～82 页。

2　卢卡奇：《小说理论》，燕宏远、李怀涛译，北京：商务印书馆，2017 年，第 84 页。

危及其最特有的力量，不危及其与对象的基本关系"[1]。这意味着小说中，作者的创作、小说的讽刺并非积极的神秘主义，而是以悬置的方式走向了消极的神秘主义："它面对意义采取一种聪明的无知（docta ignorantia）态度，是精灵之善良和恶意的所作所为的描述，是放弃能对这种所作所为的事实作更多的理解……"[2] 它最终所表达出来的便是上帝不存在时期的实体，即作品本身。

　　然而在主体对对象的认知过程中，以及主体借助对象通过飞跃回到自我认知的整个建构中，悬置虽然使主体挣脱了历史范畴的经验限制，但也因此架空了内在性作为主体之渴望的实际功能。上帝虽然不再出现在小说当中，但其存在仍然是一个隐秘的因素，要么化身为分散的诸神，要么化身为精灵，作为一种神秘力量促进小说世界这一总体性的完善。如卢卡奇所言："把上帝归于诸个别形式真实素材的技术概念之下这种做法，显示出艺术结论的双重面貌，并把它编入在形而上学上具有深远意义的一系列作品：这种完美的、技术的内在性同最终的超验存在之间有一种……作为前提的先行根本的联系：创造现实的、先验的作品形式，只有真的超验性在其中成了内在的时候才能产生出来。"[3] 这意味着空洞的内在性只能造成碎裂的表面。总体的存在源于总体性的主体精神，而唯有总体的存在得到认知之后，主体精神及其绝对性才能在主体重返自身的认知过程中被主体最终意识到。

1　卢卡奇：《小说理论》，燕宏远、李怀涛译，北京：商务印书馆，2017 年，第 82 页。

2　卢卡奇：《小说理论》，燕宏远、李怀涛译，北京：商务印书馆，2017 年，第 82 页。

3　卢卡奇：《小说理论》，燕宏远、李怀涛译，北京：商务印书馆，2017 年，第 83 页。

　　这一观点实际上指明了总体是一个以时间性为核心的生成过程，它并非如同球体或圆环一般毫无破绽而稳如磐石的给定存在，而是一个拓扑结构；它不是在漫长发展之后所得到的结果，而是通过在时间轴上不断推进，以及在认知历程中不断变化与生成，才被视作一个总体的发展与变化的进程。小说通过其开端和结局截取了这一进程中的一个片段或瞬间，并以反讽的机制向人类认知投影出这个进程尽可能广袤的全部面貌。为了使主体能够明确地在对小说进行接受之前便知晓这一世界的虚构性，小说事前便建构了它的结界，以此确保其独立于生活的一切自由，以及内在叙事的清晰透明。

　　为了使小说对现实的反映和塑造功能更为清晰，卢卡奇对小说这一体裁再度进行了划分。他通过小说世界主人公的渴望与现实的关系，将小说形式分为抽象的理想主义、幻灭的浪漫主义，以及探求心灵与生活和解之可能性的现代主义。这三种类型虽然能依据具体思潮对应于艺术史的不同历史时期与实践，并且由于其各自的代表性理念，成为三种相对独立的代表形式，但在卢卡奇的体裁论逻辑中，在他这一时期所重视的文学史方法论中，这三种小说类型实际上呈现出主体在解决与世界之间的关系问题、主观世界与客观世界寻求基于主体认知与主观能动性的统一过程中，不同尝试阶段及其相应时代特征的历时表达，即心灵与世界之间的关系并不是共时而综合的分类，而是主观精神随着认知而使对象发生变化的历时叙事。不仅如此，这一关系还揭示出可能性这一概念所包含的双重性，即它一方面提供了发展的动力，另一方面加剧了主体心灵的悖论："人物类型和情节结构在这里受制于形式的必然性，即内心与世界的和解虽然难以解决，却是可能的；必须在艰难的斗争和迷途中去寻求这种和解，而且一定能找到这种和解。"[1]要实现这一点，首先要做到的是打破既存现实的存在形式与运行模式，转变主体的认知逻辑。心灵与生活的矛盾并非心灵不适应生活，而是生活不适应心灵；内在和外在的悖论并非源于外在世界对内在世界的排斥，而是外在世界无法承认其自身包含于充盈的内在世界当中。

《威廉·迈斯特的学习时代》被卢卡奇视为介于浪漫主义与理想主义之间，其主题是追逐理想体验的个体与现实之间的和解，但这种调和并不是对心灵与现实对立的统一，而是打造了一个新的理想形式，即在自然观上尊崇理性，而在社会历史观中批判理性。就结局而言，迈斯特既实现了行动效力，又在生活中获得了理想的结果，因为心灵与理念之间保持了足够的距离与松散的关系。然而独立的心灵也未能将心灵世界完善成一种自身完美的现实，它实际上成为与外部现实相对立的假想敌，是一种远离先验秩序却未能完全与之脱离的形式符号。它既对尘世家园充满渴望，又将这一家园构想得与理想一致。换言之，这一家园实际上是心灵家园，这一悖论性的表述对应了卢卡奇颠倒人类认知逻辑的想法，并以生命哲学发展黑格尔主体即实体思想的逻辑。这一尝试的结果是："内心就横亘在理想主义和浪漫主义之间，并在自身尝试综合和克服双方时，被双方作为一种妥协而予以拒绝。"[2]就如同歌德的理想社会，其中人人都有自己的个性，同时又彼此敬重，同心同德；人人都有远大理想，同时个个又都是实干家。虽然迈斯特以对戏剧艺术的追寻开启了他伊利亚特的旅程，最终以人生艺术完成了他的奥德赛式的复归，

1　卢卡奇：《小说理论》，燕宏远、李怀涛译，北京：商务印书馆，2017年，第121页。

2　卢卡奇：《小说理论》，燕宏远、李怀涛译，北京：商务印书馆，2017年，第122页。

但他始终未能在理想和现实之间找到任何调适的立足之地：他的起点是对自身阶级的背离，他的成功源于对上层阶级的崇拜。外部世界的划分成为他行动的基础，理想成为社会的目标，心灵产物亦成为社会的内容。但不可否认，"至少在假定的意义上，心灵的孤独借此被扬弃了"[1]。

然而实际上，心灵的孤独是存在之可能性所形成的共同体，一切存在都是这一共同体之下变幻的现象。换言之，孤独是心灵存在的范畴，是其冒险的前提。在心灵比外部世界更狭隘的抽象的理想主义中，外部世界取得了决定主体命运的胜利；心灵由此尝试着扩张，以超越现实的范畴成为主体的行事准则，然而当心灵成为主体一切行动的动机和目的时，主体行动便失去了对现实的意义。卢卡奇由此意识到，对立本身才是关键。对立并非产生问题的罪恶之源，而是解决悖论并创造和谐关系的立足点。从社会学与美学的综合开始，到对理想主义与浪漫主义的统筹，卢卡奇实际上揭示出人类认知与总体性建构的思维路径，提出了自由人性这一人类精神理想的成熟阶段之源头。"自由人性不是在严格的国家—法律的自为存在中，把握这些产物，而是把这些产物作为获得目标的必要手段加以超越。"[2]这进一步证实了由抽象的理想主义到幻灭的浪漫主义实际代表着一种秩序："它们本身好像该受谴责，注定要毁灭，正像满足于每一种缺失理念的外部秩序，即庸俗习气一样，仅仅是因为这是既定的秩序。"[3]而这种秩序需要主体通过缓慢的生活体验和认知领域经验现实的变更才能最终实现，当这种秩序得以实现，可能性

1　卢卡奇：《小说理论》，燕宏远、李怀涛译，北京：商务印书馆，2017年，第122页。

2　卢卡奇：《小说理论》，燕宏远、李怀涛译，北京：商务印书馆，2017年，第123页。

3　卢卡奇：《小说理论》，燕宏远、李怀涛译，北京：商务印书馆，2017年，第123页。

才能使心灵真正意识到孤独的意义，即主体"认识到内心和世界的差异，意味着积极地去实现对这种二元性的洞见：他满足于听天由命地接受社会的生活方式，把自己封闭起来，并自为地把只有在心灵中才可实现的内心保存起来"[1]。主体由此转向了自身，从经验现实中寻找真理，在寻找的过程中意识到这一行为本身的本体论意义。

至此可以说，小说中真正的悬置指向主体自身。主体在接受中并不过于追求目前所无法理解的对象之本质，转而在非本质又非理性的、理想且浪漫化的现实教育中得到对主体自身有用的内容。在这一体验中，意义并非某种客观之物，而是为主体个性发生作用提供可能性，生活中无意义的东西便被主体归于论说文所表达的内容。孤独心灵因为暧昧的历险被置于结界中，它受到保护而足以在一个认知过程中抵御外在世界的压迫。主体由此在自己的认知中形成了一个异质性的新原则："不同的产物和层次，按其意义之可穿透性而划分成非理性的和不可理性化的等级……"[2] 只有当它与个体发生相互作用时，这一意义才会显现。在卢卡奇看来："这样所达到的、富有意义的和谐世界就是真实的，并具有现实的同一特征，如同抛弃意义和看透破碎意义的不同分层——它们在小说情节中做了现实的先导——一样。"[3]

1　卢卡奇：《小说理论》，燕宏远、李怀涛译，北京：商务印书馆，2017年，第125页。

2　卢卡奇：《小说理论》，燕宏远、李怀涛译，北京：商务印书馆，2017年，第126～127页。

3　卢卡奇：《小说理论》，燕宏远、李怀涛译，北京：商务印书馆，2017年，第127页。

三、童话：超越社会生活形式的精灵

然而现实不可过度浪漫化，即便现实的意义一开始是通过非理性的主体精神被触及的，否则小说就会完全远离生活的难题，甚至超越生活的范畴；但现实又不能远离全部的浪漫，否则一切人之常情便会取代自然和神秘主义的力量，一切艺术尝试也会因此变得没有任何意义。歌德的确以教育为内在线索，既贯彻了小说的反讽特征，又在小说的发展中、在主人公回归精神家园的过程中，维护了小说的理想性与浪漫性。然而这样的调和不过是形式上的。浪漫化与现实内容的调适要么是以总体的破碎，即论说文所呈现的内容为基础，使浪漫化进入超越社会生活形式的先验范畴，要么保留小说总体的绝对性，放弃将现实浪漫主义化的意图。这一尝试也更进一步揭示出，代表着渴望的理想主义与代表着心灵的浪漫主义本质上都是精神面向世界的冒险，它们不仅都未能完成主体总体的建构任务，而且还将诗平面化为一种形式表达。

在卢卡奇看来，浪漫化并非作品形式上的诗化，也不是对现实碎片的升华或对现代主体的拯救。浪漫化实际上是对一种内在性的神秘主义力量的发掘，是在对上帝的否定中对精灵的肯定与维护，是在理性的认知中对非理性的主体精神及其力量的张扬。这意味着浪漫主义的基础并不是纯粹非理性的，它源于人类存在的可能性。如卢卡奇所言："这又不是偶然的，而是思想和素材之间谜一般的、却非常理性的心灵亲睦……"[1] 他由此在诺瓦利斯对歌德的批判中发现了童话这一体裁象征，将其视为"在现实事物中实现了的超验"[2]。诺瓦利斯将童话

1　卢卡奇：《小说理论》，燕宏远、李怀涛译，北京：商务印书馆，2017 年，第 128 页。

2　卢卡奇：《小说理论》，燕宏远、李怀涛译，北京：商务印书馆，2017 年，第 128 页。

视为创作目标与史诗般的规范，卢卡奇则将其视作取代上帝而内在于主体的精灵的对象化产物及其产生过程。而实际上，童话的超验不在于它与生活的对垒，以及对精灵价值的神秘主义发展，而是它自身内在于生活，却以其清晰的独立性和完整性投射出一个与生活完全不同的彼岸世界。能够往返于两个世界的正是精灵。它们在主体中发挥着精神力量，在童话世界中展现出神秘主义效应。不仅如此，超越性本身也是童话的组成部分，这是在把重建先验与现实之间既存的断裂作为创作目标而有意识地进行塑造的过程。"［小说］向史诗的这种超越总是停留在社会生活之内，而只要这一超越在被塑造的世界之决定性的地方苛求一种实体性……它就将破坏形式的内在性。"[1]歌德的尝试由此成为一种注定失败的综合："现实太受其无理念的尘世艰难的牵累，而超验的世界则因其太直接来源于完全抽象的哲学假设领域而太轻浮和毫无内容，以致它们不能有机地结合成对活生生总体的塑造。"[2]而诺瓦利斯的坚持又被卢卡奇视作一种纯反思的风格，它并不会成为一种真正的总体："因为社会世界产物的抒情—情绪性的浪漫化，不可能涉及其在当前精神状况下同内心本质生活的缺少预先稳定的和谐……所以他就只剩下唯一的一条道路可走，就是将诸产物在其客观的定在中抒情地予以诗化，从而创造出一个美好、和谐、就自身而言始终不变的、没有内在联系的世界……"[3]这一总体性建构思路最终又使主体回到自身，甚至他尚未在

---

1 卢卡奇：《小说理论》，燕宏远、李怀涛译，北京：商务印书馆，2017 年，第 132 页。

2 卢卡奇：《小说理论》，燕宏远、李怀涛译，北京：商务印书馆，2017 年，第 128 ～ 129 页。

3 卢卡奇：《小说理论》，燕宏远、李怀涛译，北京：商务印书馆，2017 年，第 129 页。

对对象的认知中，接收到使其自身有所发展或生成的任何意义。

此时再度回顾卢卡奇所划分的三种小说形式便能发现，虽然他分类时所依据的是心灵与世界的关系，但其中唯有心灵是变量，生活及其所能提供的命运的范围是恒定条件。换言之，"决定性的结构差别……在于某种在自身中或多或少完成了的、内容充实的、纯粹内在的现实……"[1]内在现实与外部世界的不一致是文学创作的对象，亦是虚构世界存在的前提。卢卡奇一直认为，艺术的诞生离不开巫术形式及其实践的历史经验。其中，祭祀仪式虽然在形式上指向人类对某一象征的敬仰，但在本质上这是人们实现愿望的希冀，也是他们与自身渴望对象分离的表征。在这个意义上，巫术其实是主体自身渴望之对象化的表现，即使早期人类在创造、实践、获益于巫术的过程中尚未意识到这一点。而巫术之所以能为主体提供渴望的对象与心灵的慰藉，一方面在于巫术的神秘性，另一方面在于巫术是以心灵为直接对象的思维模式。卢卡奇指出："有一种根本性的心灵努力，只关心本质的事物，不管它来自何处，其目标是什么，反正都一样；有一种心灵渴望，即对家乡在何处的渴望如此之强烈，以致心灵不得不在盲目的狂热中踏上回家的第一条小路；而这种热情是如此之大，以致它能够一路走到尽头；对这种心灵来说，每一条路都通向本质，回到家园，因为对于这种心灵来说，它的自我性（Selbstheit）就是家园。"[2]由此，卢卡奇开启小说理论研究的动机浮现出来，他通过小说这一体裁所实际提出的表达构想亦得以显现："这种生活的开端和结尾并不与人类生活的开端和结尾相一致……一个

1　卢卡奇：《小说理论》，燕宏远、李怀涛译，北京：商务印书馆，2017 年，第102 页。

2　卢卡奇：《小说理论》，燕宏远、李怀涛译，北京：商务印书馆，2017 年，第79 页。

人的发展是一条与整个世界相联系的线索，通过这条线索，世界被展开，然而，生活获得重要性，仅仅是由于它是理念和体验理想的那种系统——它起着调节作用，并规定着小说内部世界和外部世界——的典型代表。"[1] 关键并不在于对心灵与世界的范围进行无止境的比较，而在于使心灵主动建构自己的世界，即重要的并非主观世界与客观世界的对立，而是主体需要在一个构建的总体世界中，使形成这一世界的心灵得以休憩。

阿甘本在数十年后写道："所有的环境都是自在的封闭体，这个封闭体是环境中选择出来的一系列元素或'标记'的样品所组成的……仿佛外在的有意义的载体和动物身体里的接收器构成了同一张乐谱的两个元素，就像'琴键上的两个音符，在琴键上，自然演奏了超越时空的意义的交响乐'……"[2] 他的目的不在于为主体总体性建构提供任何来自世纪末的证实，但是却为异质世界中精灵般的交往甚至合作提供了来自物种学的"理性"论据。人类是自然的组成部分，亦是历史的组成部分。阿甘本说："尽管我们不可能明白，这两个完全不同的元素何以如此紧密地衔接在一起。"[3] 卢卡奇则说："心灵的乌托邦要求指向某种从一开始就不可能实现的东西：指向外部世界，这世界是与一种千差万别的和几位精致的、成为内心世界的心灵相适应的。不过，对世俗的拒绝并不指向世俗性本身，而是部分地指向其心灵的陌生感，部分地指向

1　卢卡奇：《小说理论》，燕宏远、李怀涛译，北京：商务印书馆，2017 年，第73 页。

2　阿甘本：《敞开：人与动物》，蓝江译，南京：南京大学出版社，2019 年，第49 ～ 50 页。

3　阿甘本：《敞开：人与动物》，蓝江译，南京：南京大学出版社，2019 年，第50 页。

其缺少精致化，也部分地指向其纯粹文明而非文化的本质特性，部分地指向其枯燥而贫乏的精神荒漠。"[1]心灵与世界无论如何都不存在实际关联，它们只是无可逃脱地相互缠结。共通感是不能放弃的，而对自然紧密联系、对节律充分依赖、对非自然形式的狭隘、分裂与僵化是需要被排斥的，这成为卢卡奇超越理性传统而向着非理性生命价值迈进的关键。

卢卡奇由此真正开始从俄国小说中寻找与欧洲文学不同的人性价值。人是历史的组成部分，其生命活动与意识形态不得不受历史影响。然而历史只是人生命的过程，它不会决定人的全部生命，也不能消解人类的存在。实质上，历史在它被称为历史的那一刻就已经在时间上与当下断裂了，伴随着时间脉络的中断，历史成为异于当下的他者。虽然生活于此后一切时间当中的人们无可否认地处于历史的影响之下，但没有谁能够再次回到历史上去亲身体验。历史逐渐对象化，与人类实际生活的时代和人本身拉开了距离。无论是积极的还是消极的，历史的样貌在后来某个时代的人们心中，都变得想象多于真实。无论是如何系统而细致的史籍，它也首先是一个媒介，读者真正能从中领悟到的"真实"，其实不过是读者想象中的历史。就像青年卢卡奇脑海中的古希腊："如同不可能通过讽刺性的重新塑造来获取这种超验并使其余一批小说完全同质一样，也不可能把作为小说开端的东西作为史诗来结束。"[2]古希腊的星空并不一定比今天的更璀璨，只不过今天的星空确实看不到璀璨的亮光。对史诗的回顾只是属于整个人类"类记忆"的怀旧，是人类

---

[1]　卢卡奇：《小说理论》，燕宏远、李怀涛译，北京：商务印书馆，2017 年，第 133 页。

[2]　卢卡奇：《小说理论》，燕宏远、李怀涛译，北京：商务印书馆，2017 年，第 130 页。

"类本质对象化"的体现。它无非是一种幻象，是人以历史想象为摹本对未来的幻想。在开端和结局之间，小说的虚构世界被勾画出来；在心灵与生活的对立中，总体性乘着精灵的翅膀飞向了彼岸世界。承载着人类希冀与想象的童话世界向着此岸世界释放出了它的精灵，主体便乘着它们的翅膀，想象着超越了生活及其诸形式。

第三节　自然心灵：文化总体的可能性

　　区别于戏剧和论说文作为理论发展不同阶段的象征，以及对不同问题的揭示，卢卡奇更加为人所熟知的小说理论研究其实是其伦理学与历史哲学研究的起点，这一体裁实际上开启了一个总体性建构的新时代。小说理论研究时期正是卢卡奇海德堡时期的中间阶段，是他在艺术哲学研究的基础上开启美学体系建构的阶段。《小说理论》在其《陀思妥耶夫斯基研究：笔记与大纲》中原名为《小说的美学》，这意味着卢卡奇此时已经逐渐超越了体裁论研究与文学和文本批评，他隐约意识到，史诗－论说文的风格已经不再适宜，交响乐式的思维方式也许更为适合经历了战争的主体。卢卡奇再次提出了综合的方法论，此时他所针对的不再只是形而上学的美学与社会学之间的矛盾，而是发展为对历史主体与生存主体、理性自我与心灵诚命之间交往与共通得以实现的可能性的探索以及对媒介的建构。

　　卢卡奇再次提出："小说正是我们这个时代必然的史诗形式。"[1]他此时所要强调的不再是小说的形式总体，而是其塑造的史诗世界的特征："这个世界始终只是史诗塑造的一个要素，然而并不是史诗的现实本身。因为旧史诗的自然—有机世界正好是一种文化，它的有机

1　卢卡奇：《小说理论》，燕宏远、李怀涛译，北京：商务印书馆，2017年，第134页。

性质就是其文化特质。"[1]这意味着真正的总体性应当是自然的，或者就是自然本身。心灵与生活的悖论在他开启陀思妥耶夫斯基小说研究之后被表述为第一伦理与第二伦理之间的冲突，也就是构造世界中的义务（Pflichten den Gebilden gegenüber）与心灵诫命（Imperative der Seele）之间的矛盾。在小说理论阶段的本体论意义上，第一伦理对应第二自然，第二伦理则对应第一自然。而实际上，这是一种神秘主义表达。不同于德国古典哲学中的神秘主义，卢卡奇以主体的类属性为基础，以自然为依靠，这也是他在歌德、席勒之后，在浪漫主义之后提出辩证统一的可能性时与众不同的构想，是他后来得以过渡到马克思主义的重要一步。

文化总体是主体总体实现的基础，自然心灵则是文化总体实现其定在的范畴。陀思妥耶夫斯基提出了"新人"形象，卢卡奇提出了阶级意识是一种历史意识的观点，海德格尔提出了深度无聊，本雅明提出了救赎之夜的隐喻，这些观点所依靠的都是自然，而它们的终点则是一个以从未出现过的主体类型为中心的新世界。由此，卢卡奇终于真正提出了启蒙理性之后世界的建构是由自我到灵魂的路径，而真正的主体总体性建构应当是由灵魂到灵魂的交往这一观点。灵魂之外的一切不过是工具，而自我认知之下的病态建构其实正是形而上的真实（Realität）。

一、谎言："最后的史诗"

如果说建构的主体总体是一个封闭的生态圈，是与主体产生关联所以具备意义的经验现实总体，那么能够实现这一总体的心灵便应当是最自然的心灵。这样的心灵即便在死亡之时，也由于其纯粹、安静且不说

---

[1] 卢卡奇：《小说理论》，燕宏远、李怀涛译，北京：商务印书馆，2017年，第134页。

谎骗人而显得简单美好、无所遗憾。自然心灵由此便将渴望的过程与对象共同赋予意义，并为这一追寻的过程由开端到结局提供了实现延续性的可能。卢卡奇并不认为艺术在达到巅峰之后就会迎来终结，他更相信艺术的完善在未来，艺术的历史意义要在未来意义中得到认证，艺术的最终完善是一个过程性的存在（Vollenden）。在这一点上，哈贝马斯似乎更为清醒。他认为"现代"这一词汇本身是用来表达一种新的时间意识，提出"现代"的目的在于与刚刚成为过去的上一个瞬间拉开距离，所以过去的时代就必须被赋予一个名字，比如"古典"。这一观点实际上表明了历史异化这一现象和"值得效仿"的真正指涉，即重要的不在于效仿的对象是否值得，而在于效仿的产物以及这一过程本身，效仿的对象只起到一个符号的作用。文艺复兴便是这一规则之下发生在思想文化领域的标志性事件，恰如哈贝马斯所言，这一效仿古希腊罗马时期文化艺术的事件对 14 世纪的西方社会产生了历史性颠覆。将历史客体化为一种理念是记录历史的方式，也是截断历史延续性的行为。这样的历史形式以可能性为其核心，揭示出超越时代的主体性。仿佛渴望得到满足的那一瞬间，当这一可能性被具象地提出，它便同时失去它所诞生于其中的历史意义，成为时代主题。线性历史叙事由此成为主体叙事，正如卢卡奇所言："伟大的瞬间所指明的道路，随着这瞬间的消逝而失去了它们指引方向的实体性（die Substantialitat）和现实性。"[1]

真正的主体无法体验由瞬间所指明的伟大道路，因为主人公需要忍受着赘生物的折磨，不断追寻其渴望的对象，不断找寻其失落的家园。无论主人公最终以何种形式毁灭，唯有当其完成一切虚构世界中的任务

1　卢卡奇：《小说理论》，燕宏远、李怀涛译，北京：商务印书馆，2017 年，第 138 页。

之时，伟大道路才显现出来。这也意味着只有不会被情节影响的不重要甚至无关之人才能真正体验伟大道路，而他们所走过的道路往往是无意识的。"伟大的史诗是一种受历史瞬间的经验制约的形式，而把乌托邦作为存在来塑造的每一种尝试，都仅仅以对形式的破坏而告终，却创造不了现实。"[1] 换言之，能引导主人公的总体已经不再符合主人公当下的遭遇，而实际能为当下主体找到方向的道路，却需要在主人公命运的终结中得以显形。小说由此成为现代社会最后一个人们得以寄托心灵的理想家园。

借用卢卡奇对史诗的认识与渴望，小说理论也可以视为卢卡奇体裁论中的"史诗"。作为卢卡奇早期体裁论中的最后一个类别，小说理论既是卢卡奇对时代所提出的意识形态构想，也是他艺术哲学与形而上学美学研究的成果，是他伦理美学体系建构的基础。同一时期的西方理论家，包括托马斯·曼、马克思·韦伯、布洛赫、阿多诺和本雅明等，都肯定了《小说理论》的美学价值及其精神科学的方法论价值。卢卡奇在 20 世纪 60 年代重新审视他早期的体裁论时，也肯定了《小说理论》的时代性和革命性："尽管有各种各样的错误，但是它的确曾号召推翻那个曾产生出它所分析的那种文化的世界。"[2] 他将《小说理论》视为其理论青年期浪漫主义的反资本主义尝试[3]，他从中实现了"小说对悲剧"的超越，并找到了一条超越资产阶级平庸生活方式的艺术救赎之

1　卢卡奇：《小说理论》，燕宏远、李怀涛译，北京：商务印书馆，2017 年，第140 页。

2　卢卡奇：《卢卡奇自传》，李渚青、莫立知译，北京：社会科学文献出版社，1986 年，第 297 页。

3　参见卢卡奇：《卢卡奇早期文选》，张亮、吴勇立译，南京：南京大学出版社，2004 年，第 XIII～XV 页。

路。[1]卢卡奇此时开始直面黑格尔的理念，他虽然还未对精神科学方法论做出实际上的扬弃，但已经逐渐意识到，他早期的小说理论基础与理论构想，是从黑格尔的绝对精神中获得了暂时的基点，但这一基点在"危机"的视域中并非固若金汤。"史诗"终归需要它得以存在的特定时代，称小说为最后的史诗不过是时代的谎言。卢卡奇早就说过，整个现实的发展只能朝向"越糟"，而这种谎言代表着当下的放弃态度，放弃的背后则是对璀璨星空的永恒记忆。

在对以史诗为代表的古希腊时代与以小说为代表的欧洲科学危机时代的对比中，资本主义社会的文明危机、社会大众的心灵与文化悖论，使主体的主观世界与其实际生存的现实世界之间完全失去了同一性。小说对现实的反映与对矛盾的揭示作用已经让位于虚构特征带来的反讽效应。由史诗时代的天真到戏剧时期的浪漫，到论说文时期的破碎，再到小说时期的理想，自我被自我性取代，体验被心灵取代，经验则被自然取代。在卢卡奇的体裁论尝试中，他以主体为视角对现代社会的认知走向成熟，他对主体生存境遇的认知，以及唯有自然状态下的心灵才能获得同样依托于自然而存在的家园这一事实的揭示，不仅是他艺术哲学思想的发展，也是他自身逐渐走向成熟的体现。卢卡奇视小说为成熟男子气概的形式，它既是为欧洲文明危机提出实现主体总体性理想所必经的反思之路，也是他自己在艺术哲学实践与尝试中逐渐实现自身理论视野成熟的标志。成年人的忧郁并不必然意味着他们在体验忧郁本身，他们的忧郁仍是渴望与现实不相称所带来的心灵与形式的悖论，是内心分裂的体验与绝对信任的消失。对此，小说提供了最后的指引：

1　参见陆凯华：《从〈小说理论〉到〈历史与阶级意识〉——青年卢卡奇从悲剧问题走向马克思主义的思想历程》，载于《复旦学报（社会科学版）》，2018年第1期，第47页。

年轻的主人公们在其路途中为神灵所指引：不管路途的
尽头预示着的是没落的余晖，还是成功的幸福，或是二者兼而
有之，他们都绝不独自前行，他们总是被引领着。所以，他们
在行程中非常安全；他们可能因被所有的人抛弃在一个孤岛
上而悲泣，他们可能在完全盲目的迷途中跟跄着走向地狱之
门，然而，安全的气氛始终环绕着他们；神灵为主人公指明道
路，并在路途上行走在主人公的前面。[1]

也是在这个意义上，小说成为人们在这个时代尚能找到星光与短暂
安全感的最后家园，它也成为卢卡奇自己在体裁论中最后一次回顾史诗
所产生的乌托邦式浪漫主义理想的逃避。

二、新人：以生活践行心灵

卢卡奇早期对陀思妥耶夫斯基的研究虽然最终只完整出版了一个简
短的开头，其中甚至尚未具体论及陀思妥耶夫斯基的作品，而他在对四
种小说形式的批判之后提出视陀思妥耶夫斯基为一个新时期的标志的这
一态度与表述，已经清晰地揭示出陀思妥耶夫斯基不仅是小说体裁研究
中一个绕不开的对象，更意味着在他看来，陀思妥耶夫斯基代表着一个
新人、新世界，乃至新的时代。卢卡奇认为："社会生活的这些客观化
的确也只是超然于外在化之外的某些事情变得可见和富有成果的活动诱
因，是这些客体化使自己的现实性质所依据的先前的、讽刺的现实同质

1　卢卡奇：《小说理论》，燕宏远、李怀涛译，北京：商务印书馆，2017 年，第
　　77 页。

化……在回归的那一刻被扬弃掉而不损害整体的统一。"[1]唯有当主体能够抛弃意义且看透破碎意义的不同分层，这时所实现的世界才是真正和谐的。因此，在心灵与世界的关系中，单纯分析二者的范畴大小不足以揭示问题的本质，也不能够改变心灵生存的现状，而纯粹的教化所产生的亦只是主体在社会机构中不得不遵循的义务。现代主体要想生存，必须超越由自我到心灵的路径，走向由心灵到心灵的范式。卢卡奇在《小说理论》中做出的小说形式分类已经包含了现代主体的所有困境，而对这些形式的否定则进一步指向了心灵在统一体建构中的核心意义。无独有偶，在早期的论文《审美文化》的最后，卢卡奇仿佛致谢一般地坦言，他这篇文章中的一切思想基础与对未来的希冀都源于且仅仅源于伟大的"史诗诗人"陀思妥耶夫斯基。而卢卡奇的陀思妥耶夫斯基研究的中断与他伦理学研究的中断几乎同时发生，这一时期他又持续思考着艺术与美学体系建构的问题，这也意味着卢卡奇早期在体裁论之后，伦理、艺术、美学三个范畴已经紧密缠结在一起。他要从中整理出既具有时代特征又具有永恒价值的理论脉络，德国古典哲学已经无法提供充足的养分，一种新的理论转向，就像陀思妥耶夫斯基对新人与新世界的提出，变得迫在眉睫。

《小说理论》留下的开放性结尾直到卢卡奇晚期的《审美特性》中才得到了较为完整的结局，也仅有完整解读了卢卡奇的理论生涯再重新回到他的早年才能发现，其实这一未完成的理论体系本身就是卢卡奇的答案。他曾在《心灵与形式》中借助术语本真生活（d-a-s Leben）与经验生活（das L-e-b-e-n）的区分，揭示出心灵与形式的同一，以及二者

---

1 卢卡奇：《小说理论》，燕宏远、李怀涛译，北京：商务印书馆，2017年，第127页。

与生活的对立。在陀思妥耶夫斯基研究时期，卢卡奇直接提出真正的生命（das wahre Leben）是一种活生生的生命（das lebendige Leben），将生命的本质与以本质为渴望对象的生命进程共同置于意义范畴，将这一统一体视为主体与客体统一的条件与象征。无论是从下而上还是由上至下，这种生命都是以大地为基点通往天国的生命，是以善为希冀、以仁慈为解药的生命。拥有这一生命的主体，卢卡奇解读其他心灵就像在解读自己，因为他就是他者。卢卡奇强调心灵才是真正的现实，是本真的存在。唯有由心灵到心灵的交往才能实现形而上学的现实，这正是卢卡奇想打破启蒙理性的神话，重回主体自然心灵，以第二伦理反抗第一伦理的正面交锋。

　　与史诗和戏剧不同，小说的主人公不再完全服从命运而纯粹被动地完成一切活动，并为了情节的发展做出牺牲，成为命运的微小组成，"冒险"才是他的核心价值。面向世界的冒险是内在性对理性世界的反抗，这种冒险既体现为主体拒绝成为"人神"的自我冒险，又表现为主体对抗理性的对象性冒险。第二伦理所遵从的正是心灵诫命而非理性结构。为冲破"石墙"般理性的高压，卢卡奇以"人神"为第一重阶梯，解构了上帝的神性。"人神"在没有上帝的世界中成为上帝，但他们所获得的自由尚且屈从于理性。但这种把自我消融于理性的状态接近于死，由此，"人神"是失去自由意志而服从于理性统治的人，他们面对合理化、物化的现代社会，除了服从别无他法。[1] 卢卡奇由对陀思妥耶夫斯基著作中"人神"的批判，间接批判现代社会的"旁观者"，并在此基础之上提出对具有俄式灵魂的"新人"的追寻。"新人"是能使主

1　参见 Georg Lukács, *Dostojewski Notizen und Entwürfe*, J. C. Nyíri (ed.), Budapest: Akadémiai Kiado, 1985。

体重新获得主体性的心灵形象。"谁能把生死置之度外,他就会成为新人。谁能战胜痛苦和恐惧,他自己就能成为上帝。"[1]卢卡奇在手稿中指出,唯有心灵性的存在才是冲破欧洲理性压制的钥匙,也只有脱胎于第二伦理的"新人"才具有真正的现实。在陀思妥耶夫斯基进入欧洲学者视野之前,托尔斯泰曾是欧洲学界对俄国小说进行研究的主要对象,而卢卡奇却批判托尔斯泰并未看到理念的实际真实性,而将自然视为实际现实的基础。自然的确是一切存在的现实根基,但在人类意识的构图学中,自然灵魂才是决定性的,否则自然不过是"连续不断重现和重复性的千篇一律依照无意义的自身规律进行着"[2],贯彻着一种没有方向、不会发展亦永远不会消逝的恒动。

有学者指出,卢卡奇的小说理论其实是他悲剧理论的第三阶段,标志着他厘清了艺术形式与时代之间真正的辩证关系,并在黑格尔辩证法的基础上彻底改变了自己原先的悲剧观,承认了现代悲剧是一种"抒情艺术"。[3]而这实际说明了卢卡奇在小说理论之后,对个体、情绪(Stimmung)与文化之间关系的认识发生了变化。在他看来,主体总体性是必然的目标,实现这一目标的方法却不能仅仅依赖于个体的文化,因为这样的文化并不是能作为主体总体性实现基础的文化,而只是个体的情绪,是一种极为主观且自我封闭的结构。但这种情绪又是必不可少的,因为唯有在情绪所带来的普遍效应中,自然心灵的力量才能超

1　陀思妥耶夫斯基:《群魔》,南江译,北京:人民文学出版社,1983年,第151页。

2　卢卡奇:《小说理论》,燕宏远、李怀涛译,北京:商务印书馆,2017年,第138页。

3　参见陆凯华:《从〈小说理论〉到〈历史与阶级意识〉——青年卢卡奇从悲剧问题走向马克思主义的思想历程》,载于《复旦学报(社会科学版)》,2018年第1期,第47～54页。

越情感与现实，激发主体认知中的回想，并在经验现实中促发主观精神自我扬弃的机制，也唯有如此，心灵的对象化才不是纯粹符合客体的产物，而是独立于工具理性的主体性。在二元对立的悖论延续了一个世纪之后，陀思妥耶夫斯基第一次将心灵与生活有机联系起来，其形式便是将心灵现实体验为真正现实，这便为日常生活中主体的生活、他们与社会的联系、他们的情感倾向，以及他们源于情绪的对象化产物的世界建构提供了绝佳的材料，在这样的世界中，心灵与本质不再对立，而是在综合中走向统一。

　　"在死去的希腊文化中产生过的诱惑力，这希腊文化魔力般耀眼的（luciferisch blendender）光辉，使人一再忘记世界无法补救的裂痕，并使人梦寐以求新的统一，然而这种统一与世界新的本质相矛盾，且因此一再瓦解着。"[1] 在小说的虚构与讽刺中，希腊文化中的"魔力"一词被卢卡奇赋予了双关意义：它既是恶魔之眼，攫取人的精神，为人们带来永久的幻灭式渴望；它也是启明之星，散发着闪耀光芒，引导人们沿着心灵的火光找到另一个自然的心灵。"在这个世界里，心灵发现了必要的一切东西，它不需要什么东西从自身中创造出来，或使之活跃起来，因为心灵生存就是竭尽所能去发现、收集和赋形直接基于自己心灵的近似者。"[2] 心灵与世界的关系，在本质上决定于主体自身在对第一伦理的背离中，对第二伦理机制的把握。不是小说作为艺术作品本身具备不同的类型，也不是小说揭示出了心灵与世界之间距离的关系，而是主体的主观世界与其渴望实现的总体性之间的关系，以及主体实现这一

1　卢卡奇：《小说理论》，燕宏远、李怀涛译，北京：商务印书馆，2017年，第28页。

2　卢卡奇：《小说理论》，燕宏远、李怀涛译，北京：商务印书馆，2017年，第58页。

总体性的方式，最终决定了小说的具体类型，决定了"新人"所主导的小说世界的建构。"只有当伦理的主体从内部行动时，这个主体才是基本的；因为只有当主体（伦理的主体）从内部行动时，它才是构成性的（基本的）。"[1] 这样构成性的主体才能将他人的心灵视为自己的心灵，才能基于类本质从自然心灵中找到实现联系与共同的质性因素。个体化的情绪由此走向具有共通感的文化，自然心灵由此为文化整体提供了先验且绝对的前提条件。

三、自然：古老的真实理想

卢卡奇将自然视为心灵与生活、主体与世界对立中的一个双向调适范畴。因为人基于其生物本质从属于自然界，而人类基于其改变世界和创造世界的社会属性与劳动属性亦无法脱离自然。在客观存在上外在于主体的自然，由于人类的类本质先验决定了主体的内在性。由此，自然心灵便不仅意味着原初状态下的心灵及其活动，也揭示出历史主体与生存主体、理性自我与心灵诫命的真正的绝对联系。

卢卡奇希望能为 20 世纪初期的西方知识界，甚至整个暴乱中的西方社会寻求救赎的曙光，使被理性压制的人得以摆脱孤立的原子化存在，实现心灵与心灵之间的交流。这也揭示出卢卡奇早年极为渴望从心灵中寻求建构总体性的可能性，而这种转变是一种必然。不严格属于心灵之本质的联系是必定会与心灵分离的，虽然这种分离不是从一种具体的现实中离开，而是以一种失去家园的形式从主体的存在状况中呈现出来，但这却是当下最鲜明的历史哲学问题的表征。卢卡奇在戏剧中从古

1　卢卡奇：《小说理论》，燕宏远、李怀涛译，北京：商务印书馆，2017 年，第 58 页。

典主义经过自然主义到达现实主义，建构起以市民阶级为群众基础，以大众效应为审美价值的现代戏剧理论，然而在论说文中，浪漫派的生命哲学将卢卡奇从生活的场域中抽象出来，使他意识到总体必须首先是主体的总体。现实却不仅由于世界大战充斥着社会秩序的解构以及现实总体的破碎，阶级与阶级之间、不同意识形态之间、生产力与生产关系之间的对立与冲突也进一步加剧了主体的生存危机。基于对现实主义戏剧理论的研究，以及审美文化建构对大众及其普遍情感的依赖，卢卡奇进一步意识到，真正具有建构文化总体性之可能性的群体，却正在启蒙理性以来以价值和计量为核心的西方主流理性思想之中受到否定与排挤。它们中最具普遍性的自然属性，即类本质，在理性主义的思潮中逐渐消失。这使得卢卡奇一方面在社会学维度十分重视韦伯对工具理性的批判，但另一方面，他又对韦伯圈子乃至西方知识分子群体对战争的态度感到失望。卢卡奇反对战争，但这并不仅仅源于战争本身的性质，还因为战争也只不过是对现实总体的改变与另一种破坏，它并不能直接作用于心灵。随着陀思妥耶夫斯基日益成为欧洲知识分子关注的热点，卢卡奇在大受其小说人物特征之震撼的同时，从俄式灵魂中找到了能作用于主体的自然心灵。也仅有这样的心灵，才会因其最具普遍性与绝对共通感的本质，实现不同个体之间具有主体性而不是工具性的、非理性而不是理性的关联。

其中，卢卡奇发现了一种既非社会性又非经验性（美学手稿）的心灵的自我成就。在他看来，正是因为这种心灵的构成体与生活及其经验无关，它才成为人与人之间最具象的联系，因此，它成为以心灵为源头与支点的、纯粹属于主体的经验。也仅有如此，一种真正的活生生的生命才会实现，因为具体心灵之间至此已经实现了绝对的直接关联，生命便不再会在解构中继续孤独，以至于陷入抽象的自我，产生如恐怖主义一般的唯心主义后果。"在把自然作为总体的幡然领悟中，人们极度的慌张畏惧，就像当今时代每时每刻都要爆发出来的恐慌一样：人们在期待，这个毫无结果的世界，将被一种总体性置于水深火热之中，人们自身已经成为这种总体性，并且在这种总体性面前他们已经显得无能为力。"[1] 这种自然是被启蒙理性视为人类活动改造的对象，也是人类文明发展所利用的资源。这种自然虽仍有着第一自然的样貌，但本质上早已成为第二自然，成为第一伦理出现的构成体。卢卡奇在理想主义和浪漫主义之后提出了作为两者中和的《威廉·迈斯特的学习时代》，将其视为第一伦理的一种形式，而这种由体验的理想所引导的个人与具体社会现实的和解是难以实现的。因为既不够浪漫又不够理想，却致力实现浪漫与理想的弥合，在本质上就是理性的异化。

不同于此，第二伦理是一种关于形式的思想，是一种基于自然心灵的新道德。在《战争与和平》的结尾，卢卡奇看到"令人欣慰的家庭教育气氛——在这里，所有的寻求都结束了——比最成问题的幻灭小说的结尾都具有更深刻的绝望性。以前有过的一切东西都荡然无存；如同荒漠的沙粒覆盖着（埃及）金字塔一样，所有心灵的东西都被动物的自然性淹没，化为乌有"[2]。这是一种对世俗世界的本愿的绝望，是对现实的虚空和不安进入内在本质的压迫力量。在安娜·卡列尼娜卧轨之后，卢卡奇说："真正的幸福就是现在死去，能够这样死去。"[3] 因为唯有

1　霍克海默、阿多诺：《启蒙辩证法——哲学断片》，渠敬东、曹卫东译，上海：上海人民出版社，2020 年，第 25 页。

2　卢卡奇：《小说理论》，燕宏远、李怀涛译，北京：商务印书馆，2017 年，第 137 页。

3　卢卡奇：《小说理论》，燕宏远、李怀涛译，北京：商务印书馆，2017 年，第 138 页。

将生活的延续骤然斩断，以使空虚和无望戛然而止，才能显现某种意义，而这种意义并不与生活相关，而是与死亡一致。它是毁灭的意义，是对非本质的毁灭，是对理性的毁灭。

在启蒙粉碎神话的时刻就应当粉碎启蒙，否则理性便会吸收那些为它化为齑粉的神话的一切元素，成为另一个神话。这种新神话产生的机制在于对多质性的否定："启蒙运动推翻神话想象依靠的是内在性原则，即把每一事件都解释为再现，这种原则实际上就是神话自身的原则。"[1] 然而每一个个体所面对的仅仅只是自然的一小块，但他却认为这一小块就是环境的全部，就是自然。这些被尤克斯考尔称作生态圈[2]的东西，被海德格尔称为环境[3]，否定多质性这一行为同时也否定了个体认识自己的可能性，而使自己的生态圈更加封闭。启蒙理性为主体带来的对自我的依赖使理性走入了神话的殿堂，它在上帝退场之后成为新神。然而在通向绝对的道路上，心灵完整的自我实现并不以对社会显现形式的扬弃为基础，而是由心灵直接实现的感性现实（sinnlich Wirklichkeit）。卢卡奇在陀思妥耶夫斯基的"新人"中看到了一种历史哲学的理想，这种历史哲学使每一个个体以他人的性格为自己的特征，不同个体之间不需要刻意寻求某种实现交流与交往的媒介，他们的心灵已经先验地成为他们交往的媒介。不同个体的自然心灵编织起了卢卡奇理想中的主体总体性世界。

1　霍克海默、阿多诺：《启蒙辩证法——哲学断片》，渠敬东、曹卫东译，上海：上海人民出版社，2020年，第9页。

2　参见 Jakob von Üxküll, *A Foray into the Worlds of Animals and Humans*, trans. Joseph D. Oneil. Minneapolis: University of Minnesota Press, 2010。

3　参见 Martin Heidegger, *The Fundamental Concepts of Metaphysics: World, Finitude, Solitude*, trans. William McNeil and Nicholas Walker. Bloomington: Indiana University Press, 1995。

第五章

体裁的原初设定：

伦理与自然的辩证法

　　卢卡奇并非先产生了对不同体裁一一研究的动机，进而开始逐一进行理论表述。即便是他在研究陀思妥耶夫斯基时撰写了较为详细的笔记和大纲，其目的也并不在于小说本身，而在于伦理。他自己亦在笔记中将小说作品称为文献（Dokument）而非作品，这意味着他早期的体裁研究实际上一直都是艺术－历史哲学的形而上学研究，是他进行具有伦理意义的美学体系建构的早期思维训练与尝试。因而在卢卡奇早期的艺术哲学中，体裁代表着一个群体，也象征着一个时代，因而它处处彰显着时代特征与时代问题。在时代的群体中，非理性的主体拒绝生活中缺少精致化的非文化本质特征，而实际上这些客体化的表现一开始也是与内心相适应的，只不过"随着主人公越来越成熟——越来越放弃抽象理想主义和乌托邦浪漫主义——而越来越超出他的期望"[1]。文化自此朝向一种纯粹文明发生演变。

　　从卢卡奇在《现代戏剧发展史》中提出大众效应开始，大众便成为他心目中一种力量的象征。这种力量超出了基于工具理性与价值计算的生产力与生产关系在推动社会生活方面的那种力量，它是一种具有自然普遍性的主体性情绪力量，它是一种感情，是得以被召唤而形成共通感的本质力量。当卢卡奇在小说理论中表达他对资本主义和战争的批判时，这种自然情感的力量正是他浪漫主义抒情反思的基础和核心。他坚持："如果在一种同样现有的现实中把对世俗世界的乌托邦拒绝予以客体化，而对论战的抗拒又这样获得塑造的形式，那么超越就是不可避免的。"[2]他亦赞同卢梭的观点，相信在纯粹回到自然，也就是史诗时代，

1　卢卡奇：《小说理论》，燕宏远、李怀涛译，北京：商务印书馆，2017年，第133页。

2　卢卡奇：《小说理论》，燕宏远、李怀涛译，北京：商务印书馆，2017年，第133页。

或者依赖战争与革命改变社会现状和主体生存状况的方式中，一种浪漫主义的世界观能使主体背离一切文化的内容。"只有在更大程度上接近这种有机—自然原始状态，才使这样一种创造性的论战成为可能。"[1] 这种具有原初性的存在状况亦是卢卡奇所追求的永恒的真正意义，它使内在本质得以被直观，使主体的经验能够通向本真。

永恒要求意义存在。这种意义不是生活的意义，而是活生生的生命的意义；不是单个个体生命的意义，而是每一个主体生存与救赎的可能性。"统治者尽心体验着他们可以不为之牵肠挂肚的生活，他们把自己当作社会的基础，只想着维护自身的支配地位。原始人则不同，他们只把自然物当作难以捕捉的欲望对象。"[2] 统治者所实际拥有的，是由他自己的理性构建的经验现实，原始人则拥有对其内在本质不断追寻的潜能。统治者将他自己的经验现实变成了新的神话，他所运用的理性却进一步彰显出非理性的自然属性，及其真实的现实意义。"缺乏理性，也就无法言说。而占有了理性，则支配着一目了然的历史，同时也充满着能言善辩的腔调。"[3] 卢卡奇曾借助小说明确的虚构性，在否定真实又否定小说自身虚假的基础上，使非理性的现实意义浮出水面。在体裁论之后的伦理美学转向中，非理性的真正内涵与实际效应得以呈现。非理性并非动物的特征，亦非人在纯粹迷狂状态中的表现，它是使主体在理性反思之下对理性进行批判的一种自然属性，显现于主体形而上学发展

1　卢卡奇：《小说理论》，燕宏远、李怀涛译，北京：商务印书馆，2017年，第133～134页。

2　霍克海默、阿多诺：《启蒙辩证法——哲学断片》，渠敬东、曹卫东译，上海：上海人民出版社，2020年，第31页。

3　霍克海默、阿多诺：《启蒙辩证法——哲学断片》，渠敬东、曹卫东译，上海：上海人民出版社，2020年，第258页。

过程的对象化当中。在非理性的驱使之下，主体对其主观精神范畴的产物包括经验现实进行命名，并在创作中将隐藏的真理表达为显见知识。"如果这种内心有一天将作为被纯真体验到的不言而喻的事情，作为唯一真实的现实而出现在现场，那么就会从所有可能的实体和关系中形成一个新的完善的总体。"[1] 这种总体首先依赖于非理性的一个概念，而它也仅仅是一种非理性的概念。

1　卢卡奇：《小说理论》，燕宏远、李怀涛译，北京：商务印书馆，2017年，第140页。

第一节　未来的预言

　　未来并非历史的见证，而是对历史的预言。它以非理性的方式对主体预示着历史意义的现实力量，又以现实的方式展现出历史之超越现实的永恒性。"在史诗中曾经被大加称颂的原始权力本身已经代表着启蒙运动的一个阶段了。"[1]然而启蒙最终又"倒退"为神话。在对启蒙理性神话特征的批判背后，非理性的力量在对现实主义的背离中，呈现出超越时间的特征。然而此时的卢卡奇仅仅认识到非理性超越科学所带来的认识论危机，他并未在重构理性的问题上为非理性的超越性赋予辩证发展的可能。直至《理性的毁灭：非理性主义的道路——从谢林到希特勒》时期，他才以现实主义为立场，以黑格尔逻辑学和精神现象学为材料，提出："我们所指的社会规定仍然深深地、内在地和个人及产品有关。……社会限制支配着思想家，直至他们最内在的信念，他们的思维方式以及他们提出问题的方式，等等，而他们自己并没意识到这一点。"[2]这实际上不仅揭示出现实生活的经验能够内化为主体内在本质的组成部分，而这一本质在下一个周期的实践中便能得到验证这一点，同时也指出，非理性会在理性发挥作用的过程中决定主体的行为和思

1　霍克海默、阿多诺：《启蒙辩证法——哲学断片》，渠敬东、曹卫东译，上海：上海人民出版社，2020年，第43页。

2　卢卡奇：《理性的毁灭：非理性主义的道路——从谢林到希特勒》，王玖兴等译，济南：山东人民出版社，1988年，第83页。

维，理性却会在这一过程中逐渐异化而产生异质于理性和非理性的产物，即异化的自然心灵。卢卡奇已经意识到这一点，因而在对理性和非理性问题的分析中，他并非以二者的界限为核心，而是将二者的关系由共时性的对立转变为历史性的迭代，换言之，理性和非理性的界限便是时间。

对理性或非理性的认知也并不同时性地出现在二者各自发挥效用的时代，而往往要在某一方的主导地位在实际生活中被另一方取代之后，曾经占据主导地位的那一方的存在才会被意识到。卢卡奇的理论路径则恰好无意识地践行了这一历史逻辑：直至完成了《审美特性》，卢卡奇早年体裁论中艺术与主体、艺术与世界之间关系的核心意义才得到彰显；在《理性的毁灭：非理性主义的道路——从谢林到希特勒》中，卢卡奇早年对主体总体性的反思才呈现出非理性思想对于主体认识世界与艺术创作的决定意义；在《海德堡美学》手稿中，他早年对艺术作品时代性与永恒意义之悖论关系的分析才被视为直接以艺术的确定性而非审美效应为可能性问题之对象的历史哲学思考。卢卡奇早年以文学史为方法论的体裁研究也在卢卡奇的第一次美学体系建构中，以艺术 - 历史哲学的形而上学做出了非理性的尝试。而这一未完成的体系最终使卢卡奇意识到，非理性的作用并不在于作为一种对象化客体以体系性的形式呈现，而在于成为理性发挥效应的内在力量。由此，非理性的早年卢卡奇一直携带着精神现象学的理论泉水，在胡塞尔现象学方法论的推动之下持续推进着他早年的体系构想，最终以辩证唯物主义与历史唯物主义的综合实现了他早年的文学史逻辑建构，在发展与生成中，在对确定的设定之超越中，实现了以非理性为基础的"体系"理想。

一、第一自然：本真生活的历史

未经改造的第一自然是人类实践活动的对象和基础，它同时也是主体内在本质的基质。以知识为媒介对自然的认识，是穿过理性体系的窗框向着自然投去的目光所形成的画面，主体却由此闭上了得见永恒真理的双眼。在上帝离开之后，一切神话与宗教也相继退场，非理性可见的对象化形式被理性之不可见的框架取代。然而内在本质是未经改造的，它与自然统一，与主体先验相连。本真生活也由此在第一自然中形成了活生生的发展历史，它为主体提供了直观本质的先验前提，并由此使人类社会整体的历史哲学走向个体的生命化。

黑格尔将规律视为本质的现象，这种通过对生活经验的概括总结而成的、为生产生活效应而生的理性的产物并非本质，却被启蒙理性视为存在的本质。这成为卢卡奇物化批判的源头。在对陀思妥耶夫斯基的研究中，卢卡奇提出："第一自然，即作为纯认识的有规律的自然和作为纯感情带来安慰的自然，只不过是人与其产物之间异化的历史哲学之客体化。"[1]"第二自然"作为"感觉综合体"，则向主体及其心灵提出了再次反思的要求，且"只有通过心灵再次苏醒的形而上行动才能唤醒它"[2]。实际上，卢卡奇在此提出的"第一自然"已经脱离了第一自然本应具备的原初性，而成为主体经验现实的象征，换言之，这已经是第二自然。未经改造的第一自然在与伦理和美学这样主体性的范畴同时出现时被笼统地称为"自然"。从康德开始，自然便与主体及其意识和行为异质，而仅以物自体的形式为主体提供方向，因而一切人类活动

1　卢卡奇：《小说理论》，燕宏远、李怀涛译，北京：商务印书馆，2017年，第57页。

2　卢卡奇：《小说理论》，燕宏远、李怀涛译，北京：商务印书馆，2017年，第57页。

往往以第二自然为立足点。随着近代理性的起源到现代理性出现危机，第一自然作为人类非理性的绝对源头才逐渐进入意识，理性与非理性的关系也由此不再只是产生与被产生的关系，而显现为本真生活的构造与发展史。在这个意义上，并非如卢卡奇在《理性的毁灭：非理性主义的道路——从谢林到希特勒》中所宣称的那样："任何时代以及在任何时代里，在哲学领域里发挥战斗作用的任何阶级都会以不同的方式提出最先被概括出来的问题，而非理性主义在特殊的环境里可能从这种问题中产生出来。"[1] 非理性无论是作为一种思想潮流，还是主观精神范畴的组成部分，都从未真正退场。它既为生活提供着一种延续性，又在世界观需求与真正思维的认识论前提发生对立时，为现实与经验现实的分离提供"生命"这一个体主体性的表现形式，将共时的对立转化为历时的延续。即便在启蒙理性占据统治地位的时期，非理性也仍是理性发挥作用的稳定基石。这也正是启蒙理性在 20 世纪中期被批判为神话的内因之一。

在卢卡奇早年对黑格尔的阐释中，显现出鲜明的克尔凯郭尔化，即一种历史哲学的生命化、一种社会学的美学化，以及一种现实问题的哲学化。由于启蒙理性以来认识论中意识与存在的关系把知性弱化为一种以概念为把握方式的存在，知性便处于既不能超越其自身又不能触动主观唯心主义的尴尬境遇之中。要解决这一困境，就必须回到"生命"这一概念本身，尤其是当卢卡奇指出本真的生命应当是活生生的生命这一观点时，生命便成为主体体验的一种历史形式，成为人类在于自然中所凝结的类本质认知模式。换言之，卢卡奇早年从浪漫派接受的生命哲学

1　卢卡奇：《理性的毁灭：非理性主义的道路——从谢林到希特勒》，王玖兴等译，济南：山东人民出版社，1988 年，第 84 页。

既是他回到哲学为现代性问题寻求解答的钥匙，也是他超越第二自然重返第一自然为主体总体性寻找本真生活痕迹的道路。甚至在卢卡奇对直觉之贵族性质的批判中，他实际上揭示了这种非理性思维的绵延不断和先验效应，这意味着唯有非理性的内在性才能实现卢卡奇面向渴望所练就的总体世界，也仅有这种延续性才不会在现实的生产关系与生产活动之中、在理性与封建或阶级的相互关系中被打碎。作为本质之现象的规律也许能被推翻，但永远不会成为显像的本质性，则不会在生活经验中被斩断。

卢卡奇亦指出，非理性思想中内含高度的抽象能力，这是一种能够洞见本质的力量。"这种抽象能力并非形式主义的，而是有眼光把生活现象加以概念化，在直接的生活和最抽象的思想之间架起精神桥梁，并在哲学上注重那些在当时只作为萌芽，只作为刚刚露头的倾向存在着，直到几十年之后才成为普遍征候的现象。"[1]这些萌芽是无法通过理性的知识获得的，它们是由精神直接直观的。卢卡奇在他的体裁论研究时期便已经开始运用非理性的这一抽象能力。他不仅使体裁成为他早年艺术哲学中将生活现象概念化之后所得抽象思想的象征，而且使体裁研究这一行为本身成为现代主体创造性的体现，成为从繁杂且异质的理性生活中练就内在本质具体表达的生命体验过程。这也意味着他早年的思想本质上都是一种非理性的书写。而他此后对非理性思想的批判则一方面是对德国法西斯产生传统的深刻揭示，另一方面是他在自我批判的基础上，对其早年非理性思想在艺术哲学与美学范畴中，在他借助体裁所进行的主体总体性建构中的本质性作用的澄清，即非理性思想虽然对于社

1　卢卡奇：《理性的毁灭：非理性主义的道路——从谢林到希特勒》，王玖兴等译，济南：山东人民出版社，1988年，173～174页。

会体制与政治机制建构有害无益，但对于主体总体性建构既是必要的，也是重要的。因为本真生活就是非理性的，唯有对本真生活的践行才能实现活生生的生命，才能实现新世界的建构。

　　近代以来，当知识成为一种反抗封建统治和思想的力量，第一自然的价值也逐渐消解于第二自然对生产力与生产关系的保障作用当中。这一变化形成了卢卡奇对阶级与阶级意识的认识：只要无产阶级尚且生存于资产阶级统治下的社会，他们就必定无法产生属于其自身且带有阶级特性的文化和艺术。这些源于卢卡奇幼年在对母亲社交关系的观察中，在对父亲的与资本密切相关的工作的了解中，意识到了社会构成中最为根本的是源自阶级的力量对比，以及这一现状的历史给定性。而卢卡奇仍然认为，要实现"救赎"便必定要以大众为基础。纯粹客观唯心主义的主体性建构只存在于"史诗"的时代，具有历史哲学指向的形而上学才是现代主体及其哲学存在的方式。这正是卢卡奇乌托邦理想背后的时代意义："这是一个纯心灵现实的领域，其中，人作为人——而不是作为社会的存在物，然而，也不是作为孤立的和无与伦比的、纯粹的因而也是抽象的内心——存在着。"[1]这是在第二自然中对第一自然的绝对存在发出了遥远的追忆与重构的渴望。"在其中，如果这种内心有一天将作为被纯真体验到的不言而喻的事情，作为唯一真实的现实而出现在现场，那么就会从所有可能的实体和关系中形成一个新的和完善的总体。"[2]即便这种救赎是浪漫主义的，但是它透露出人及其意志对世界的奠基作用："这一总体远远胜过我们已分裂了的现实，而且仅仅用作

1　卢卡奇：《小说理论》，燕宏远、李怀涛译，北京：商务印书馆，2017年，第140页。

2　卢卡奇：《小说理论》，燕宏远、李怀涛译，北京：商务印书馆，2017年，第140页。

为背景，正如我们社会—'内心的'二元世界胜过了自然世界一样。"[1]
卢卡奇虽然批判叔本华尝试独立于整个人类生活的姿态不过是一种标榜，远不如伏尔泰为追求思想的自由与言论的独立而摆脱统治阶层限制的努力，但卢卡奇此时亦延续着叔本华的道路，在第一自然中找到了能战胜现实的内在本质。

二、第二伦理：为天赋间接辩护

卢卡奇将第二伦理视为一种心灵实体（Seelensubstanz），在以此为基础的世界中，心灵存在的消解便直接导致了生命问题。第一自然与第二自然的区分形成了人类实践对自然产生可见效应的开端，界定了外部世界发生客观变化的范围；第一伦理与第二伦理的辩证关系则揭示出，主体内在本质的原初性在扬弃第一伦理源自外部世界的他律限制中才能呈现，而当主体逐渐重新走向第一自然，他便在生活中发挥出源自生命的生成性。可见第一自然实际上是第二伦理的先验前提，第一伦理则是启蒙理性之后，社会分工与生产力发展的过程中被压迫主体的伦理，是卢卡奇间接批判的资产阶级生产方式之下的主体生存境遇。主体在具有主体性的本真生活中形成了他的历史，这一个体性的存在方式面向外在世界形成了伦理世界的建构，面向内在本质则形成了对天赋的概念化。

支撑这一逻辑的是黑格尔的辩证法："但最值得注意的是，在综合方法的进程里，一遇到那不可衡量的和不合理的量时，便碰了壁。因为在这里要想进一步予以规定，便超出了理智原则的范围。这也是以表明'合理'和'不合理'二词常常被颠倒使用的一个例子：通常总是把

1　卢卡奇：《小说理论》，燕宏远、李怀涛译，北京：商务印书馆，2017 年，第140 页。

'合于理智［常识］的东西'，认为是合理的，反而将具有合理性的开端和迹象的东西认为是不合理的。"[1] 而这里提到的"合于理智"恰恰是主观性的，它附和的是第二自然，因而以此为基础的认知并不是本质性的，它只是现象。仅有揭示出常识所对应的理性之虚假性，才能使非理性所内含的本质性呈现出来，而这正是卢卡奇体裁论的结尾。

这实际上暴露出理性的本质，即一种以表象规定本质的动机，同时也间接指明了非理性的特征："把合于理智认识的界限完全凝固为认识的界限，实际上把问题神秘化为一种'超理性'的答案，从而以这种方式人为地使问题成为不可解决的问题。"[2] 理性的悖论在于，它将主体的意识与行为从神秘的领域"解救"出来，然后将其置于一个构造的体系性客观范畴。这一范畴虽然不再使主体受限于任何神秘力量之不可言说亦不可突破的力量，却使其在另一个异质客观规约之中无法进行本真的自我表达。相比之下，基于非理性的一般特征："哪里把知性物限制的知性和认识同认识限制的知性和认识等同起来，哪里就可能而且必然要向一种非理性认识继续前进"[3]，这种以超理性的方式将不可解决的问题保留为问题的形式，反而间接呈现出其本质，进而直接显示出其内在特征。换言之，非理性作为一种主观思维方式，压缩了认知与现实之间的实际距离，将经验现实的对象化客体视为实际客体。虽然卢卡奇在两次世界大战之后斩钉截铁地将这种思想批判为一种至高无上的自我意识："一切坚固的东西都曾溶解为一种主观的事情，所有对象性的东西

1　黑格尔：《小逻辑》，贺麟译，北京：商务印书馆，1980 年，第 417 页。

2　卢卡奇：《理性的毁灭：非理性主义的道路——从谢林到希特勒》，王玖兴等译，济南：山东人民出版社，1988 年，第 80 页。

3　卢卡奇：《理性的毁灭：非理性主义的道路——从谢林到希特勒》，王玖兴等译，济南：山东人民出版社，1988 年，第 80 页。

都溶解为纯粹相对的、受主体制约的作用或关系。"[1]但他早年正是在这样的方式之下进行体裁论研究与完整的伦理主体总体性构想，即以超越生活的活生生的生命为核心，以对应于经验现实的艺术作品为表现形式的主体性家园。

认知与现实之间的差异使非理性思维获得了相对独立性。此时的卢卡奇已经在一定程度上运用了胡塞尔现象学的认识论方法，但是他并未像胡塞尔一样以"科学"对抗危机，而是以艺术对抗心灵异化。他在生命哲学中看到，个体生命为主体生存境遇带来了超越瞬间且面向未来延续的倾向，而艺术家的天赋则以洞见了生活中可以且需要被概念化的内容为途径，将他的生命对象化为艺术作品。卢卡奇并不否认现实对意识与艺术作品的实际影响，但这些具有历史哲学特征的外在表现形式在理性与非理性的关系问题中，实际代表着一种共相，而卢卡奇这一时期所坚持的则是个体、单个的人所具有的实体性。因此在艺术中，他追求作品的永恒价值，也进而直接指出了审美悖论："其内在本质依据时间而存在的某物，对于它的范畴建构而言，时间先验地是不可缺少的（不只是历史建构的真实时间，还有在特殊形式当中的艺术时间形态的理想时间），不仅是代表着永恒效用的某物，还有永恒价值自身。"[2]这是要将艺术作为研究对象进行探讨不可回避的前提，但由此问题也鲜明地呈现出来："作品不受时代影响而一直产生作用的价值与永恒性在这种

1　卢卡奇：《理性的毁灭：非理性主义的道路——从谢林到希特勒》，王玖兴等译，济南：山东人民出版社，1988年，第443页。

2　Georg Lukács, *Heidelberger Philosophie der Kunst.* Darmstadt und Neuwied: Hermann Luchterhand Verlag GmbH., 1974, S. 153.

（与时间）的关系中是如何可能的？"[1] 换言之，身处时间绵延中并产生于这一绵延的艺术作品，如何能够在审美价值上获得超越这一绵延的永恒性，它又如何代表或彰显一种永恒真理？

卢卡奇在《海德堡艺术哲学》手稿中提出了艺术－历史哲学的形而上学，尝试以美学和社会学的综合为方法论，在艺术中实现历史哲学与形而上学的综合，并使这一综合体具备永恒性。具体而言，卢卡奇一方面考察了艺术作品形式与内容的辩证关系，即从质料出发，对物质与作品素材之间的关系进行考察，另一方面则从创作者与接受者的角度，从天赋与动机的关系的角度进行考察。从中他指出了在主体天赋与艺术作品审美价值之间，存在一种被称作先定和谐的内在本质。在他看来，"不和谐就是一种关系概念，这种概念（在指向形式的创作经历中）确立了经历真实性与乌托邦真实性之间的连接"[2]。在形式中，这种不和谐关系是作品真实性的前提，而在内容中，这种不和谐是艺术作品产生的实际基础。[3] 而作品本身则是瞬间与永恒之辩证关系的体现和载体。

然而这样的艺术作品仅仅具有理论意义。"任何有益的和现实的哲学问题……都是具体的，就是说，它在内容和形式上都是由社会、科学和艺术的状况所决定的。它的时代及其本身的要求和努力……规定和包含着具体的向前或向后、向新或向旧运动的倾向。"[4] 就如同哲学无法

1　Georg Lukács, *Heidelberger Philosophie der Kunst*. Darmstadt und Neuwied: Hermann Luchterhand Verlag GmbH., 1974, S. 153.

2　Georg Lukács, *Heidelberger Philosophie der Kunst*. Darmstadt und Neuwied: Hermann Luchterhand Verlag GmbH., 1974, S. 161.

3　参见 Georg Lukács, *Heidelberger Philosophie der Kunst*. Darmstadt und Neuwied: Hermann Luchterhand Verlag GmbH., 1974, S. 161。

4　卢卡奇：《理性的毁灭：非理性主义的道路——从谢林到希特勒》，王玖兴等译，济南：山东人民出版社，1988 年，第 84 页。

脱离时代的限制，艺术作品中的永恒内含若要同时具备审美价值，那它便必定反映出这个时代具有价值且极为艰涩的哲学问题，而这些问题仅仅能在阐释中实现超越性，实际上必定应当是现实的。而当卢卡奇在理性机制下的社会中揭示出非理性的价值，当他在理论与实践的分离中以艺术的精神性开启对理性的对抗，他实际上已经提出了艺术作品永恒意义实现的可能性与前提，即主体，具体言之，则是主体的天赋。"不仅最伟大的艺术作品证实，作品的永恒性是由创作者（现象学意义上）经历的生活内容的时间性产生的，而且在一种寻找'永恒性'的艺术意愿中，那个在艺术作品中创作者的与时间相联系的理想对于创作者而言，在这种联系的紧密性之中变为'永恒'，这个分歧－设定的过程自身以某种方式成为现实。"[1] 这意味着艺术作品中的永恒应当是一种创作者与时间之间的关系，是主观精神与现实之缠结的永无止境，是扭结的赘生物对悖论进行彰显的永不停歇。在以天赋为起点、以情感为终点的艺术创作中，永恒是瞬间的拓扑延展，瞬间是永恒的一个截面。

由于卢卡奇对时间的探讨以主体的生命与生活为基础，而艺术作品永恒价值的前提是艺术家的天赋，即一种先验的主观意识，因而作品的永恒意义便是主观意识的未来对象化，对作品的审美便是第二伦理回归第一自然这一过程的体现。由此，卢卡奇早年在体裁中置入的逻辑回环，通过由第一自然到第二伦理最终回归第一自然的思路，实现了为主体天赋的间接辩护，以及对非理性思想决定性作用的论证。

---

1   Georg Lukács, *Heidelberger Philosophie der Kunst*. Darmstadt und Neuwied: Hermann Luchterhand Verlag GmbH., 1974, S. 163.

三、易卜生的洋葱：主体总体性建构的动机

卢卡奇再次想到了易卜生笔下的皮尔·金特，想到了他手里那个永远找不到核的洋葱。在卢卡奇看来，这正是生活的象征。生活是无本质的，主体却想要一层一层剥开它，找到一个不变的核心。然而历史对主体内在本质与外在世界的效应并不一致，作为历史产物的理性在充实外在世界的过程中将理念实用主义化。当主体全然置身于理性的构造世界之中而遭遇无家可归的陌生感之时，他已无法从变得实用主义的内在世界中找到任何能为他提供力量和支配感的内容。但主体却无法因此放弃面向外在世界提出获得生存之可能性的要求。既然原初的总体已不复存在，那么至少可以建构一个新的总体作为内在本质面向外在世界的内核，这便是卢卡奇早年主体总体性建构的动机，而这一切都最先源于宗教及其地位的衰落。

在启蒙运动以理性崇拜驱散宗教的愚昧，以自由民主与平等照亮教会的黑暗，引导大众远离传统教义的非理性盲目信念，走向理性领导下的光明未来之后，理性思想逐渐被运用于一切人或神的事情上。它仿佛实验室里具有极强腐蚀性的溶剂，发挥出强有力的同化作用。在这一趋势当中，一切非理性的、宗教的痕迹都被抹去，取而代之的是实用主义的、经验性的生产和发展。然而宗教的衰微并非如理性主义预想的那样简单明确。宗教这一直接关系到生死与救赎的意识观念，不仅长久以来渗透在主体的心理和精神深处，也决定了主体之为主体的生命意义，甚至是主体主观精神范畴演进的阶段性表征。宗教在中世纪以明确的神学体系存在于人类社会，而当启蒙理性用政治自由对抗专制暴政、用信仰自由对抗宗教偶像，宗教作为一种囊括了主体整个生命的心理机制就显现出了意义。换言之，启蒙理性在摧毁教会统治的同时，亦打碎了心理

的容器，毁坏了生命的框架。本应在理性主义统治之下获得更多自由和
权力的主体，反而失去了最根本的、同超越生活和客观存在之领域的具
体联系，亦由此被抛入一个他不得不与之交往的冷酷的外在世界，再也
无法寻回那个曾经完整而坚固的内核。

　　本质上，人类理性是一种历史构成体，是面向未来之发展所不可
缺少的阶段性显现。在这个意义上，理性可以被视为历史的假象，它并
不表达人类历史进程中的意义，而是为未来对历史的预言提供了一个象
征符号。这意味着纯粹的理性主义其实是一种唯心主义体系，是一种以
客体表征客体的、与主体内在本质毫无关联的对象的纯粹客体化认知模
式。然而不同于在第二次世界大战之后才被卢卡奇批判为具有极端主观
唯心主义性质的现象学，理性主义所代表的唯心主义体系以它所建构、
标榜甚至描画的未来蓝图为新的偶像，现代主体仿佛只是经历了一种崇
拜的转向，其自身仍未在认知的过程中得到承认，它们的主体总体性维
持着洋葱的范式。在德国浪漫派与生命哲学的影响下，历史哲学逐渐成
为卢卡奇非理性艺术哲学的扬弃对象，艺术成为他心目中启蒙理性之后
具有宗教性神秘主义特征的主体性范畴，成为人类心灵的表现，成为个
体生命渐进演化、心灵重返家园的生活世界。可见在卢卡奇对主体总体
性建构的构想中，艺术已经接替了宗教，承担起维系内在本质与外在世
界关系的功能，非理性思想则保证了其中神秘事物的存在，并使其在理
性与情感、理性与非理性之间不断进行有机交流，使主体在无家可归的
外在世界中，寻回心灵异化之前曾经被其视为"家"的某种情绪。而这
些都在启蒙理性所构建的日常生活中被戴上了冷漠的面纱。

　　被理性带离非理性范畴的个体"内心早已放弃了占有世界的计划；
它不再把它的社会环境看成为本身很成问题，而纯粹的内心却能在其中
自由地尽情享受的某种东西，而是看成为对主体性视之为本质的那一切

东西的一种可恶的、无法捉摸的、持续的威胁"[1]。大理石再也不会变成米开朗基罗的雕塑作品，而成为小便池的质料。然而理性事物与非理性事物性质的界限应受到质疑，就如同在艺术与技术之间人为放置一个名为"差异"的间隔。决定对象化客体不同效应的，是历史哲学的主体追求形而上学有效性的动机："动机虽然是心理学主体变为现象学主体的动因，然而在本质上，动机在现象学意识中是先验的。"[2]经历仅仅提供一种刺激，它可以成为激发主体的先验精神的动力，经验和情感的产生则是必然的，因为那种神秘的存在是先验的。甚至主体在理性的异质世界中的体验与感受也在其类本质维度体现出自然属性，这是主体区别于生活经验的本质。"异化和疏远对人生基本的脆弱性与偶然性的感触；理性面对深层存在的无力；虚弱的威胁，以及个人在这种威胁面前的孤独与无遮无蔽状态。……每一个都参与所有其他的，而它们又全部环绕着一个共同的中心。"[3]动机便产生于此。也正是由于动机，物质才会成为艺术作品的质料，而非其他客观物的质料。

在艺术之外，亦有其他方式能够在一定程度上与理性现实相抗衡，在陀思妥耶夫斯基研究中，卢卡奇便提出了无神论的新伦理和一切皆被允许（Alles ist erlaubt）这两种设想。在上帝已死而"人神"被批判为旁观者的情况下，这种无神论的新伦理使主体要求完全拥有了对自身生命的权力，然而在卢卡奇看来，这是一种以自杀为方式的对客观世界的

1 卢卡奇：《理性的毁灭：非理性主义的道路——从谢林到希特勒》，王玖兴等译，济南：山东人民出版社，1988年，第450～451页。

2 Georg Lukács, *Heidelberger Philosophie der Kunst*. Darmstadt und Neuwied: Hermann Luchterhand Verlag GmbH., 1974, S. 165.

3 威廉·巴雷特：《非理性的人》，段德智译，上海：上海译文出版社，2012年，第46页。

颠倒，在本质上这并没有改变世界本身，战争便是这种新伦理的极端表现。[1] 而一切皆被允许的设想则与战争所代表的新伦理恰好相反，它直接产生恐怖主义问题，这是将非理性极端化为对与理性相关之物的毁灭，其中亦包含了对主体自身生存意识的毁灭，代之为一种非主体性的、异质的狂热。这两种形式虽然不足以为现代主体提供任何有效的生命内核，却展示出主体在理性社会中的极端反抗意图与悖反现象，虽然它们同样源于主体的动机，却在社会历史与形而上学的调和中失去了和谐。"人类对他自己是彻头彻尾——也可以说是从里到外——有限的这样一种发现，却是在他的技术征服自然似乎不再有任何限制的时刻达到的。"[2] 艺术最终成为卢卡奇在这一问题上的唯一选择，也是他心目中启蒙理性之后的新宗教。

卢卡奇晚年借助反映论指出："不同的艺术都是对同一客观现实——当然是以不同的方式——的反映，是通过对人的作用而产生的反应，并且进一步看到：不同艺术是以对（同一个）人产生不同的激发作用为目的，而把这种反应固定和描绘出来，因此它们的共同性就显出了一种理所当然的，却又极其微弱的抽象。"[3] 这一观点延续了卢卡奇在《海德堡艺术哲学》手稿中对柏拉图的逻辑－形而上学美学的批判，即美学不应是一种共相的理念，它不应被设定。艺术作品则作为单个的生命，成为美的理念的组成部分。此时，卢卡奇尚且在艺术中看到了诗性

1　参 见 Georg Lukács. *Dostojewski Notizen und Entwürfe*. Hrsg. von László Sziklai, Budapest: Akadémiai Kiadó, 1985。

2　威廉·巴雷特：《非理性的人》，段德智译，上海：上海译文出版社，2012 年，第 46 页。

3　卢卡奇：《审美特性》（上），徐恒醇译，北京：社会科学文献出版社，2015 年，第 421 页。

的宗教神秘学特征。他认为这一特征具有宗教革命性，这种力量甚至带来了超过经济革命的效应。不仅如此，艺术中还包含着超越美学的重要意义。[1] 这一处理方式也暗示出了卢卡奇早年艺术哲学与美学研究中最重要的一条隐藏逻辑，即艺术哲学是美学体系的基础。由于艺术这一范畴产生的动机是没有本质的生活，这便恰好对应了卢卡奇在《海德堡美学》手稿中建构美学体系之时，首先提出的审美设定的无设定性这一观点。这虽然是他第一次美学体系建构失败的根本原因，但这一切非理性的突破性尝试，正是他早年体裁研究的最重要成就。

1　参见 Lee Condon. *The Young Lukács,* Chapel Hill: The University of North Carolina Press, 1983, p. 75。

第二节　历史的幻象

虽然卢卡奇在艺术哲学中发现了美学体系建构中尚且无法实现的超越性，但从未放弃对美本身的讨论。他直言："美的概念在古典美学体系中处于中心地位，但它并没有被提及，而且不可避免的是，这种将其搁置一边的做法相当于一种极端的论战意图：试图将这一概念排除在美学的一系列论证原则之外。"[1] 换言之，美的概念仍是美学的核心问题。若要将总体性问题推向一个兼容哲学与感性的体系性范畴，仍需回到这一问题，否则作品、体裁、创作与接受行为便只能在现象的意义上成为美的理念的一个方面，而非构成一个有机统一体。

由于卢卡奇早年一切研究的出发点就是主体，美学并不是他的研究动机，而是他主体总体性构建中的可靠尝试。因而在卢卡奇早年的美学思想中，对主体的日常生活与本真生活的探讨是他理论研究的动机，作为主体存在之基础的时间流变成为他理论书写的质料。在卢卡奇的体裁论中，历史是未来的幻象，它并非事件或客观条件本身，而是能使未来从中映照出意义的镜子。这意味着历史中已经先验内含未来的内在本质，而这一本质早在未来来临之前便已经获得了显现。因而并非历史决定着未来，而是唯有在未来，历史才能真正被主体意识到。他由此将美

1　Georg Lukács. *Heidelberger Ästhetik (1916-18). Frühe Schriften zur Ästhetik II*. Hrsg. von György Márkus u. Frank Benseler. Darmstadt-Neuwied: Hermann Luchterhand Verlag GmbH., 1975, S. 135.

的概念问题转化为意义与时间的关系问题，艺术则从中发挥出媒介和桥梁的作用。

只不过卢卡奇这一时期并未将艺术视为一个具有明确认识论意义的知识性范畴，而是保持了其中带有神秘学意义与宗教性的先验性与主观性。他并未致力解释艺术创作与接受对历史现实的实际反映，而是基于现象学提出误解概念，意在强调艺术创作与感情的直接联系，以及艺术鉴赏中本质直观的决定作用。卢卡奇并未推进康德的认识论模式，也没有将黑格尔的绝对精神真正运用于总体性建构，而是在结合二者的基础上，将艺术及其具体类别，即体裁，置于主体在认知中对对象进行命名的过程，使其呈现出历史时期主体认知的阶段性特征与差异，由此从人类这一自然物种的生命本质维度揭示人类社会发展演变中主体性变化的自然性，以及探求一种自律式现代伦理的方式与意义。"因此，在理智直观的问题上，两种系列不可调和的意向是一致的：第一，渴望实现一个完满的元人类学领域，在这个领域中，人类需要的所有形式和内容，如个别性、距离、二元性和话语思维，都被抛诸脑后，因而如前所述，它具有独立于任何设定行为的'存在'；其次，要求主体与这个世界统一起来，而非以远距离的理论行为方式来面对这个世界并作为对被认知者的一种认知，主体应当跨越这种距离。"[1]艺术从中发挥的作用则在于："正如已经表明的那样，这种距离在艺术作品中被克服了（与行为方式相反），这里所要求保存的是这样一种存在，是艺术作品中被构型

1　Georg Lukács. *Heidelberger Ästhetik (1916-18). Frühe Schriften zur Ästhetik II.* Hrsg. von György Márkus u. Frank Benseler. Darmstadt-Neuwied: Hermann Luchterhand Verlag GmbH., 1975, S. 154.

的一切。"[1] 由此，卢卡奇从以体裁为内容审视艺术，转向以美的概念为核心反思艺术哲学，并以这一反思为其美学体系建构的前提。

一、显现：艺术的意向

在卢卡奇开始小说研究之前，他已经完成了《海德堡艺术哲学》手稿，也是在这一时期，他已经开始从对不同体裁与艺术作品的审美研究转向对美的理念的艺术哲学基础研究。在这一过程中，非理性的艺术哲学使他开始对柏拉图以来的逻辑－形而上学美学传统进行反思，他由此更为确信，艺术作品的客体化即其显现是必要的，因为即便是理智直观，也需要在对象的客体化中得到证明。而这一客体化并不能成为一个被称作作品的孤立的个体化存在，它仍需要内含美的理念，只不过这种理念应当具有一种意向性和发展能力。这种内在本质便是主体的内在本质，也是生物体的自然本质。

现代社会中的人是个体性的，因此是孤独的。从人具有自我意识和自我认知以来，就已经是孤独的。人与动物都会在独处的时候感受到离群索居的孤单，但只有人能认识自己的处境。"这种对他自己作为一个孤独的实体的认识，对他自己短暂的生命历程的认识，对不由他的愿望而出生又违背他的愿望而死去这一事实的认识，对他将在他热爱的那些人之前或之后死去的认识，对他的寂寞和孤独的认识，对他在自然和社会面前无能为力的认识，所有这些都令他感到孤独和隔绝的生存状态

1　Georg Lukács. *Heidelberger Ästhetik (1916-18). Frühe Schriften zur Ästhetik II.* Hrsg. von György Márkus u. Frank Benseler. Darmstadt-Neuwied: Hermann Luchterhand Verlag GmbH., 1975, S. 154.

里不堪忍受的监狱。"[1] 弗洛姆的目的在于揭示出人的本性是要排除一切分离，消除孤单，实现与周围世界的联系。这种渴望理解与交流，渴望在被隔绝的内心与生活的世界之间找到弥合鸿沟的方法的内在本质，便是爱。卢卡奇在体裁研究时期尚未将爱作为一切艺术创作与接受的核心，而是将主体的表达与接受视为形式问题，将艺术作品的塑形视为创作动机与质料之间实现和谐的问题。

在不同体裁中，卢卡奇尝试将内心的孤独付诸艺术，使之能够代替或代表主体，表达主体的生存境况及其内心渴望，同时从中发现或建构出能够映照主体内在本质的、使作品能够与主体成为共享（teilhaft）结构的理念。这样一来，"对美的体验的主体行为便必然是一种超越性的行为：它打破了美的客体和它已经产生的理念之间的非构成性关联，进而寻求通往美的本源的道路，由此把当下成为空洞的客体抛诸脑后"[2]。在艺术作品中，美的理念是使作品存在并产生效应的核心，但美的理念本身并非如逻辑－形而上学一般实体性的存在，而是一种纯粹的形而上学理念。真正具有实体性的是作品本身，因为作品一方面分有美的理念，另一方面成为美的理念。这意味着美并非绝对之物，而是永恒之物，其永恒体现在意义当中。而这一永恒不仅内含于作品，更显现作品其在未来所得到的认知和概念化。在此，艺术作品呈现出一种意向，即对主体非理性范畴进行表达的倾向。卢卡奇指出："艺术的意向不在于事物的本质，而在于其'幻象显现'，即为了试图实现人类作为感性存

1　艾里希·弗洛姆：《爱的艺术》，刘福堂译，北京：人民文学出版社，2018 年，第 12 页。

2　Georg Lukács. *Heidelberger Ästhetik (1916-18). Frühe Schriften zur Ästhetik II.* Hrsg. von György Márkus u. Frank Benseler. Darmstadt-Neuwied: Hermann Luchterhand Verlag GmbH., 1975, S. 137.

在的最适宜的显现形式；因此，它们的形式不能是存在的现实构成的结构形式，而是为了产生一种独特的'现实'而为此特设的形式。"[1] 也因此，这种特设的形式是符合经验现实的形式，这种形式对独特"现实"的构建便是艺术的意向，也是艺术作为美的理念的一种显现在现象学意义上对本质的效应。

如果说宗教提供了一种神秘而直接的信仰，艺术便构建了一种情感与情感之间默契的语言。"艺术与作为感性存在的人紧密相连……作为一个构成体，它处于一场斗争的中心，这场斗争旨在将人从感官的禁锢中拯救出来，以便在真实存在的世界中找到他们的家。"[2] 因为在艺术中，"美对成为其共享对象而言是超越的，它从一个遥远而陌生的领域降临到它们身上，而这个领域原本是它们无法接近的，美用这种它们本不应得的理念的共享之光笼罩着它们，这种光环如恩赐一般降临"[3]。美的笼罩之所以是一种神圣的恩赐，既是由于美并不由于艺术作品的具体显现而受到影响，又是因为它引导着艺术作品的显现，以及主体对这一显现的直观体验。"无论你把什么引入形式，显示给灵魂，它仍然寻求超越它自身并赋予它形状的另外事物。"[4] 这就是艺术作品与美的理

1　Georg Lukács. *Heidelberger Ästhetik (1916-18). Frühe Schriften zur Ästhetik II.* Hrsg. von György Márkus u. Frank Benseler. Darmstadt-Neuwied: Hermann Luchterhand Verlag GmbH., 1975, S. 168.

2　Georg Lukács. *Heidelberger Ästhetik (1916-18). Frühe Schriften zur Ästhetik II.* Hrsg. von György Márkus u. Frank Benseler. Darmstadt-Neuwied: Hermann Luchterhand Verlag GmbH., 1975, S. 168.

3　Georg Lukács. *Heidelberger Ästhetik (1916-18). Frühe Schriften zur Ästhetik II.* Hrsg. von György Márkus u. Frank Benseler. Darmstadt-Neuwied: Hermann Luchterhand Verlag GmbH., 1975, S. 137.

4　普罗提诺：《九章集》（下），石敏敏译，北京：中国社会科学出版社，2009年，第877页。

念的关系，也是卢卡奇体裁论中形而上学思想的源头。但在具体的艺术哲学分析中，卢卡奇并未止步于柏拉图的理念论，他甚至更为关注社会历史因素对作品这一显现及其意向的实际影响。艺术作品不仅承载着连接个体的责任，它同样需要成为一种寄喻式的表达，甚至成为一种主体间性的形式符号，在对经过理性所总结的概念进行表述时，召唤出产生这些供理性总结的现象的非理性因素。然而在这一问题上卢卡奇并未深入，而直至本雅明在《德国悲苦剧的起源》中专文论述寄喻时，卢卡奇早年对体裁的期望才得到了认知与证实。卢卡奇显然更为关注时代变迁与作品审美价值之间的辩证关系，以及不同时期社会矛盾中主体的诉求与体裁表达功能的适宜性关系。

在卢卡奇早年的现代性理论当中，在涉及现代性问题之时，他常常使用德语形容词"neu"。这个词的本义是"新"，与"旧"相对，既形容状态，也表达趋势。对卢卡奇早年而言，现代社会相对于过去并不发达的文明状况与尚未实现工业化发展的社会而言是新的，相对于古希腊时期完整封闭的总体性而言更是新的。它一方面代表着社会整体发展程度的提高，另一方面也表现出主体自身的总体性日益褪色，碎片化的社会现状正在日益占据着生存于现代社会当中的人及其思想意识。对"新"这一概念的提出本身就在内涵上体现出批判意义，正因为新事物的出现，曾经存在的事物才会被冠上"旧"这一形容。即便如此，美学仍贯穿了卢卡奇早年主体总体性建构理想，成为体裁论和艺术哲学的重要范畴。他指出："当每一种艺术作品被描述为'新'的时候，那么既不是一种单纯的外在 - 实际的创作，也不是价值自身，而是价值的一种确切的品质。"[1]这种品质不仅是形成艺术作品具体形态的核心本质，

1 Georg Lukács, *Heidelberger Philosophie der Kunst*. Darmstadt und Neuwied: Hermann Luchterhand Verlag GmbH., 1974, S. 163.

也是能够使主体实现主体性永恒追求的可能性的土壤。它决定了自身能够以艺术作品的形式显现，而作为显现的艺术作品中的意向则具有重返、揭示这一品质的趋势和动力。在趋势中，对新的意义与价值的追求是对过去的扬弃，辞旧迎新既包含着对历史的承认，又体现着对未来的向往与憧憬。由于仅有渴望无法直接实际地得到满足，它才能一直持续，任何对渴望的满足都会导致渴望的消失，故在趋势中，主体亦能一直保持着这种渴望。

可见卢卡奇早年并非首先为美赋予具体的表现形式，正相反，他是在对具体表现形式的风格化中，揭示出美的理念及其美学的意义。柏拉图主义者认为这些显现是人类感性的幻象，是真正的存在的影子，因而是模仿之模仿。卢卡奇却借鉴现象学方法，使艺术所表达的共时的单纯模仿变为历时的意向，以美的理念与形式的先验统一作为艺术显现的给定前提。而实际上，他并不是将真正的存在悬置起来，而恰恰是持续地以放入括弧这一行动联系现实。

二、内容：把握本质的方式

在对主观主义的分析中，卢卡奇便反驳了逻辑-形而上学美学中以美的理念为实体与共相，以具体艺术作为现象甚至模仿的观点，因为真正的本质必定出现在每一个具体的显现中，这一本质不是通过理性归纳得出的结论，而是在本质直观中突然呈现的存在。换言之，卢卡奇反对将美的理念视为一种理性思维之下产生的形式概念，他将其视为一种具有先验性的、绝对性的、主体性的总体。因为纯粹的形式概念仍是抽象的，因而它并不足以在美学问题上超越柏拉图美学中的形而上学抽象性。对此，卢卡奇给出了超越逻辑-形而上学美学的两个新观点。其一，形式的概念要素是一种先验主观因素；其二，将先验主观因素视为给定的、自然的现实，以此作为超越形式抽象性的现实起点。由此，逻辑－形而上学的形式为精神的实体所取代，纯粹哲学的理论逻辑演变为具有主观性的美学阐释。

在卢卡奇进行体裁论与艺术作品研究的时期，他如同只知答案而不知提问的希腊人，沉浸在创作与接受行为及其结果当中，从作品本身的情节建构与细节表述中发现时代的阶段性特征，以及社会历史的创作者如何在其天赋与主观精神的对象化客体产物中无意识地埋藏着那种神秘又坚定地联系着先验主观精神的永恒。彼时，他意识到有某种似乎无法言说的因素决定着主体总体性的最终实现，但他却只是以心灵与形式的对等关系，提出了形式与内容趋向一致性的过程便是真理显现自身的过程。然而他并未能在理论的逻辑中阐明其中的内在关联，他以生命哲学作为替代方案，从本真生活中提炼出与日常生活异质的主体内在本质，并以此面向外在世界，提出经验现实这一被规定的形式。海德堡时期，他开始专注于艺术哲学理论的表述，并在基于作品的审美活动中意识到体系总体性建构与艺术哲学理论之间先验地存在悖论时，他将这一状况归结于抽象唯心主义发展为主观唯心主义的过程中必须面对的难题："当理论意欲赋予其对象一个具体的对象性时，该对象性与形式有机地结合在一起，在一定程度上是'直观的'，此时理论不可避免地转变为美学结构。其形式有机地融合在一起，可以说是说明性的客观性。"[1]他由此意识到，伦理学是关键，但在此之前对美学与理论、美学与艺术哲学之间的关系进行澄清是必要的。延续早年已有的研究成果，这一关系很轻易地便被卢卡奇以内容与形式的二元关系表述出来，其中，黑格

1　Georg Lukács. *Heidelberger Ästhetik (1916-18). Frühe Schriften zur Ästhetik II.* Hrsg. von György Márkus u. Frank Benseler. Darmstadt-Neuwied: Hermann Luchterhand Verlag GmbH., 1975, S. 175.

尔发挥着理性在 20 世纪思想界的宏大作用，即作为一种"酸性物质"，帮助他"溶解"了那些他当时不能清晰阐明的理论困境。

卢卡奇反对将矛盾视为思维永无止境的任务，认为对立统一应当被视为既存现实，这是美学设定的先验基础。这一观点亦反映出了逻辑-形而上学美学观念的局限性："它想通过其形式生产这些'内容'，即整体的生活，但它不想走上理解其真正本质性的道路，也就是知识的道路；因而它将描摹一切，却'只触及每一事物的一小部分'。它针对的都是人类的感性幻象，它在其中只击中了真实存在的影子，成为模仿之模仿。"[1] 但不走上知识的道路并不代表美学的整体生活中不包含本质性的道路，也正因为在美学道路的每一个阶段都内含本质的元素，这一道路才能成为道路，而也正是因为这些本质的元素内含于美的观念产生整体生活的这一过程，这些元素的本质性才得以体现出来。卢卡奇在论述艺术-历史哲学的形而上学中历史与辩证法的纠缠时便意识到了感性与知识的纠缠关系，也因此，对于柏拉图主义的美学思想他并未全盘否定。艺术的确只能反映现实的一部分，甚至是现实中最不具有现实性的那一部分，但对这一部分的反映是现实中主体的行为，这一行为本真是生活的组成部分，也仅有当这样的行动成为一种风格，美的先验理念的道路才会出现。

卢卡奇认为，创作的核心动力是天赋。天赋决定了创作者把握本质的方式，这一方式便是作品的内容。由于艺术作品是对感性幻象的模仿，这一内容便成为对天赋的模仿。依据黑格尔的观点："某东西具有一个质，并且通过这个质不仅得到规定，而且受到限定；它的质是它的

1　Georg Lukács. *Heidelberger Ästhetik (1916-18). Frühe Schriften zur Ästhetik II.* Hrsg. von György Márkus u. Frank Benseler. Darmstadt-Neuwied: Hermann Luchterhand Verlag GmbH., 1975, S. 168.

界限，带着这个界限，它首先保持为一个肯定的、静止的定在。"[1]黑格尔意在指出定在是已规定的，卢卡奇却更为关注界限作为一物与他物之共同所有这一特征的存在及其可能性问题："最终规定的界限所内含之物，是一种设定类型之产物，它与先前定义的界限存在质性差异；前者是形式和内容纯材料的完美统一中的具体内容（如美学）设定，后者是将抽象且不完善的理论对象纳入整体，而也只有在整体中，理论对象才能获得充盈和可规定性"[2]形式由此由纯粹的概念化存在转变成一个与其内容具有统一性的完善整体，这一整体成为艺术作品的真实的质料，它规定了作品的内容，亦成为作品的表达。同时，由于内容取决于主体的天赋，它便在形式的规定之前已经拥有了优先的确定性。这两种规定模式在逻辑－形而上学美学中，以一种同一性的存在为理想模式，而在思辨－发展的美学理念中，有机统一取代了绝对的同一。这种承认界限与差异，并以整体为范畴将观念及其对象化的可能性同时囊括在内而实现的统一，才是超越纯粹形式之抽象性的美学体系建构要求。

艺术中，创作与接受行为所要解决的问题，仍是概念阐释的美学化过程中理论与其对象化存在之间相互背离的关系，而这一矛盾源于对具体概念进行实体化。就艺术创作而言，天赋决定了主体能在日常生活的刺激中以独特的方式进行自我表达，经历真实性在艺术创作中的作用是次要的，形成内容的首要因素是主体运用天赋把握本质的方式。"一旦精神事实上掌握了自身，任何契合精神的行为都不再是一种——可自我设定的——事物，'而必须是事物本身（Sache selbst）'，这与抽象唯

1　黑格尔：《逻辑学 I》，先刚译，北京：人民出版社，2019 年，第 109～110 页。

2　Georg Lukács. *Heidelberger Ästhetik (1916-18). Frühe Schriften zur Ästhetik II.* Hrsg. von György Márkus u. Frank Benseler. Darmstadt-Neuwied: Hermann Luchterhand Verlag GmbH., 1975, S. 181-182.

心主义同一的主客体的区别仅仅在于，这种理智直观的客体不会被动地寄希望于与之相悖的主体，但在主体通往自身的道路上，他将这个主体作为与自己相遇的交汇之处。"[1] 卢卡奇由此将发展观置入美的理念，并以整体为立场提出了有机体概念，由此终于真正阐明了他艺术哲学思想中第二伦理与第一自然的内在关系，即第一自然规定着第二伦理发挥作用的界限，而第二伦理在其对第一自然的认知与掌握中形成了以美理解自然和艺术基本原则的有机统一体，这便是构建主体总体性的有效前提。如黑格尔所言："艺术只有一个任务，那就是把真实的东西，按照它在精神里的样子，按照它的整体，拿来和客观感性事物调和（统一）起来，以供感性观照。"[2] 这意味着美和真理是统一的，有机体既是这一统一的产物，也是它的前提。

"人们也许会把鉴赏的一条原则理解为这样的原理：我们能够把一个对象的概念归摄入这个原则的条件之下，然后通过一个推论得出这对象是美的。但这是绝对不可能的。因为我必须直接在这个对象的表象上感觉到愉快，而这种愉快是任何论证根据都不能够向我侈谈的。"[3] 在艺术的创作与接受，以及对艺术作品与质料的关系中，摆脱规则限制而从自身显现出来的有机生命体便是美的理念的充分客观化。

1　Georg Lukács. *Heidelberger Ästhetik (1916-18). Frühe Schriften zur Ästhetik II*. Hrsg. von György Márkus u. Frank Benseler. Darmstadt-Neuwied: Hermann Luchterhand Verlag GmbH., 1975, S. 177.

2　黑格尔：《美学》（第三卷上册），朱光潜译，北京：商务印书馆，2017年，第15页。

3　康德：《判断力批判》，邓晓芒译，杨祖陶校，北京：人民出版社，2017年，第97页。

三、谜：充盈灵魂的生命力量

"艺术作品作为自己不知道自身者的艺术作品，就自身而言是未完成的……"[1]哲学家也仅有当认识到并表达出其思想本身之时，才完成了他全部的哲学研究。而哲学家在表达中使用的往往是下一个阶段的哲学方式，也仅有下一种方式才能表达他一直践行的这套体系。如卢卡奇所言："无论是在其具体性质特征上，还是对体系的意义而言，所讨论的环节都必须克服前一个环节，也必然被下一个环节所取代，这是由精神的辩证发展所指示的。"[2]在这一辩证逻辑中，卢卡奇实际上揭示了一个他早年未曾言明的内容，即本真生活先验地存在于日常生活当中，但它仅仅是一个幻影，只能以被否定的形式出现在体系建构的目标当中，唯有在未来的日常生活中，这种内在本质才能在其意义被认知的前提下，呈现出其存在，也唯有这一时刻，这种本真生活才在意义实现的基础上最终完成。卢卡奇自身也是这样一位理论家，他早年的艺术哲学直至其理论生涯最后才呈现出在开端便已发挥效用的意义，他也正是因为由始至终地贯彻着他自己的哲学逻辑，才能在理论的成熟期表达出这条道路的全部内容。

卢卡奇读懂了黑格尔的美学。这种艺术哲学实际探讨的是艺术和美的理念的相互关系，其目的在于揭示艺术如何在美的理念的限制中实现形式构造，而作为作品的形态又如何使主体得以直观美的理念，而非以任何逻辑或理论的形式对其进行表述。由此形成的表达，以及有意识

1　黑格尔：《宗教哲学讲演录 I》，燕宏远、张国良译，北京：人民出版社，2015年，第 99 页。

2　Georg Lukács. *Heidelberger Ästhetik (1916-18). Frühe Schriften zur Ästhetik II*. Hrsg. von György Márkus u. Frank Benseler. Darmstadt-Neuwied: Hermann Luchterhand Verlag GmbH., 1975, S. 214.

的认知的产物"不再是数学上的均衡比例和水晶一般的美的理念的真正载体，而是一个自我完善的谜（rätselhaft），是充盈灵魂的活生生的东西，它也正是在显现中散发出这种充实性"[1]。同时，这一艺术哲学还预设了主体与美的理念的先天亲缘性，以及在这一亲缘性规定下的整体性。"精神在其尚未意识的自然中显现出的东西，与它在艺术中生产的已经有意识的精神相同，这种精神产生了创作者和艺术家。"[2] 也是在黑格尔那里，卢卡奇找到了他一直对古希腊时期念念不忘的理论依据。他认同黑格尔美学中古典型艺术的价值，并从中发现了这种艺术所反映的主体总体性幻象："在起始阶段，艺术还保留一些神秘因素，还有一种隐秘的预感和一种怅惘，因为它的形象还没有把它的完满的内容完满地表现出来供形象的观照。但是到了完满的内容完满地表现于艺术形象了，朝更远地方瞭望的心灵就要摆脱这种客体性相而转回到它的内心生活。这样一个时期就是我们的现在。"[3] 精神的不断实体化推动认知向下一个环节前进，这也促使精神在对抽象超越性进行扬弃的基础上，在现实客体中找到真实的主体。"在两种宗教的大致类型之间，即仍然超越的宗教和已经融入主体的宗教，艺术保持着辩证的位置。"[4] 在思辨－

1　Georg Lukács. *Heidelberger Ästhetik (1916-18). Frühe Schriften zur Ästhetik II.* Hrsg. von György Márkus u. Frank Benseler. Darmstadt-Neuwied: Hermann Luchterhand Verlag GmbH., 1975, S. 193.

2　Georg Lukács. *Heidelberger Ästhetik (1916-18). Frühe Schriften zur Ästhetik II.* Hrsg. von György Márkus u. Frank Benseler. Darmstadt-Neuwied: Hermann Luchterhand Verlag GmbH., 1975, S. 192.

3　黑格尔：《美学》（第一卷），朱光潜译，北京：商务印书馆，2017 年，第 131 ～ 132 页。

4　Georg Lukács. *Heidelberger Ästhetik (1916-18). Frühe Schriften zur Ästhetik II.* Hrsg. von György Márkus u. Frank Benseler. Darmstadt-Neuwied: Hermann Luchterhand Verlag GmbH., 1975, S. 219.

发展的美学观中，艺术一方面吸收了一切神秘因素并将其内化于美的理念之中，另一方面以建构形式与内容的统一体为目标，超越纯粹神秘的理念，实现主体性的主动作用。正如《小说理论》中所言："做一名英雄不再是本质领域的自然生存形式，而是提升自己，超越纯人性的东西，既超越普通大众的、也超越自己本能的纯人性的东西。"[1]

在对逻辑－形而上学与思辨－发展的美学观念的辩证否定中，卢卡奇通过黑格尔的"主体即实体""绝对即精神"观点，提出了"人的整体"这一思想，以此作为实现形式与内容、瞬间与永恒之统一的有机结构。卢卡奇将以"人的整体"为基础的美的理念称作实体－伦理美学。他早年未完成的《海德堡美学》手稿中恰好缺失了实体－伦理美学这一终极构想，但这毋宁是一次尚未被意识到的有意为之：一方面，实体－伦理美学中的实体概念源自黑格尔的主体概念，因而这一美学思想是一种辩证上升的生成性实践概念，它不能以时代性的概念进行表述，而只能以历时性的进程为方向。换言之，当这一美学思想如同逻辑－形而上学的美学理念一般得到明确的理论概念形态时，便失去了实体性意义，也进而不再具有伦理意义；另一方面，基于卢卡奇早年的理论逻辑，这一范畴必须要在被另一种更具有时代性的美学体系，即马克思主义美学体系所完全取代之后，才能在马克思主义方法论中得到表述。这也意味着海德堡时期卢卡奇无法对实体－伦理美学做出清晰的论述，而只能在批判柏拉图美学并扬弃黑格尔美学的基础上，提出一个伦理美学的理想，供他自己和其他时代主体产生渴望。

由于艺术成为神秘因素的载体，作品作为美的理念的现实客体，其

1　卢卡奇：《小说理论》，燕宏远、李怀涛译，北京：商务印书馆，2017年，第35页。

中形式与内容的限定与制约关系，以及第二伦理与第一自然在美的理念上的辩证关系，都在作品的创作与接受行为中有意识或无意识地决定着主体的行为与认知的结果。古典哲学传统中对美的理念、自然之美、艺术之美等范畴的探讨所揭示的问题，在卢卡奇的艺术哲学中，则演变为理念在生命与时间中的显现与效应问题。例如在自然美的问题上，他认为："自然美在体系中获得了一个特殊的地位：一方面，对于自然本身而言，自然美这一概念完全是偶然出现的，因此对于自然，这一概念天然地保持着完全独立性，避免了被自然哲学吞噬的命运；另一方面，它也独立于艺术形式中艺术的范畴结构，因为根据其理念，它是神性之光的统一，这已经使它接近了终极统一，而在艺术的构型形式中，它不过是各种颜色发生的散射，就好像光在大气中发生的一样。"[1] 自然美的先验性与生成性使自然哲学无法将其纳入自身的体系，它的辩证发展逻辑又使得它能投射出不同的显像，本质直观的过程本身便成为伦理主体与其先验精神实现联系的行为。

同时，基于艺术作品对伦理主体进行考察，"质料"（Stoff）这一范畴便成为意向性的象征，甚至直接决定了艺术作品的最终产生。如卢卡奇所言："质料的本质在于它具有从艺术上被构形的可能性：即质料是对经验元素的重塑，是对已成为体验的'内容'的重塑，目的是在它们身上完成形式化过程。"[2] 当材料（Material）上凝结了主观精神与主体意向，它才具备了成为艺术作品构形元素的可能性。质料是主体以

1　Georg Lukács. *Heidelberger Ästhetik (1916-18). Frühe Schriften zur Ästhetik II.* Hrsg. von György Márkus u. Frank Benseler. Darmstadt-Neuwied: Hermann Luchterhand Verlag GmbH., 1975, S. 198-199.

2　Georg Lukács. *Heidelberger Ästhetik (1916-18). Frühe Schriften zur Ästhetik II.* Hrsg. von György Márkus u. Frank Benseler. Darmstadt-Neuwied: Hermann Luchterhand Verlag GmbH., 1975, S. 207.

自然美为动机对材料进行加工的产物，是主体对经验的重塑。在重塑中，主体得以见到其心灵的显现，而使主体能够完成这一充盈行为的，是那个自我完善的谜，是那种源于第一自然又只能以神秘为之命名的被卢卡奇视为宗教性的艺术的本质。

就艺术作品自身而言，"作为被塑造的形式：一个世界的建构的可能性，在确立的前提条件与接受中意味着一种永恒的完整性；作为接受误解而起效的形式：是调节可能产生的误解类型的范式合法性，是一种必须从特定视角得出的永久秩序的符号"[1]。艺术作品亦是主体自身渴望与追求的终点："作品当中的普遍性原则毫无疑问是形式，形式在这里却不再是抽象的，而是一种具体－唯一质料的有机系统，这种质料由于预先确定的质料与形式之间的和谐，其唯一性与具体性产生了分歧，形式与质料的分开甚至是不可想象的，同时，形式走向一种对于质料而言不会发生的抽象性与普遍性范畴，也是不可能的。"[2]并且"形式在这一过程中所扮演的角色……更是达到了内容性填充的可能性"[3]。不是形式作为符号表达内容，形式自身就是主体走近内容的同质媒介。因而在审美活动中，艺术作品不再只是现实客体，它成为正在与主体进行交流的主体性的对象。

面对现代性问题，无论是在范畴意义上的主一客二元对立，或是在具体内容方面主体文化与客体文明之间的失衡，还是在主体与社会生

1　Georg Lukács, *Heidelberger Philosophie der Kunst*. Darmstadt und Neuwied: Hermann Luchterhand Verlag GmbH., 1974, S. 202.

2　Georg Lukács, *Heidelberger Philosophie der Kunst*. Darmstadt und Neuwied: Hermann Luchterhand Verlag GmbH., 1974, S. 202.

3　Georg Lukács, *Heidelberger Philosophie der Kunst*. Darmstadt und Neuwied: Hermann Luchterhand Verlag GmbH., 1974, S. 202.

产关系方面的异化现象带来的社会问题，当且仅当主体不致失去其自身固有的主观意识，他就不会完全受制于客体文明与对象化客体。阿格妮丝·赫勒在《日常生活》中提出，人要再生产世界，首先需要再生产自己。她将符合伦理的人称为有良心的人，苏格拉底将宁愿忍受不义也不行不义的人视为好人[1]，这些评判标准归根结底都源于他们相信，人的主观世界中存在一种固有的精神与意识，而这种意识能够保证主体在客观经历的冲击中仍能保守自己的决定，并践行符合其自身意识形态与判断标准的行为。因此，经历真实性的确是主体思想的一部分，但它也仅能作为一部分而存在，正如历史的确是组成当下的一个因素，但它也在当下到来的时刻成为被清晰认识的扬弃对象，它的真正意义要在以当下为场域的发展中，在以结果显现的未来中，才能成为真正的现实。

1　参见张笑夷：《伦理学、现代性与马克思——阿格妮丝·赫勒访谈》，载于《马克思主义与现实》，2019 年第 4 期，第 102 ～ 104 页。

第三节　非理性的概念

自然使主体能够以独立自在（Aufsichgestelltsein）[1] 的形式实现定在，伦理主体则为自然赋予了视像，它因此获得了美的判断。至此，卢卡奇已经隐约意识到，在领略给定之物的同时，主体需要以某种方式实现发挥出改变万物的能力。而在德国古典哲学对二元论的探讨中，命名这一行为不仅服务于不同观念的表述，它亦是与主体思维及其存在同质的主体行为，其中包含着本体论建构的质料。

在理性与非理性范畴的划分中，命名表达着所建构世界的质性差异，在生命哲学的延续性中，命名则是主体捕捉瞬间并探讨意义的表现。历史与未来在主体为二者分别命名的时候，便从延续的时间轴上断裂为背向而驰的两个不同概念。主体则在这一瞬间成为二者唯一的纽带。在这个意义上，历史的意义存在于主体在未来所赋予它的概念当中，正如未来的意义源于主体到来之前的每一个历史瞬间所为之提出的规定。由此，时间在卢卡奇这里成为意义的载体，一切历史事件不过是意义的现象，是一种经验现实的编织，是先验本质的现象。在《德意志悲苦剧的起源》的代序《认识论批判》中，概念便被描述为一种对某一课题所做出的先验判断，类似于审美判断。以此为基础，要将真理明确

1　参见 Georg Lukács. *Heidelberger Ästhetik (1916-18). Frühe Schriften zur Ästhetik II.* Hrsg. von György Márkus u. Frank Benseler. Darmstadt-Neuwied: Hermann Luchterhand Verlag GmbH., 1975, S. 108。

地表达出来，则需要以总体语言为范畴，将真理作为信息，处理、转化为具有普遍情感特征的形式符号。这种形式符号既是卢卡奇通过现象学方法所建构的体裁概念，亦是他在形式主义反映论视域中所着力分析的作品。直到开始写作收录于《历史与阶级意识——关于马克思主义辩证法的研究》中的作品，卢卡奇才真正开始直面对象、客体，乃至方法论的概念本身，这也间接证明了他早年艺术哲学中的概念问题，不过是他命名活动顺势形成的结果，是主观性发展中某一阶段的产物，而非研究的对象。

一、生命：伦理的非理性形式

当克尔凯郭尔提出美学、伦理、宗教三阶段理论时，他实际上想表达的只有宗教这一个层次，美学所提供的是一种可以被推而广之的态度，伦理则是主体在以审美态度进行生活时必然与自己在产生矛盾的情况下仍坚定自己选择的态度。他认为，美学家是只生活在瞬间快乐之中的人。这种快乐是纯粹的快乐，能得到这样的快乐的人必定有着如孩童一般纯粹的心灵。因此，美学家会甘愿为了这样的瞬间付出全部，这也正是非理性的顶点的体现，是堂吉诃德大战风车时那种超越于生活范围的心灵的代表。然而快乐的瞬间之外，是大量非此即彼的时刻，是美学态度必然崩坏而伦理态度继续铤而走险地生活。"其实审美者在选择审美生活方式的瞬间，便同他自己相矛盾，从而进入了伦理阶段。他虽然面对着必然要到来的死亡，却坚定而自觉地选择他自己及他的生活；而他的选择，正由于其自觉与坚决，在面对着浩瀚的延伸到生前死后的虚无时，便成了一片有限的悲怆。"[1]这一方面意味着美学的态度只能是

---

[1] 威廉·巴雷特：《非理性的人》，段德智译，上海：上海译文出版社，2012年，第216页。

一种片面的态度，另一方面则说明了主体无法对生活做出思辨的超脱，即便是哲学，也必定是生活中的思想，是个体的思想，是生命的思想。对克尔凯郭尔而言，宗教的意义正在于此：它既保护了个体，使其具备超越普遍的重要性，又以悬置伦理的方式使主体的内在性以真理的形式获得存在的意义。

宗教本身对卢卡奇而言并不具有如此重大的形而上学意义，但宗教性的作用是他需要的，他由此将注意力放在艺术当中，也因此，在他早年思想中，艺术在形而上学维度发挥着宗教一般的作用。卢卡奇认为："所有艺术的本质都是一样的：一个心灵想要向其他心灵展示自己，它希望它们感受到和它一样的感觉。"[1] 这一观点指出了卢卡奇心目中的艺术本质：心灵的渴望。艺术也由此成为卢卡奇主体总体性建构中第一个具备使客体与主体形成统一之可能性的范畴。艺术作品的塑形便是形式的客体化过程。艺术产生于心灵，形成于渴望。在艺术创作中，渴望为对象化指明方向，形式为之赋形，使其逐渐形成作品形态，心灵则内含于其中，与形式一同串联起主观世界与客观世界，并在审美效应的实现中连接不同心灵，使这一总体实现有机性。在具体的审美实践中，直接与灵魂关联的是主体的情感，尤其是悲剧性的情感。众多体裁中，卢卡奇尤为重视悲剧。他不仅将其视为一切戏剧类型的最高等级，也将其作为一切艺术的最重要类型。在具体分析中，他首先关注悲剧性，因为这种震撼能够激发大众的普遍情感，这是心灵的主体间性效应的体现。但要实现这一普遍效应，个体及其自身鲜活情感的超越性价值首先需要得到承认。

1　Georg Lukács. *Werke Band I (1902-1918)*. Herausgegeben von Zsuzsa Bognár, Werner Jung und Antonia Opitz, Bielefeld: Aisthesis Verlag, 2017, S. 64.

在克尔凯郭尔走向宗教阶段之前的伦理选择中，他将对峙的价值全部包含于自己的生命之中，这使得伦理本身成为他通往宗教个体生命的阶梯。"对基督教存亡攸关的，是我们自己的永恒幸福，而不在于去维护一种可能呵护社会需要的或至少是社会赞同的道德。"[1] 克尔凯郭尔便是这样做的，但他在由伦理向宗教的过渡中内心充满了恐惧："受召突破伦理的个人，自己首先必须服从伦理的一般概念；而且当这种突破受到召唤去完成突破的时候，是在恐惧与战栗中而并非在权力无情的傲慢中实现的。"[2] 这种恐惧最终使他回到了个体，并将个体的存在者视为生命的最高意义。卢卡奇曾在生活与心灵的悖论中，做出过与克尔凯郭尔相似的选择，但是在伦理与宗教的转向中，他却在非理性的精神中看到了伦理的另一个可能性，即形式伦理。这一思想源自黑格尔，克尔凯郭尔在论述伦理选择时对其进行了发展，卢卡奇则具体提出了实践方法的构想。

他尝试从历史哲学中为美学寻求合法性的证明，而这一行为本身正是他自身本真生活的个体性使然，这种从自然属性出发，在社会语境中揭示效应的方法，已经具备了实体－伦理意义。主体需要做出选择，否则便无法克服恐惧。在选择的过程中，主体首先实现的是超越于常规与普遍人性的意志，当结果出现时，主体行为的伦理意义才会得到呈现，而这种意义可能存在两种不同情况：其一，主体服从伦理的一般概念，他受伦理召唤而做出超越人性的选择；其二，主体为了实现其超越人性的意志与普遍道德法则决裂。卢卡奇深受后者的影响，但他自身却更倾

1　威廉·巴雷特：《非理性的人》，段德智译，上海：上海译文出版社，2012年，第218页。

2　威廉·巴雷特：《非理性的人》，段德智译，上海：上海译文出版社，2012年，第219页。

向于前者。他认为，形式是作品的社会元素，它将创作者和接受者联系在一起，但它也是游离元素，是诗人与读者之间产生最深刻界限的原则。[1]形式因而既是内容，也是界限，它规定主体掌握本质的方式，即内容，它亦受到本质的限定，即本质决定了它的显现、变化与赋形。但能使一切艺术行为发生的，并不是上述所言之普遍情感或道德法则，而是诗人的心灵，是与众不同的天赋。如卢卡奇所言："其他人不愿意这样做，他们不想或不能有同样的感觉。"[2]伦理的阶段也因此并非一切主体生活中的必经阶段，而是本真生活中的生命具有超越性和先天性的个体性特征。

　　由此，要解决二元对立问题，必须回到主体自身，从其先验范畴而非经验当中获得伦理指向，以解决内在世界与外在世界源自异质性的冲突。而这种倾向往往产生于来自外在世界的消极而具有否定力量的理性，即便面对的是艺术作品，主体也同样要以反抗性的主观精神实现其选择与接受的伦理价值："你必须强迫他们（接受者、他人）违背自身意志。"[3]"所谓艺术的享受，永远是对意志的考验，而效果就是艺术家的意志战胜了我的意志。"[4]个体生存的挣扎、意志的反抗、主观精神与思想的反思、心灵的自我扬弃与发展，这些不仅是生命本质的体现，也是非理性精神效应的表征，是心灵之渴望的充满张力的显现。对

1　参见 Georg Lukács. *Werke Band I (1902-1918)*. Herausgegeben von Zsuzsa Bognár, Werner Jung und Antonia Opitz, Bielefeld: Aisthesis Verlag, 2017, S. 159。

2　Georg Lukács. *Werke Band I (1902-1918)*. Herausgegeben von Zsuzsa Bognár, Werner Jung und Antonia Opitz, Bielefeld: Aisthesis Verlag, 2017, S. 64.

3　Georg Lukács. *Werke Band I (1902-1918)*. Herausgegeben von Zsuzsa Bognár, Werner Jung und Antonia Opitz, Bielefeld: Aisthesis Verlag, 2017, S. 64.

4　Georg Lukács. *Werke Band I (1902-1918)*. Herausgegeben von Zsuzsa Bognár, Werner Jung und Antonia Opitz, Bielefeld: Aisthesis Verlag, 2017, S. 64.

艺术作品存在之本体论问题的探讨，由此转化为对生命之可能性问题的反思，指向主体之于客观世界之价值的伦理，由此变为主体通过生命回溯内在本质并以之为基础证明其自身存在与合法性的行为。

二、还原：二元对立中的主体

回到个体生命为主体解决其与生活的关系问题提供了动机，具体的解决方法则依赖一种幻象式的赋形活动，也就是卢卡奇早年尤为强调的风格化。在现代艺术中，高更的后印象主义绘画风格与理想被卢卡奇视为风格化的一个范例。[1]这一看法不仅由于高更在印象主义的绘画技法之外更倾向于主观表现，他几乎完全放弃了对事物轮廓的描绘而只以颜色进行表达，使色彩服务于创造力，还在于高更在明知塔西提归属法国而将失去自然人文的和谐秩序之时，仍不遗余力地创造出了一系列向着死亡的美好幻象。这些作品既承载着艺术家一生的渴望与理想，同时也蕴含着高更以他自身的精神、思想与理念对世界进行认知、理解与风格化重构的意图与行为。在卢卡奇看来，这正是主体在碎片化而失去秩序的现代社会中应当具备面向生存的行为。"对艺术家而言，绝对的混乱现实和悬浮于半空中的状态无论如何都是无法忍受的……艺术家热爱秩序与和谐，但又受其所迫陷入孤立与折磨，而这样一来，他就能在其每一部作品中注入自己的风格。"[2]对某一个传统景物的反复描摹，对形式与内容的常规式关联，会逐渐使这一对象本身失去价值，因而现代绘画不得不向一种新的风格发展，即"一种完全独立的绝对的绘画，一种

1　参见 Georg Lukács. *Werke Band I (1902-1918)*. Herausgegeben von Zsuzsa Bognár, Werner Jung und Antonia Opitz, Bielefeld: Aisthesis Verlag, 2017, S. 74-78。

2　Georg Lukács. *Werke Band I (1902-1918)*. Herausgegeben von Zsuzsa Bognár, Werner Jung und Antonia Opitz, Bielefeld: Aisthesis Verlag, 2017, S. 74.

即便经历了漫长岁月与艰难的失败，仍然具有他自身的新的审美价值与方式的绘画。"[1]

相比其他流派与思潮，卢卡奇这一时期尤为关注印象派。但这并非源于他的个人爱好或审美偏好，这一选择本身蕴含着鲜明的主观意图，这也是深入理解他早年体裁论的关键。面对现代性问题，卢卡奇尤为怀念的是秩序与和谐这两个概念，之所以怀念，是因为它们已经不在。二者的失语使主体与生活的关系成为一个难以解决的悖论。然而使主体失去秩序的，正是启蒙理性所产生的社会秩序，使主体失去和谐的，正是外在世界对主体提出与之保持和谐的要求。显而易见，现代社会的秩序与和谐早已不是艺术家理想中的统一，更不是卢卡奇理想中的总体的构建元素。正是在这一情境之下，印象派绘画依靠艺术家的视角捕捉光影，以及模糊线条甚至古典主义透视法而用色彩进行表达的创作方式，为卢卡奇提供了认识世界与表达自身的新思路，即作者在对客体的认识中注入自己的风格，将对象描绘为自己所看到的那样。这意味着，在作品完成之前，图像便已先验确定下来的创作已不再符合现代艺术的需要，取而代之的是艺术家自身对作品的绝对决定作用。

此时的作品虽然仍保留着现实客体的特征，但也仅限于一种能够被识别的相似性元素，占主导地位的变成了日益增强的主观性与情感。风格使艺术家以一种生活姿态的方式产生了现实当中无法找到的秩序与和谐。这一姿态不仅是他们直观现实的基础，也是他们在作品中表达主观精神的前提。在这个意义上，艺术逐渐不再是艺术家对客观现实的描绘，而是他对先验内在理念的对象化与客体化。

1　Georg Lukács. *Werke Band I (1902-1918)*. Herausgegeben von Zsuzsa Bognár, Werner Jung und Antonia Opitz, Bielefeld: Aisthesis Verlag, 2017, S. 74.

　　在体裁论中，卢卡奇通过风格这一概念，进一步勾画出主观世界与客观世界形成联系的有效方式，即风格不仅是艺术家基于个人主观精神与情感在作品中所形成的个体性类型，它同时也是主体表达思想的范式。这种范式能够形成表达特征，进而作为一种形式符号，成为对某一类对象的概念性表述。当一种表达方式不属于某一风格划分的类型规范，那么这种表达就从属于另一种风格。而这也意味着不同的体裁可以在风格上存在相关性，甚至一致性。由此，风格这一主体性因素不仅是体裁论中主体与作品实现联系的重要范畴，也是不同体裁之间实现关联的内在逻辑。换言之，当一切认知与表达行为重新以主体为立足点，同时在这一过程中对先验精神给予与外在世界同等的承认与关注时，二元对立问题便实现了一种价值转向。在这种转向中，非理性精神冲破了理性的限制成为主体掌握本质的方式，本质直观超越了现实知识，将二元对立问题还原为主体性答案，即对立双方先天共同被包含于主观世界当中，二者既是同质的，也是统一的。在这个答案中，二元对立的本质便是非理性世界与理性世界的异质性，这是主体无法解决，甚至也没有必要深究的。卢卡奇从康德思想中为这一对立找到了合法性，海德格尔自行阐释的"此在"则在这一点上为卢卡奇提供了遥远的援助，即主观世界与客观世界之间的鸿沟并没有必要被深入挖掘。间隔原本是不存在的，是主体使之存在。

　　在秩序与和谐的限制中，二元论的还原性显现出来。这种还原性一方面强势地凸显出主体在一切艺术创作与经验生活中的决定性地位，另一方面则提出个体与群体在表达中的关系问题。个体生命的自然属性使伦理中非理性因素的作用被揭示出来，群体的普遍性则将二元论的还原性以效应为基础呈现出来。卢卡奇一直强调主体应当能从作品中学到些什么，这是他尝试调和美学与社会学矛盾之时做出的表述，但在体裁论中，他真正想表达的是，作品中应当具有一些能让主体回到自身的内容或元素，作品应当能使主体进一步认识自己。环境光的各种色彩停留在了事物之上，把事物包裹住了。被裹住的事物是主体需要认知的对象，但这一对象永远无法脱离凝聚在它身上的环境光而独立存在。然而被光包裹的事物也许正是事物本身，那种能反射入主体眼中的光，也许正是事物的组成部分，若非环境光的存在，事物便也不成为事物而存在。在印象派绘画中，卢卡奇不仅发现了模糊形式与内容之界限的完美可能性，他也见证了主体如何能在对本质的把握中完善且有机地进行表达。高更在没有理性文明的塔西提找到了他渴望的秩序与和谐，然后选择了模糊的线条与削弱的细节将它梦幻般地呈现出来。卢卡奇则在高更绚烂的笔触中看到了其自然人文风格，他在高更的创作过程中亦看到了他自己的自然人文理想，那是一种唯有在"野蛮"文化当中才能真正实现的乌托邦世界。

三、命名：改变万物的能力

当主体在二元论中终于意识到那种超越对象亦超越主体自身的先验确定性时，当主体在自然属性中找到实现伦理主体的先天元素时，现实客体所组成的世界便首先在主体非理性光芒的照耀下展现出了光、影与色彩交织的节奏。主体最终形成的对对象的知识，体现在主体对对象的命名当中。这种命名本身便是主观世界与客观世界之间的形式界限，它既体现出主体的内在本质，又表达出主体对客观世界的改变。在被命名之前，事物并没有被纳入存在体系，因而其存在及其处境由于没有被主体进行考量而不具备意义。换言之，是命名使客体成为客体本身，是主体对万物的改变使之获得存在。

在卢卡奇早年的艺术哲学思想中，体裁论便是他为客观世界命名的最集中体现。在这一命名中，他成功地在主观范畴内实现了对事物的改变，但也因为这种改变只存在于主观范畴，具有明显的唯心主义性质，甚至在效应上有模糊唯心主义与唯物主义界限之嫌，这也是他早年思想之所以为马克思主义者与现实主义者乃至他自己所批判的重要原因。然而他以体裁为外在世界命名的整个历程，既是他自我意识的发展史，也是他为实现主体总体性的试炼过程。不是每一个接受者都会关心形成作品的质料是什么，但若知道质料如何从材料中形成，作品的最终形态便成为一种自然而然的结果。此时，作品在我们眼中便已不仅仅是作品本身，它的具体形态会首先被接受者悬置，源于质料的作品内在本质力量使其内在本质得以被接受者直观。这不仅是主观世界与客观世界连接的重要时刻，同时也是主观心灵与另一个主观心灵交往的时刻。卢卡奇在体裁论中所要表达的意义便聚焦于此。

卢卡奇的艺术哲学与美学思想由体裁发端，他通过对不同体裁与风格的阐述提出了具有原创意味的艺术－历史哲学的形而上学，以此在批判柏拉图美学并发展黑格尔美学的基础上，提出了实体－伦理美学这一具有主观先验性的伦理思想。同时，卢卡奇的体裁研究还超出作品本身，面向日常生活，揭示社会问题、文化问题、主体生存问题，具有社会学价值与本体论反思意义。其中主要论说的论说文、戏剧、小说理论三种体裁，不仅共同反映出他的文学史研究方法，也先后分别指向不同时代及其问题，包含卢卡奇对人类未来的构想与渴望。

论说文首先被卢卡奇视为文学史的一个部分。出版于1910年的《心灵与形式》汇集了1908年到1910年间卢卡奇发表于《西方》杂志的十篇文章，以体裁、论说文和书信为主。这部论说文集主要对体裁的界定、它为社会整体性构建的积极和消极影响、形式与内容的关系、主体在碎片化时代的选择及伦理价值倾向等问题进行分析。在对史诗的缅怀中，卢卡奇真正不舍的并非这一体裁本身，而是主体心灵与形式的一一对应关系，是绝对的总体性。黑格尔从语言发展的角度将诗歌与散文进行对比，并提出："比起艺术发展成熟的散文语言来，诗是较为古老的。诗是原始的对真实事物的观念，是一种还没有把一般和体现一般的个别具体事物割裂开来的认识，它并不是把规律和现象，目的和手段都互相对立起来，然后又通过理智把它们联系起来，而是在另一方面（现象）之中并且通过另一方面来掌握这一方面（规律）。因此，诗并不是把已被人就其普遍性认识到的那种内容意蕴，用形象化的方式表现出来；而是按照诗本身的概念，停留在内容与形式的未经割裂和联系的实体性的统一体上。"[1] 诗象征着绝对整体，尤其史诗是一个没有分裂的可能性的时代的纯粹整体性。在黑格尔的体系中，诗属于浪漫型艺术。这种艺术并不产生实践作用，其目的就在于创作美和欣赏美，甚至诗歌本身就是这种目的，当诗歌创作完成时，美的目的也就完成了。但在卢卡奇的体裁论中，诗却是主体面向大众的表达，这种表达能够间接反映出一定历史时期中主体内在本质的特性。卢卡奇向往诗，却在体裁论中对其避而不谈，这不仅是因为诗在他心目中已经超越了体裁研究中的对象，成为生活的姿态，同时这也暗示出现代社会早已没有了整体性。在此，论说文便首先开启了整体性建构中形而上学与历史哲学之间关系的探讨。

黑格尔视依赖主体知解力进行表达与审美的散文为低于依赖理性的诗歌的艺术门类，这一以辩证逻辑为基础的表述，服务于黑格尔的绝对精神体系建构。卢卡奇对诗和论说文的看法在逻辑上大体与黑格尔一

1　黑格尔：《美学》（第三卷下册），朱光潜译，北京：商务印书馆，2017 年，第 20 页。

致，但在具体作品创作与审美中，卢卡奇从未轻视论说文的作用，认为它揭示出现代社会主体的生活困境与内在的主体性问题。他尝试将论说文与诗和戏剧拉开距离，通过论说文自身的体裁特征揭示主体选择中体现的生存追求。相比诗对主体理性的彰显，论说文重在对主体处境和问题的揭示；相比小说和戏剧对叙事主体和叙事本身的建构，论说文主要关注主体自身的感受，而非叙事的整体性和历史性。因而卢卡奇早年尤为重视论说文，论说文亦成为他体裁论发展史中贯穿始终的重要类别。

　　1911 年，卢卡奇在剧评创作实践的基础上，出版了戏剧理论著作《现代戏剧发展史》。这部著作在自然主义、现实主义、浪漫主义等维度对戏剧体裁及代表性作品进行分析，论及德国古典戏剧、法国倾向戏剧、英国莎士比亚戏剧三种对戏剧史影响深远的代表性戏剧类型，在对比分析中最终提出新的戏剧样式及其特征和大众效应。悲剧是卢卡奇最重视的戏剧类型。从德国古典主义戏剧到现代戏剧，悲剧不仅在最大程度上承载着形式与内容的悖论，也直接揭示出现代戏剧的本质。卢卡奇甚至在主体生存维度将悲剧的崇高置于形而上学，将悲剧的净化作用视为主体生存及其选择的决定因素。在现代戏剧的悲剧理论中，青年卢卡奇承认崇高是一个不可缺少的重要内容，尤其是在古希腊悲剧中，然而崇高却并非具有绝对的重大意义。在对德国古典悲剧的论述中，卢卡奇就曾提出关于戏剧中无意义的自我毁灭是否还能实现悲剧以及悲剧中为了显现崇高的一切牺牲是否真的有它发生的必要、这种发生是可能的还是必定的等问题的思考。显而易见的是，在古希腊悲剧当中，几乎不存在属于主体的主观、即时的愉悦，一切属于主观审美的愉悦都应该出现在主体应当感受到愉悦的时候，即这种愉悦是一种应然。

　　卢卡奇将法国倾向戏剧视为现代戏剧的雏形，探索其中反思的主体性与命运特征。在法国倾向戏剧中，同样存在着属于市民阶级的悲剧，然而它们却不像古希腊悲剧那样，在情节中必定存在着极大的磨难与悲剧性斗争。法国倾向戏剧中的斗争往往出现在人与人之间，而不是英雄、神与命运之间。由于现代戏剧的市民基础以及戏剧特征，这种戏剧类型并非以表现崇高为目的。戏剧及其情节表达更加贴近市民的日常生活，戏剧中的冲突和悲剧也由命运矛盾转变为生活、伦理矛盾，例如狄德罗的《私生子》。当戏剧成为市民的戏剧，当戏剧的背景成为社会大众，当戏剧的接受者成为现代社会当中的每一个人，人们便很容易在对戏剧进行审美的同时进行自我反思。此时的反思不是为了实现崇高，而是在道德与伦理上实现一种符合大众普遍价值观的感性追求。这种追求在根本上源于主体先验范畴中的伦理价值，具体在实践中则表现为人们对社会普遍道德规范的践行。由此，当一出戏剧在主要的思想感情方面符合社会和大众的普遍价值追求，那这一戏剧及其内容自然就在道德的角度达到了良善的指向，在结果上则会实现主体的美好生活，或者对美好生活的理想和追求。这类戏剧的悲剧价值便体现在大众效应之中，它既保持着悲剧本身对主体先验精神的召唤作用，又结合日常生活和文化将社会现实的悲剧性事件纳入戏剧的情节建构，以此唤醒大众的普遍情感。

1912 年卢卡奇到达海德堡，开始了具有体系性的艺术哲学反思，并很快开始尝试建构美学体系。卢卡奇主要想解决的问题包括美的本质、美学的创造活动与接受活动的现象学问题、美学中的主—客体关系问题、历史性与永恒性问题等。随着第一次世界大战的爆发，知识分子开始反思启蒙理性的影响，在他们对战争的不同态度中，卢卡奇在俄国文学中获得启发，并于 1916 年出版了《小说理论》。这部看似针对小说体裁的专业研究，实则是卢卡奇对社会现状的观察与剖析。在今昔对比所带来的古老追忆中，他表达出对战争与社会发展前景的深切担忧。

在卢卡奇 1962 年为《小说理论》重新撰写的前言中，他再次指出，小说无论在开端还是在实践中都是一种失败的尝试，却是朝向正确路径的尝试。换言之，小说虽然并不是卢卡奇心目中适合现代社会、符合大众需求，甚至迎合资产阶级发展趋势的体裁，但这是一种正向的尝试。也因此，小说虽然是一种不成熟的主观精神世界重构，它仍被卢卡奇视为人类精神贫瘠时代的史诗，是主体追求总体性的表现。"此时小说形式的难题就是天下大乱的镜中影像（Spiegelbild）。因此在这一点上，生活的'散文'仅仅是现实从现在起为艺术提供不利基础的许多其他象征之一；所以，小说形式的中心难题就是从艺术上弄清深深扎根于自身的存在总体的完美总体形式，弄清一切自身内在完美的形式世界。"[1]这种内心世界既是形而上学的，也是历史的。"这不是出于艺术的理由而是出于历史哲学的理由：'现在已没有自发的存在总体了'……"[2]与其说卢卡奇在肯定小说体裁的现代性，不如说他在表达对一个新世界、一个自发总体的期待。基于虚构的创作方式，小说首先宣告了其完整叙事的非现实性质。在接受过程中，接受者通过双重否定抵达了小说这一体裁所内含的真正的理想。

除了对得以与史诗相提并论的现代小说的研究，卢卡奇后期还出版了《历史小说》。在对这一特殊小说类型的分析中，卢卡奇延续了他早年体裁论的表述方式，在对这一具有特定内容和价值指向的小说结构特征和效应的分析中，言此意彼地提出对历史叙事的反思。历史小说以宏大叙事为舞台，以真实历史事件为情节原型，以当代启示为效应追求。

1　卢卡奇：《小说理论》，燕宏远、李怀涛译，北京：商务印书馆，2017 年，第8 页。

2　卢卡奇：《小说理论》，燕宏远、李怀涛译，北京：商务印书馆，2017 年，第8 页。

因而历史小说既非纯粹的虚构作品，又非真实的现实记录，这一特征使得它只能站在社会历史现实与形而上学的主观精神之间。而这种对历史的重新叙事不仅进一步凸显了对立的永恒性，同时也强调了历史是存在着的主体的历史，历史叙事是主体的叙事。因而历史小说的主人公应当保持着与潮流相悖的独立追求与性格特征。作为马克思主义转向之后的小说体裁研究，《历史小说》也在一定程度上揭示出东欧国家基于历史叙事的现代幻想。历史已经不再是永恒的客观存在，它成为主体存在的彰显。

卢卡奇在经验与想象的交织中，为 19 世纪末 20 世纪初的欧洲现代社会提供了自己的理想蓝图。虽然他最终未能以他的命名真正改变世界，但他完成了早年面向主体总体性的全部尝试，也正是因为这些努力在现实维度的徒劳，卢卡奇终于意识到，非理性思想只能作为强大且有利的内在逻辑支撑着一切联系与发展永不断裂，理性则仅仅能在一定时间内面向一定群体产生高效且充满秩序的影响。由此，一种与之前一切哲学传统都不同的、真正符合总体要求的有机性、能统筹形而上学与历史哲学悖论的理论，成为卢卡奇坚定追求的方向。

哲学的莫奈：

无法离开自然的

形而上学家

　　1910 年，卢卡奇在写给波普尔的信中表示，散文时代已经必须结束了，当下需要的是一个形而上学的时代。然而当代德国"已经与德国知识分子生活的伟大时代（当然是说埃克哈特、波墨[1]，以及康德、黑格尔）失去了所有联系，变得肤浅且散漫"[2]。1911 年狄尔泰逝世时，卢卡奇在讣告中近乎理性地写道："要把他的死亡视为一种无可挽回的损失进行悼念，是虚伪的。屈指可数的那些对哲学的文艺复兴深信不疑的人，也早已不对狄尔泰抱有期待。"[3]实证主义对哲学的无效为狄尔泰所批判，而心理学依赖经验回答哲学问题则被卢卡奇视为荒谬，狄尔泰因此被卢卡奇逐出了他的形而上学乌托邦，西美尔也被卢卡奇视为即使塞尚出现也无法拯救、无法批判继承的印象派哲学家。[4]至此，一切社会性的、科学性的、实证性的现实客体都被卢卡奇视为纯粹外在的。然而他却误用印象派这一表述表达他的批判。在早年反对启蒙理性的态度中，印象派，尤其是以高更为代表的后印象派，正是他所追求的形而上学世界在视觉艺术中的鲜明代表。巴比松画派对古典主义理性的模糊，亦与卢卡奇这一时期形而上学思想的源头具有相似的逻辑。卢卡奇不仅从未放弃或低估来自自然的超越性力量，亦从未忽视个体孤独无望地被抛弃的命运。在鲁本斯的作品中，他发现了继承古典主义的自然风光描绘；在高更的塔西提系列中，他看到了艺术家个人特色对景物的风格化作用，以及其中蕴含的强大的自然人文价值；在塞尚的绘画里，他

1　雅各布·波墨（Jakob Böhme，1575 年 4 月 24 日—1624 年 11 月 17 日），德国哲学家、神秘主义者和神智学家。他是第一位主要用德语写作的思想家，提出"神的自我生产"这一哲学概念，对德国观念论等近代德国思想与近代神秘学产生了深刻影响。

2　Georg Lukács. "Leopold Ziegler", *A Szellem (Spirit)*, I, no.2 (1911)，p. 255.

3　Georg Lukács. "Wilhelm Dilthey", *A Szellem (Spirit)*, I, no. 2 (1911)，p. 253.

4　Georg Lukács. "Georg Sirnmel", *Pester Lloyd*, 2 October 1918，p. 2.

从自然光影与色块堆积中直观了结构的重量。卢卡奇的形而上学亦是以自然为前提，主体源于自然属性的先天性才是这一形而上学能够深入现实并重构外在世界的决定因素。

一、伦理美学的自然印象

在《海德堡美学》手稿的最后，马尔库什附上了卢卡奇的一份讲稿与两篇笔记，题目为《论绘画的形式问题》（"Das Formproblem der Malerei"）。海德堡时期，卢卡奇在手稿中多次提及塞尚。作为现代主义之父，塞尚站在印象派的转折点上，继承了印象派注重光影的绘画理念，又吸收了后印象派对情绪和自我的表达，持久的结构便成为他观察自然与绘制景物的追求。卢卡奇认为，对象在塞尚眼中往往能直接呈现结构性的质量[1]，因而其画作是一种针对本质的绘画[2]，它包含着能使主体直观本质的力量，塞尚本人则是以描绘先天范畴[3]为意图的最为重要的画家[4]。

然而并不深谙绘画之理的卢卡奇仅仅将塞尚作为引语，他反复强调自己并非以体系的方式深入分析绘画这一体裁本身，而是致力探究绘

1　参见 Georg Lukács. *Heidelberger Philosophie der Kunst*. Neuwied und Berlin: Hermann Luchterhand Verlag GmbH., 1974, S. 209。

2　参见 Georg Lukács. *Heidelberger Philosophie der Kunst*. Neuwied und Berlin: Hermann Luchterhand Verlag GmbH., 1974, S. 180。

3　卢卡奇将这一绘画动机命名为"先天范畴的描绘（Portrait als apriorische Kategorie）"，并在脚注中解释道："对'心灵'而言，经验对象是唯一先天的对象。也许还有其他的可能，但即便作品是完善的，也依然会存在悖论与不和谐之处。"

4　参见 Georg Lukács. *Heidelberger Ästhetik (1916-18). Frühe Schriften zur Ästhetik II*. Hrsg. von György Márkus u. Frank Benseler. Darmstadt-Neuwied: Hermann Luchterhand Verlag GmbH., 1975, S. 246。

画性表达的范围问题，以及绘画创造出一个内在与外在一致的世界的可能性问题。他实际关注的是主体与客体之间的关系，最终目的在于通过回到自然并承认主体与自然之间先天联系的决定性作用，提出实体－伦理美学的构想，以此作为他早年一切艺术哲学实践的最终成果。虽然在戏剧实践时期，卢卡奇对自然主义已有深入研究，但在他的艺术哲学思想中，他所强调的自然并非一种流派或一种艺术创作的激发，而是一个康德意义上的先天范畴："如果有一个命题与它的必然性一起同时被想到，那么它就是一个先天判断；如果它此外不再由任何别的命题引出，除非该命题本身也是作为一个必然命题而有效的，它就是一个完全先天的命题。"[1] 也因此，艺术美在康德的思想体系中，便是特殊事物按照概念存在的一种协调一致。而卢卡奇则依据黑格尔的思维与存在之统一的思想对其进行运用，即"特殊的东西，就其为特殊的而言，是偶然的。无论就它们对其他特殊东西的关系来看，还是就它们对普遍东西的关系来看，都是如此；而正是这些偶然的东西，例如感觉、情感、情绪、脾气、愿望之类，在艺术美里不是只是附属于知解力所用的普遍范畴之下，被抽象的普遍概念所支配着的，而是与普遍的东西融成一体，它们这些特殊的东西是内在于这普遍的东西的，对这普遍的东西是绝对适合的"[2]。艺术美便成为思想的一种体现，它所运用的材料则是内在本质性的存在，而非外界力量的产物，这样一来，"自然的、感性的事物以及情感之类东西本身具有尺度，目标与和谐一致，而直觉与情感也被提升到具有心灵的普遍性，思想不仅打消了它对自然的敌意，而且从自然里得到欢欣；这样，情感、快感和欣赏就有了存在理由而得到认

1　康德：《纯粹理性批判》，邓晓芒译，杨祖陶校，北京：人民出版社，2017 年，第 2 页。

2　黑格尔：《美学》（第一卷），朱光潜译，北京：商务印书馆，2017 年，第 75 页。

可，所以自然与自由、感性与概念都在一个统一体里找到了它们的保证和满足"[1]。由此，自然在卢卡奇艺术哲学中的地位与意义便呈现出来，即它既是先天的自在存在，具有绝对确定性和永恒性，又能在主体的情感被自然力唤醒的时刻获得生命，并将这一活生生的本质推向主体自身，使主体在其主观世界与客观世界的统一时刻获得满足感与安全感。不仅如此，卢卡奇这一时期的非理性思想也由此露出端倪。

在早年的总体性建构中，卢卡奇一直坚持认为个体经验具有现实意义，但经验现实并非最终的总体性，它是在主体总体性实现之前，主体需要完成的飞跃所必不可少的跳板。经验现实的作用在于使主体返回本己，激发内在本质，使其形成总体性世界。一切对经验进行收集、分析、表述的方式卢卡奇均不排斥，就像他虽然反对自然主义从未反映出矛盾及其本质，却仍然肯定其创作技法，但其中最重要的因素，却是经验主体源于自然属性的内在本质。这在卢卡奇看来是决定性的。以诗为方式生活的卢卡奇对自然的态度在这一点上与浪漫派诗人不谋而合。作为一个游离却从不犹疑的群体，"诗人在这样一个世界里找不到实在，他必须到某种别的隐蔽的存在领域寻求它。于是就产生了波德莱尔的'呼应'学说，据此诗人必须在自然中找出神秘晦涩的形象，颇有几分像古代占星术士或占卜者那样"[2]。当诗成为宗教的替代品，诗人天赋与自然的密切联系便因此成为诗歌创作与审美中颇为神秘的元素。在深受海德格尔青睐的荷尔德林的盛名之下，华兹华斯总是能奇幻又巧妙地将"人"放进"自然"之中，人在他的笔下便是世界之中的存在。而他的诗歌建筑并不仅限于表面上对人的空间性安置，而是希望读者能从中

---

[1] 黑格尔：《美学》（第一卷），朱光潜译，北京：商务印书馆，2017年，第75页。

[2] 威廉·巴雷特：《非理性的人》，段德智译，上海：上海译文出版社，2012年，第170页。

看到他的暗示，即一个人的存在在成为一个物性的客体之前，便早已是世界之中的一个存在了，这是决定性的，也是先天的。柯勒律治则在他自觉被自然隔绝、被世界遗弃的状况中，感到浓重的焦虑，这些情绪和氛围都忠实地呈现在他的诗句当中。卢卡奇同样深知人不能脱离自然，人的内在本质与天赋是决定性的，因而是绝不能否定甚至扬弃的。但这种内在本质必须在现实客体身上才能得到证明，否则这种本质便会因其无涉于经验的先天性成为一种理念，最终以纯粹理性的形式回到卢卡奇一早便悄然背离的真正的康德体系。

卢卡奇有着浪漫派诗人一般的敏感，他也曾在巴洛克风格中情绪张力的影响下[1]，幻想着以综合立体的形式把隐藏的真理表达为显现的知识，练就具有"普遍自律"效应的美学体系，使普遍情感成为主体间实现联系的主要机制。然而情感的问题并不是冰冷又理性的抽象概念，它应当是鲜活的生命体验，但问题却在于，能够真切体验生活的人却缺乏认知正在发生之事的敏感，而足够敏感的诗人却总将形而上学的审美态度与整个人类处境相关联，俄国知识分子的气质便是在这样的状况中成为解决卢卡奇生活与心灵悖论的钥匙，成为连接主观世界与客观世界并直接作用于新的总体性建构的价值源头。俄国知识分子代表着理性，但离群索居、势单力薄的他们面对广袤的土地与大量的农奴实在是人微言轻，他们滞后地吸收着法国启蒙思想的神话，却逐渐发现这个水晶宫似乎是一个水晶棺。"在一个理性的乌托邦里，人或者可能死于厌烦，或者处于逃避这种厌烦的强烈需要而把不愉快的事加诸邻人——根本没有任何理由，只是想去肯定他的自由。如果科学能够把握一切现象，以致

1　参见 Georg Lukács. *Heidelberger Ästhetik (1916-18). Frühe Schriften zur Ästhetik II.* Hrsg. von György Márkus u. Frank Benseler. Darmstadt-Neuwied: Hermann Luchterhand Verlag GmbH., 1975, S. 251。

最后在一个彻底理性的社会里，人类变得像一台机器上的齿轮那样成为可以预知的，那么，人类就会为这种要知道和肯定他的自由的需要所驱使，奋起反对并砸碎这台机器。"[1] 卢卡奇在陀思妥耶夫斯基的性格里看到了如尼采一般的受挫情绪与怨恨，以及权力意志在地下室的灼灼燃烧，但卢卡奇同样发现，陀思妥耶夫斯基并非如尼采一般要超越人性，而是直面生命的终点，反思生命与毁灭的界限。陀思妥耶夫斯基没有一字一顿地说出面对死亡之时生命的绝对价值便显现出来，而是海德格尔用"向死而生"解说了他的非理性。直面生活实在是太轻微，唯有面对着死亡的生活，才为生命赋予了它应当承受的重量，毕竟死亡就是生活的组成部分。

《圣维克多山》此时反复出现在卢卡奇的脑海中。卢卡奇认为："作品意味着存在一个世界，这是一个完全和谐、自给自足且令人幸福的总体。虽然作品在某种程度上是具体、个体的，但这个世界这时是符合我们一切渴望与期许的一种现实的乌托邦。"[2] 但这样的世界不是凭空产生的。"每一种艺术都符合一种需求，符合人类的深切苦难，这种苦难源于客观经验本身，以及我们与之格格不入的世界……"[3] 我们所见所得的丰富多彩的对象不过是事物的此在，我们越是深入体验它，越是深刻了解它，我们越能发现它与我们的乌托邦理想毫无关联。由此，艺术

1　威廉·巴雷特：《非理性的人》，段德智译，上海：上海译文出版社，2012 年，第 181 页。

2　Georg Lukács. *Heidelberger Ästhetik (1916-18). Frühe Schriften zur Ästhetik II.* Hrsg. von György Márkus u. Frank Benseler. Darmstadt-Neuwied: Hermann Luchterhand Verlag GmbH., 1975, S. 233.

3　Georg Lukács. *Heidelberger Ästhetik (1916-18). Frühe Schriften zur Ästhetik II.* Hrsg. von György Márkus u. Frank Benseler. Darmstadt-Neuwied: Hermann Luchterhand Verlag GmbH., 1975, S. 233.

哲学必须与美学联系起来才能使客观世界与主观世界联系起来，卢卡奇对此提出："仅有当客观对象具有主观性的一面时，它才是有效的。"[1]他由此再次重申形式显现内容、表现本质并包含内容的功能，以及形式自身属于内容并与之一同形成有机整体的机制。塞尚的情绪显现在他打破古典主义透视对对象的观察与表现当中，显现在他超越早期印象派对颜色的大胆铺陈当中，也是在这一平面下的永恒结构中，卢卡奇提出了情绪（Gemüt）、心灵（Seele）、精神（Geist）三个范畴，分别对应客体性、主体性与主体行动的客体性。在主观世界与客观世界的对立与统一中，情绪就是生活本身，是生命在好奇心的驱使下冷静地探求事物之真理的起点；心灵则带领主体深入生活，以其深刻性将事物视为自我的反映，是主体走向深刻内在本质的回溯；精神则是全部主体性活动的制高点，在强烈的情感中，事物本身成为真理中的事物，主体亦成为世界之中的存在。如同艺术家将材料化为质料，以质料创作作品，主体亦如此在对现象的直观中回归本质，并以本质重新建构起精神世界。

　　自然是主体一切认知活动、情感、内在本质的基质，但它的自在自为使之与主观世界之间形成无法弥合的间隔。历史哲学发挥出弥合柏拉图主义与自然主义的有效性，但社会现实的制约使得这种弥合击碎了个体主体的永恒总体。卢卡奇在思想与生活中寻觅着能够重新编织心灵家园的碎片，最终也只能在每一个瞬间中透视着自然的永恒，然后用它们拼贴起一幅唯有远远望去才能觉出些许图像的印象派画作。

1　Georg Lukács. *Heidelberger Ästhetik (1916-18). Frühe Schriften zur Ästhetik II.* Hrsg. von György Márkus u. Frank Benseler. Darmstadt-Neuwied: Hermann Luchterhand Verlag GmbH., 1975, S. 233.

二、时间碎片的巨幅拼贴画

卢卡奇早期的艺术哲学以文学创作与文学批评的形式产生影响，但他批评的目的并非体裁或作品本身，他实际上正着力探索一条新的道路。在体裁论中，这是文学批评的新道路，而纵观卢卡奇由第一部著作到晚期以《审美特性》为标志的马克思主义美学体系的成功建构便会发现，卢卡奇的理论探索从未局限于文学，其关注点一直是艺术本身及其存在的可能性，以及美学体系及其解决主体分裂与悖论的效应。

在《海德堡美学》手稿中，卢卡奇实际上完成了他理论生涯的第一次美学体系建构，但却并没有得到当时与后世理论家们的认可，甚至卢卡奇自己也并没有为这一体系正名，只是将相关手稿存于海德堡银行，直至他去世才被学界发现并整理出版。后世研究者对《海德堡美学》手稿的认识一方面基于卢卡奇自己的批判与轻视，以马克思主义为立足点，批判其中德国浪漫派的唯心主义传统，另一方面则由于其早期的体裁论研究与文学批评成果将《海德堡美学》手稿视为其文学实践的总结。但实际上，《海德堡艺术哲学》手稿与《海德堡美学》手稿相对卢卡奇早年的其他著作而言，具有鲜明的独立性。二者自成一体，共同成为理解卢卡奇体裁论的钥匙，也成为真正认识卢卡奇马克思主义转向、现实主义批判以及马克思主义美学体系建构的关键。

卢卡奇在《历史与阶级意识——关于马克思主义辨证法的研究》的序言中真诚地批判了自己不彻底且具有浓厚黑格尔色彩的马克思主义，其他批评家们也将其视为"在马克思主义哲学内部实现其黑格尔原则，即辩证法的第一次系统性尝试"[1]、"一种黑格尔主义思想的混合体并杂糅了拉斯克、柏格森、韦伯、里凯尔特……还有马克思和列宁的思想"[2]，甚至直接全盘批判卢卡奇在著作中对马克思的批判，认为他"采用了一种将恩格斯和马克思对立起来的方法……就自然领域而言他是唯心主义者，但在社会历史现实领域却又是辩证唯物主义者"[3]。而在悬置意识形态并纯粹深入哲学理论的情况下，卢卡奇辩证法的原创性显现出来："匈牙利思想家的辩证法并不拘泥于社会学和政治经济学的方法论问题，而是关于现代文化危机的问题。"[4]具体而言，"应注意卢卡奇物化理论独到的综合性，即综合了青年黑格尔和青年马克思的思想、德国浪漫主义传统、柏格森的时空观以及韦伯的'理想型'理论"[5]。这意味着至少到卢卡奇加入匈牙利共产党，他的思想本身都体现为德国古典哲学与 20 世纪哲学的交织，其马克思主义转向也实际立足于这些复杂的理论枝蔓之上。不仅如此，对青年黑格尔与青年马克思的结合，体现出青年卢卡奇哲学思想中的理想性与不稳定性，这也是他早期著作之所以未能获得同现实主义与成熟马克思主义思想同样的赞誉的重要

---

1 Revai J., Georg Lukács. Geschichte und Klassenbewußtsein // Filozófiai figyelö évkönyve / A «Törtenelem és ösztálytudat» a 20-as évek vitáiban/-Budapest: Lukács archivum és könyvtár, 1981-I k. S. 36.

2 Деборин А. М. Г. Лукач и его критика марксизма // Filozófiai figyelö évkönyve…, I k. S. 161.

3 阿·莫·德波林：《格奥尔格·卢卡奇和他的马克思主义的批评》，载于《卢卡奇研究指南》（第二卷），南京：江苏人民出版社，2022 年，第 2 ～ 3 页。

4 С. П. Поцелуев, «История и классовое сознание» Д. Лукача: теория «овеществления» и романтический антикапитализм, in «Вопросы философии», 1993. № 4. С. 56.

5 Mark S., Dialektisches Denken in der Philosophie der Gegenwart, Filozófiai figyelö évkönyve …, II k. S. 288.

原因。

　　然而一种评判本身除了直接表达出来的价值判断，评判的立场与目的也会作为评判标准影响评判的结果。换言之，卢卡奇早期的马克思主义思想，包括《历史与阶级意识——关于马克思主义辩证法的研究》之前理论的批判，主要基于 20 世纪中期的特殊历史境况，甚至 1961 年版《存在主义还是马克思主义》译者序中，就明确指出这部著作是一个"反面教材"。不过这也意味着卢卡奇早年思想本身具有足够的哲学理论力度，这也是为什么三十年后，法国现象学家梅洛－庞蒂称之为"西方马克思主义圣经"，而法兰克福学派几乎所有著名的理论家都对卢卡奇在《历史与阶级意识——关于马克思主义辩证法的研究》当中提出的物化理论给予很高评价，认为卢卡奇"作为辩证唯物主义者，第一个将物化概念范畴应用于对哲学问题的解答当中"[1]，并以此为基础发展出他们自己独特且具有代表性的哲学体系。其中最受重视的便是卢卡奇在对马克思主义的发展中超越了 19 世纪的形而上学传统，在反实证主义思潮中超越了相对主义，强调了认识论的本体论地位。

　　梅洛－庞蒂认为，卢卡奇的历史观是"以为能把实在论包裹在辩证法中、能把物本身包裹在物之思想中"[2]的历史观，这是区别于社会学家与马克思主义者的哲学家的历史观，是具有现象学理论价值的历史观，也是实际影响了存在主义的历史观。以《存在与虚无》为里程碑，存在主义探讨了主体及其生存境遇的一切相关处境和方法，但也正是因为这"一切"的绝对全面性，存在主义似乎做了一切，但其实什么都没

1　Theodor W. Adorno, „Erpresste Versöhnung", *Lukács-recepcio Nyugat-Europaban (1956-1963)*. MTA Filozófiai Intézet, Lukács archivum, 1964, S. 23.

2　Maurice Merleau-Ponty, *Les aventures de la dialectique*, Paris: Éditions Gallimard, 1955, p. 80.

做。也正是因为他们什么都没做，二元对立的问题本身从中再次浮现出来。在本质上，二元对立的问题不是需要解决的问题，而是一切问题的开端。无论是肯定还是扬弃，它就像浪漫派对形式的否定一样，只是直面本质的开端。卢卡奇早年的美学体系因为与存在主义有着密不可分的内在联系，才会在马克思主义转向之后在现实主义批判中没有得到价值认可。而其中不可否认的闪光点是，在对阶级与阶级意识的论述中，卢卡奇强调阶级主体是历史主体，同时也是认识主体与实践主体，在马克思实践观的保证之下，主体的认识与自我意识、意向性与实践活动称为实现主—客体同一的途径，包含具体历史事件的整体性历史观由此在马克思主义辩证法的维度被提出，而这一理论逻辑最早源自卢卡奇在思考体裁论与美学体系建构中对社会历史与哲学形而上学之间悖论关系的调和。他在《海德堡艺术哲学》手稿中以"艺术－历史哲学的形而上学"这一悖论性的提法，尝试突破二元对立的状况。通过马克思主义转向中对辩证法的现实分析与此后的自我批判，在晚期思考伦理学与美学问题时，他早期的美学体系重新浮现，那种具有康德特征的伦理范畴，在黑格尔绝对精神与辩证法的加持中，结合卢卡奇一生的理论思辨，最终以马克思主义美学形态稳定出现。马克思主义在卢卡奇的美学思想中调和了存在主义与现实主义。

如果将卢卡奇早期的一切尝试归为艺术哲学尝试，那么渴望必定被视为乌托邦；如果将这些尝试视为伦理实践，那么卢卡奇这一时期的思想便以文学批评为媒介，成为他晚期以《审美特性》为代表的伦理哲学的开端。但实际上，从卢卡奇与友人的信件以及人际交往选择中便能看出来，卢卡奇想要"拯救"的始终是人，想要改善的从来都是人的处境。他的体裁实践使其早期的理论研究被赋予文学批评的价值，他也被称为文学批评家，但在本质上，他是一位形而上学家，只不过他所探究的实体基于作品中伟大瞬间的指引，他所弘扬的伦理受制于情感的普遍性。区别于托尔斯泰的直面生活本身，卢卡奇认为："人们不会走这样的道路，而如果人们以为踏上了这样的道路，那么这种现实就是伟大体验线路已经表明的那种东西的苦涩漫画。"[1] 这是一种具有讽刺性的实践，也是完全没有显示效应和大众效应的实践。人所理解的唯一本真性就在于他明确意识到自己的各种限度[2]，这便是卢卡奇在体裁论中真正提出的观点，这也使卢卡奇开始思考一种特殊的艺术哲学，以及一种既有形式包裹性又在内容上贯穿一切体裁与艺术类型的美学体系。

可见，卢卡奇早期体裁论本质上是一部"体裁史论"，它揭示出卢卡奇看待人与社会的关系的方式的变化，以及他尝试调适二元对立之理想的演变。他并未将自己局限于实证科学的体系，他关注一切能构成"合适时机"的意义结构。问题重重的个体在自然与社会、先天与经验、生存与死亡的复杂悖论中，要走向主体总体性，不仅只能依赖个体自身，而且仅有无数的瞬间与之相伴。

三、现象学的光影

包含主观性的客观现实是其风格化的结果。"实际情况是，在纯粹可见的世界与不可见的世界之间，存在一个能够兼容并包的世界，也就是一个在自在自为情况下并不纯粹可见，但通过艺术的风格化就能变

---

1 卢卡奇：《小说理论》，燕宏远、李怀涛译，北京：商务印书馆，2017 年，第138 页。

2 参 见 Georg Lukács. *Werk Band I 1902-1918*. Herausgegeben von Zsuzsa Bognár, Werner Jung und Antonia Opitz, Bielefeld: Aisthesis Verlag, 2017, S. 11。

得可见的世界。"[1] 这样的对象得以实现的前提在于事物自身的质料性结构。对此，卢卡奇以康德思想为基础，以胡塞尔现象学为方法尝试做出解释："当一个事物的存在归结为纯粹可见性，甚至只是其轮廓、颜色、色彩，那么它便是自在自为之物。但这并不意味着，例如颜色就能表达出这一事物质料性的本性。因此，如果我们要求颜色应当表达质料性的本性，我们便需要首先明确纯粹可见这一概念。"[2] 主体对事物的认识应当从它自在自为的存在本身出发，主体最终所认识到的，是风格化之后的对象。在风格化的过程中，对象被主体以质料为媒介进行重构，其中的本质性内容则在被质料进行重新构型与表达的过程中，成为与主体直接相关的质料性本质。纯粹可见便由此成为现象的代名词，事物原本的可见性与不可见性则在主体的风格化中实现了统一。

当主体意识到客观世界是外在于他自身的世界时，这同时意味着主体的存在亦外在于外部世界。在这一表述中，卢卡奇实际上已经提出在主体总体性建构的过程中，由整体的人到人的"整体"的转向，以及这一转向所带来的审美现象学效应。"经验现实的主体是'整体的人'（ganze Mensch），它作为主体的功能可以简要地用'生活'（Leben）这一概念来概括。'生活'和效用在本质上相互排斥，由此产生的后果是，一种自律、同质且建构性的对象性只能对规范化主体产生效用，它

1　Georg Lukács. *Heidelberger Ästhetik (1916-18). Frühe Schriften zur Ästhetik II.* Hrsg. von György Márkus u. Frank Benseler. Darmstadt-Neuwied: Hermann Luchterhand Verlag GmbH., 1975, S. 233.

2　Georg Lukács. *Heidelberger Ästhetik (1916-18). Frühe Schriften zur Ästhetik II.* Hrsg. von György Márkus u. Frank Benseler. Darmstadt-Neuwied: Hermann Luchterhand Verlag GmbH., 1975, S. 234.

永远不能被纳入经验现实的'整体的人'的'生活'。"[1] 在对艺术作品的风格化中，主体在现象学维度表现为创造者和接受者，"人的整体"便在艺术创作的过程中，在对作品永恒意义的刻画中呈现出来："创造者的出现就自身而言实际上是一个无尽的过程，他从飞跃中突然而超然地撕开，导致作品的出现，是从经验现实的整体的人转变为人的整体，进而转向完成的作品……"[2] 人的整体是一种源于美学的风格化主体，产生于对经验现实的背离，具有先天性，同时也是美学的规范主体，是具有天赋且对作品进行纯粹接受的"新人"。"因此，人的'整体'意味着将人的经验可能性还原为一种完全确定之物，以及在这一确定性中同质化的对世界进行接受的内在机体，通过这种还原，一个由这一机体产生的嵌入总体性的世界便能在人的'整体'的经验中复活。"[3] 客体由此正是抛弃了生活的客观给定形态，成为本真生活的组成部分。客体由此在内含主体性的基础上获得了生命与活生生的价值。

卢卡奇理论生涯的多次思想转折与自我批判，本质上都是他对美学合法性问题的反复审视，是他对非理性思想之于艺术、美学与整个世界的意义的反思，也是他对主体与外部世界之间关系认识的辩证发展。对存在及其合法性问题的探讨是卢卡奇面对每一种体裁时首先试图厘清的问题，也是他在将艺术哲学作为形而上学架构的基础，并以美学作为主

1　Georg Lukács. *Heidelberger Ästhetik (1916-18). Frühe Schriften zur Ästhetik II.* Hrsg. von György Márkus u. Frank Benseler. Darmstadt-Neuwied: Hermann Luchterhand Verlag GmbH., 1975, S. 26.

2　Georg Lukács. *Heidelberger Ästhetik (1916-18). Frühe Schriften zur Ästhetik II.* Hrsg. von György Márkus u. Frank Benseler. Darmstadt-Neuwied: Hermann Luchterhand Verlag GmbH., 1975, S. 65.

3　Georg Lukács. *Heidelberger Ästhetik (1916-18). Frühe Schriften zur Ästhetik II.* Hrsg. von György Márkus u. Frank Benseler. Darmstadt-Neuwied: Hermann Luchterhand Verlag GmbH., 1975, S. 100.

体审美有效性前提的体系建构中所优先考虑的问题。虽然卢卡奇早年的一切论述最终都以开放式结局收尾，但实际上，他的体裁论本身便正是美学合法性与有效性的最直接体现，后世研究者若将这一切视为其美学体系的现象，便能从中直观他的形而上学内核，以及繁杂艺术评论与流派分析背后的美学思想本质，即以美学为基础、以艺术为媒介统筹历史哲学与形而上学、以辩证发展观为指导，促使一切审美价值与主体认知在螺旋上升中意识到作为其支撑的本质中轴。这一轴线无需表达也不可表达，就如同自然在诗人创作中的价值，或者非理性在卢卡奇艺术哲学中的牵引。而卢卡奇之所以没有在他早年的研究中以理论式的定论为结尾，而只是以概念性的表述与分析为引导，其原因一方面在于，卢卡奇早年探讨的并非存在的问题，而是可能性的问题，即一种使存在得以发生的形而上学前提，另一方面则在于，他虽然以现实主义视野中的现代社会为最终对象，但他观照现实客体的方法是现象学的。正如他在《理性的毁灭：非理性主义的道路——从谢林到希特勒》中所批判的："把'理解'这个纯属意识的行为，'在本体论上'偷运到客观存在里去，从而试图在主观性与客观性之间制造出一个光彩夺目的'明与暗'。"[1]然而这种方式"不能指出，怎样能从'加了括弧的'客观现实中找到通往真正的、独立于意识之外的客观性的道路"[2]。海德格尔在对现象学这一概念进行界定时指出："凡是如存在者就其本身所显现的那样展

1　卢卡奇：《理性的毁灭：非理性主义的道路——从谢林到希特勒》，王玖兴等译，济南：山东人民出版社，1988 年，第 443 页。

2　卢卡奇：《理性的毁灭：非理性主义的道路——从谢林到希特勒》，王玖兴等译，济南：山东人民出版社，1988 年，第 444 页。

示存在者，我们都称之为现象学。"[1] "无论什么东西成为存在论的课题，现象学总是通达这种东西的方式，总是通过展示来规定这种东西的方式。存在论只有作为现象学才是可能的。"[2] 在卢卡奇这里，"存在论"一词被译为"本体论"更为合理，现象学对他早年思想的意义则体现为，它是通往卢卡奇本体论建构之核心的媒介，而这一媒介本身就能说明并规定本体论的核心。而卢卡奇在《理性的毁灭：非理性主义的道路——从谢林到希特勒》中所批判的作为非理性主义的本质直观，恰好正是他早年在艺术哲学与美学思想中最为重要的审美方式与认识论基础。

由德国古典哲学到生命哲学与早期存在主义，卢卡奇从理论源头开始，便早已加入了 20 世纪初期声势浩大的现象学思潮，只是他总是在论及黑格尔的时候直接使用"现象学"这一术语指代其《精神现象学》中的相关理念，致使胡塞尔现象学被遮蔽在了这一概念的影子之中。

因为有光，才能看见世间万物，而在世间万物的显现中，这些光线也应当被逐笔描绘。

1　海德格尔：《存在与时间》，陈嘉映、王庆杰译，北京：生活·读书·新知三联书店，2014 年，第 43 页。

2　海德格尔：《存在与时间》，陈嘉映、王庆杰译，北京：生活·读书·新知三联书店，2014 年，第 44 页。

参考

文献

阿多诺，2020. 美学理论 [M]. 王柯平，译. 上海：上海人民出版社.

阿甘本，2019. 敞开 [M]. 蓝江，译. 南京：南京大学出版社.

巴雷特，2012. 非理性的人 [M]. 段德智，译. 上海：上海译文出版社.

贝尔廷，等，2021. 艺术史导论 [M]. 贺询，译. 北京：北京大学出版社.

本雅明，2013. 德意志悲苦剧的起源 [M]. 李双志，苏伟，译. 北京：北京师
　　范大学出版社.

曹学聪，2022. 文化危机与艺术拯救意义 [J]. 北京航空航天大学学报（社会科
　　学版）(2).

弗洛姆，2018. 爱的艺术 [M]. 刘福堂，译. 北京：人民文学出版社.

福柯，2019. 规训与惩罚：监狱的诞生 [M]. 刘北成，杨远婴，译. 北京：读
　　书·生活·新知三联书店.

海德格尔，2005. 演讲与论文集 [M]. 孙周兴，译. 北京：生活·读书·新知
　　三联书店.

海德格尔，2014. 存在与时间 [M]. 陈嘉映，王庆杰，译. 北京：生活·读
　　书·新知三联书店.

黑格尔，1980. 小逻辑 [M]. 贺麟，译. 北京：商务印书馆.

黑格尔，1996. 美学（第二卷）[M]. 朱光潜，译. 北京：商务印书馆.

黑格尔，2013. 精神现象学 [M]. 贺麟，王玖兴，译. 上海：上海人民出版社.

黑格尔，2015. 宗教哲学讲演录 I[M]. 燕宏远，张国良，译. 北京：人民出
　　版社.

黑格尔，2017. 美学（第一卷）[M]. 朱光潜，译. 北京：商务印书馆.

黑格尔，2017. 美学（第三卷上册）[M]. 朱光潜，译. 北京：商务印书馆.

黑格尔，2017. 美学（第三卷下册）[M]. 朱光潜，译. 北京：商务印书馆.

黑格尔，2019. 逻辑学 I[M]. 先刚，译. 北京：人民出版社.

霍克海默，阿多诺，2020. 启蒙辩证法——哲学断片 [M]. 渠敬东，曹卫东，译. 上海：上海人民出版社.

康德，2016. 康德美学文集 [M]. 李秋零，译. 北京：中国人民大学出版社.

康德，2017 判断力批判 [M]. 邓晓芒，译. 杨祖陶，校. 北京：人民出版社.

康德，2017. 纯粹理性批判 [M]. 邓晓芒，译. 杨祖陶，校. 北京：人民出版社.

李格尔，2016. 风格问题：装饰历史的基础 [M]. 邵宏，译. 杭州：中国美术学院出版社.

卢卡奇，1986. 卢卡奇自传 [M]. 李渚青，莫立知，译. 北京：社会科学文献出版社.

卢卡奇，1988. 理性的毁灭：非理性主义的道路——从谢林到希特勒 [M]. 王玖兴，等译. 济南：山东人民出版社.

卢卡奇，2004. 卢卡奇早期文选 [M]. 张亮，吴勇立，译. 南京：南京大学出版社.

卢卡奇，2015. 审美特性 [M]. 徐恒醇，译. 北京：社会科学文献出版社.

卢卡奇，2017. 小说理论 [M]. 燕宏远，李怀涛，译. 北京：商务印书馆.

卢卡奇，2017. 历史与阶级意识——关于马克思主义辨证法的研究 [M]. 杜章智，任立，燕宏远，译. 北京：商务印书馆.

陆凯华，2018. 悲剧的终结与新生：青年卢卡奇悲剧理论研究 [M]. 上海：复旦大学出版社.

陆凯华，2018. 从《小说理论》到《历史与阶级意识》——青年卢卡奇从悲剧问题走向马克思主义的思想历程意义 [J]. 复旦学报（社会科学版）(1).

摩西，2017. 历史的天使 [M]. 梁展，译. 上海：华东师范大学出版社.

莫兰，2017. 现象学：一部历史的和批评的导论 [M]. 李幼燕，译. 北京：中国人民大学出版社.

尼采，2012. 悲剧的诞生 [M]. 孙周兴，译. 北京：商务印书馆.

普罗提诺，2009. 九章集（下）[M]. 石敏敏，译. 北京：中国社会科学出版社.

陀思妥耶夫斯基，1983. 群魔 [M]. 南江，译. 北京：人民文学出版社.

汪余礼，2020. 易卜生的"自审诗学"及其当代意义 [J]. 戏剧 (6).

沃尔夫林，2009. 意大利和德国的形式感 [M]. 张坚，译. 北京：北京大学出版社.

沃尔夫林，2015. 美术史的基本概念：后期艺术风格发展的问题 [M]. 洪天富，范景中，译. 杭州：中国美术学院出版社.

夏皮罗，2023. 印象派：反思与感知 [M]. 沈语冰，诸葛沂，译. 南京：江苏凤凰美术出版社.

谢林，2009. 先验唯心论体系 [M]. 梁志学，石泉，译. 北京：商务印书馆.

谢林，2021. 艺术哲学 [M]. 先刚，译. 北京：北京大学出版社.

詹森，2012 詹森艺术史 [M]. 艺术史组合翻译实验小组，译. 北京：世界图书出版公司北京公司.

张亮，2022. 卢卡奇研究指南 [M]. 南京：江苏人民出版社.

张笑夷，2019. 伦理学、现代性与马克思——阿格妮丝·赫勒访谈意义 [J]. 马克思主义与现实 (4).

张秀琴，2018. 心灵、形式与生活：从客体化走向对象化原则——卢卡奇《心灵与形式》中的物化逻辑研究 [J]. 北京大学学报（哲学社会科学版）(6).

ADORNO T W，1964. Erpresste Versöhnung[M]//FERENC T. ARCHÍVUMI FÜZETEK III. Lukács-recepció Nyugat-Európában （1956-1963）. Budapest：Lukács Archívum.

BAUCH K, 1962. Kunst als Form[G]//Jahrbuch für Ästhetik und allgemeine Kunstwissenschaft 7. Köln：Kölner Universitätsverlag.

BAXANDALL L，MORAWSKI S，1973. Marx and Engels on Literature and Art[M]. St. Louis and Milwaukee：Telos Press.

CONDON L, 1983. The Young Lukács[M]. Chapel Hill: The University of North Carolina Press.

DREYFUS H L, RABINOW P, 1983. Michel Foucault: Beyond Structuralism and Hermeneutics[M]. Chicago: University of Chicago Press.

GOMBRICH E H, 1970. Aby Warburg. An Intellectual Biography[M]. London: Warburg Institute.

HEIDEGGER M, 1995. The Fundamental Concepts of Metaphysics: World, Finitude, Solitude[M]. WILLIAM MCNEIL W, WALKER N, trans. Bloomington: Indiana University Press.

JANSON H W, c1982. Form Follows Function, or Does it? Modern Design Theory and the History of Art[M]. Maarssen, Netherlands: G. Schwartz.

KEMP W, 1983. John Ruskin 1819-1900: Leben und Werk[M]. München und Wien: Fischer.

LUKÁC G, 1911. Die Seele und die Formen/Essays[M]. Berlin: Egon Fleischel & Co.

LUKÁC G, 1963. Die Eigenart des Ästhetischen[M]. Neuwied und Berlin: Luchterhand.

LUKÁC G, 1974. Heidelberger Philosophie der Kunst[M]. Neuwied und Berlin: Luchterhand.

LUKÁC G, 1975. Heidelberger Ästhetik (1916-18). Frühe Schriften zur Ästhetik II [M]. Hrsg. György Márkus u. Frank Benseler. Darmstadt und Neuwied: Luchterhand.

LUKÁC G, 1981. Die Entwicklungsgeschichte des modernen Dramas[M]. Darmstadt und Neuwied: Luchterhand.

LUKÁC G，1984. Die Theorie des Romams[M]. Darmstadt und Neuwied：Luchterhand.

LUKÁC G，1985. Dostojewski Notizen und Entwürfe[M]. Hrsg. von László Sziklai，Budapest：Akadémiai Kiadó.

LUKÁC G，2017. Werk Band I （1902-1918）[M]. Hrsg. von Zsuzsa Bognár，Werner Jung und Antonia Opitz，Bielefeld：Aisthesis Verlag.

MERLEAU-PONTY M，1955. Les aventures de la dialectique[M]. Paris：Éditions Gallimard.

VEESER H A，1989. The New Historicism[M]. New York：Routledge.

VON GOTHE J W，1789. Einfache Nachahmung der Natur，Manier，Still[J]. Die Deutsche Kurier.

VON ÜXKÜLL J，2010. A Foray into the Worlds of Animals and Humans[M]. ONEIL J D，trans. Minneapolis：University of Minnesota Press.

WÖLFFLIN H，1946. Das Erklären von Kunstwerken[G]//Kleine Schriften （1886-1933）. Basel：B. Schwabe & Co.